서울권의 등장과
나머지의 쇠퇴

서울권의 등장과 나머지의 쇠퇴

The emergence of Seoul area
and the decline of the rest of South Korea

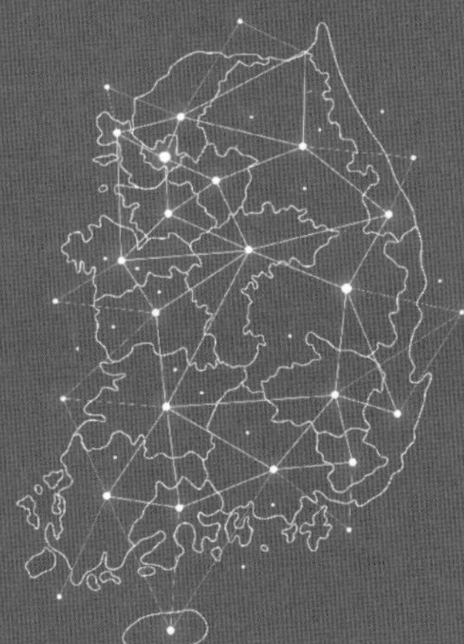

김준우 저

전남대학교출판문화원

이명혜 마리아 막달레나 靈前에 이 책을 바칩니다.

서문

현실을 있는 그대로 이해하는 것이 이 책의 첫 번째 목표이다. '수도권'이란 기존의 틀은 문제가 있다. 현실을 제대로 이해하지 못하게 한다.

'거대도시권 megalopolis' '연결망 도시 network cities'라는 두 개념을 제시하면서, '서울권'이라는 기존 수도권 범위를 넘어서는 새 단위를 제시한다.

보통 사람들이 이해하고 있는 현실과, 이 책에서 제시하는 현실은 동일하다. 서울을 둘러싼 삶의 공간이 남쪽으로 더 확대되었다는 것을, 많은 이들이 몸으로 느끼고 있다. 이 책은 단지 기존 연구를 검토하고 또 여러 가지 가능성을 더 제시할 뿐이다.

두 번째 목표는 서울권의 작동을 설명하는 것이다. 이러한 설명 과정에서, 서울권의 각 장소가 가지는 의미를 부각시킨다.

서울 강남에 대한 설명이 하나의 예이다. 전자상거래, 세계도시 기능, 연구개발 활동, 기업 활동망에서의 커지는 역할을 언급한다.

기존의 서울 중심주의와 이러한 새로운 작동 방식이 합쳐져서, 거대해진 새 공간을 움직인다.

실제 도움이 될 정책 제시가, 이 책의 세 번째 목표이다. 서울권과 비서울권을 관통하는 주제어는 '약자를 위한 정책'이다. 큰 선의와 냉정한 현실분석으로부터 시작해야 한다. 과감하면서도 동시에 종합적

이고 또 섬세한 해법이 필요하다.

정책 중 하나가 서울 시내 대규모 공공주택 공급이다. 이해를 돕기 위해, 싱가포르의 주택정책도 간단히 설명한다.

이 책을 쓰는 시간은, 슬픔과 마주하는 과정이었다. 아침에 일어나 창으로 들어오는 햇볕을 머리 뒤로 받으며 작업하는 시간이, 큰 위로를 주었다. 어머니를 위해 기도해주신 최상준 유스티노 신부님에게 감사드린다. 간병을 이어온 이무순 이모에게는 미안함을 전한다. Dr. Richard Hill 그리고 Dr. Ralph Pyle의 위로가 힘이 되었다.

'대도시권 metropolitan area'으로서의 '서울권'을 제시하신 권용우 선생님이, 책의 출발점이다. 부산연구원 황영우 박사님과의 면담은 이 책에도 도움이 된다. 간사이 연결망 도시 정책을 살피다가는, 부산연구원 금성근 박사님의 좋은 글과 우연히 마주친다. '지역 소멸' 전문가 노동정책연구원 이상호 박사님에게는 많이 배웠다. '지역 소멸'이 예상되는 곳은, 슬프게도 이 책에서의 '나머지'와 거의 겹친다.

책이 실제로 나올 수 있게 해주신 분들에게도 감사드린다. 힘이 느껴지는 표지는 김지수 선생님이 만들어 주셨다. 윤화정 선생님은 꼼꼼하게 편집해 주셨다.

목차

1 수도권을 넘어서 11

1.1 '큰 도시': 개념의 교과서적 이해 11

1.2 1980년대에 제시된 '서울권'과는 너무나 다른 21세기의 '서울권' 14

2 거대도시권 그리고 연결망도시 21

2.1 '거대도시권 megalopolis' 22

2.2 '연결망 도시 network cities' 43

3 수도권을 넘어서는 실체: 거대도시권 혹은 도시 연결망 56

3.1 거대한 '도카이도 거대도시권' 56

3.2 '거대한' 미국 거대도시권 73

3.3 '상대적으로 작은' 연결망 도시 77

3.4 비슷한 지리적 범위: '서울 거대도시권'과 '서울 연결망도시' 82

4 '지방소멸'과 서울권 91

4.1 하나의 가능성: 비소멸지역과 서울권 97

4.2 마스다 히로야에 대한 비판적 접근 100

4.3 '모든 일본인은 소중하다'라는 전제와 지방소멸론 103

4.4 정책으로서 지방소멸론이 가지는 가능성과 한계 104

5 분석의 첫 번째 방법: 단순 추세 분석의 극복 112

5.1 시나리오 제시: Hall & Pfeiffer 114
5.2 기존 연구의 종합: 국토연구원 125

6 분석의 두 번째 방법: '현재에 있는 미래, 사람이 선택하는 미래' 130

6.1 성장동맹과 미국도시 미래: John Logan, Harvey Molotch 131
6.2 대도시 쇠퇴론: Peter Drucker 144

7 '현재에 나타나는 선택받는 미래': 서울권 등장의 전제 146

7.1 기존 기반시설의 새 중요성: '초대형' 항만과 공항 146
7.2 계약기반 다국적 기업 149
7.3 지역공동체 안정성을 파괴하는 지식자본주의 154
7.4 전자상거래의 확산 158
7.5 복지 서비스 제공자로서 국가 역할 존속 161
7.6 삶의 질에 대한 강조 162
7.7 생산과 혁신의 근접화 164

8 서울권의 작동, 그리고 서울권의 계속되는 남하 167

8.1 서울권의 남하와 삼성반도체의 남하 169
8.2 서울권의 남하와 두 개의 교통축 178
8.3 세계도시의 중심으로서 강남과 비서울권의 쇠퇴 182
8.4 혁신중심지 강남과 비서울권의 쇠퇴 190
8.5 전자상거래 도시 강남과 비서울권의 쇠퇴 198
8.6 '순수' 부동산 투기와 커지는 서울권 201

9 약자를 위한 정책 208

9.1 지역발전유발 지식서비스의 전국적 확충과 공공성 강화 208
9.2 약자를 위한 서울권 214
9.3 연결되는 비서울권 221

부록 229

부록 1. 송도경제자유구역 관련 법안 230
부록 2. 간사이 광역 연합 252
부록 3. Kansai Economic Federation 255
부록 4. "Kansai Vision 2020" - Dynamic Kansai ! - 262

참고문헌 281
찾아보기 289

1
수도권을 넘어서

우리는 늘 '수도권'이란 표현을 쓴다. 고정관념이다. 우리의 일상 언어생활에 녹아 있다.

정책과 연구의 영역에서도 이는 마찬가지이다. 이유를 생각하지 않고, 사용해왔다.

하지만 실제 현실은 수도권이란 단위로는 더 이상 작동하지 않는다.

따라서 수도권이란 개념을 쓰는 순간, 현실을 틀리게 이해하기 시작한다.

그래서 필자는 '서울권'이란 표현을 쓴다. 서울권은 수도권을 넘어선다. '수도권 + 천안 + 아산 + 당진'을 서울권으로 본다.

'큰 도시' 개념부터 이해하기로 하자.

1.1 '큰 도시': 개념의 교과서적 이해

관련 개념에 대한 교과서적 정리를 먼저 제시한다. 2012년 출간된 *Cities of the World: World Regional Urban Development* 5판과 2016년 출간된 6판의 내용을 서로 보완해서 정리한다.

연담도시 連擔都市 conurbation

한 도시지역이 확장하면 작은 도시들을 집어삼킨다. 이 작은 도시들은 그 자체로 완전한 도시가 된다. 때로는 주변 새 도시들의 발달을 촉진시킨다. 다른 확장중인 도시지역과 만나기도 한다.

20세기 유럽에서 나온 개념이다. 그래서 네덜란드의 Randstad conurbation과 독일의 Rhine-Ruhr conurbation이 대표적이다.

미국에서는 Dallas-Fortworth 지역이 좋은 예이다.

거대도시 megacity

사람들 사이에 편하게 이야기하는 표현으로 주로 쓰인다. 가장 큰 도시지역을 의미한다. 보통은 도심이 있고 주변의 확장된 공간이 있는 것으로 개념화된다.

천만이 넘는 거주민이 있는 도시가 이런 이름을 갖기도 한다.

1950년도에는 오직 뉴욕 하나만이 천만을 넘었었다. 오늘날에는 세계 21개 도시가 이러한 기준을 충족시키며, 20명에 1명꼴로 megacity에 거주하는 셈이다.

거대도시권 megalopolis

20세기 북미에서 유래한다. 지리학자 Jean Gottmann이 1961년 처음 사용한다. Boston에서 Washington에 이르는 도시화된 바다 인근 지역을 지칭한다. 여러 개의 대도시가 지역 단위에서 합쳐져서 하나가 되는 새로운 차원의 도시화를 강조한다.

이렇게 도시들이 지역 단위로 얽히는 현상은 도시를 연결하는 교통 통로(corridor)로 인해 가능하다. 차량통행, 전화통화, 전자우편 송신과 발신, 항공운항이 이루어지는 정도가 이러한 새 도시화를 가능하게 하는 통로이다.

대도시 metropolis, 대도시권 metropolitan areas

'대도시 metropolis'는 원래 '(국가, 주, 제국의) 어머니 도시'를 의미한다.

오늘날은 어떠한 큰 도시도 '대도시권 metropolitan area'라고 불린다. 대도시권은 하나의 중심도시(혹은 여러 개의)와 이를 둘러싸는 지역이다.

도심, 교외, 농촌이 도심과 통합된다. 통합정도는 보통 통근으로 측정한다. 미국에서는 Metropolitan Area(MA)라는 용어가 공식적으로 사용된다.

1950년부터 통계국(US Bureau of the Census)이 지정을 하고 있다. MA 기준은 계속 바뀌어왔지만 세 가지 기준은 유지되어 왔다.

(1) 5만 이상의 도심
(2) 도심에 통합된 주위의 도시 혹은 농촌지역
(3) 군(county)에 해당하는 단위로부터의 지정이 그 세 가지이다.

Census Metropolitan Areas(CMAs)가 이에 상응하는 캐나다 명칭이다. 도심이 10만 이상이어야 한다.

도시집적 都市集積 urban agglomeration

도시화된 지역이 크기나 인구 면에서 커지면 다른 대도시 지역과 접하게 된다. 이러한 다른 대도시 지역은 기존에 있던 곳이거나 새로 생긴 곳일 수 있다.

교외확장(suburban sprawl)이나 도심확장이 이러한 현상을 일으킨다. 결과적으로는 공간적으로 광범위한 도심지역이 모이게 된다. 여러 개의 중심도시를(혹은 하나의 중심도시를) 서로의 경계에 두게 된다.

도시집적의 기준은 곳에 따라 다르지만, 기본적으로는 도심과 이를 둘러싼 교외의 확장이라는 물리적 경계로 이해된다(Brunn et al, 2012: 14-16; Brunn et al, 2016: 39-41).

1.2 1980년대에 제시된 '서울권'과는 너무나 다른 21세기의 '서울권'

'서울권'은 이미 제시된 개념이다. 대도시권 개념이 1980년대에 서울에 대해 연구된 것이다. 여기서 서울권은 '서울 중심 반경 50km 지역'을 의미한다.

권용우의 2001년 저서「교외지역: 수도권 교외화의 이론과 실제」에 나오는 내용을 여기서는 다룬다. 1985년 국토개발연구원 발간 권용우 자신의 보고서「대도시권 관리를 위한 정책연구 1: 대도시권의 설정과 기능정리 방향」와도 내용이 동일하다.

그림 1.1은 당시 서울이라는 하나의 중심지를 둘러싼 주변부가 현재의 수도권 범위에 근접하고 있다는 것을 알 수 있다.

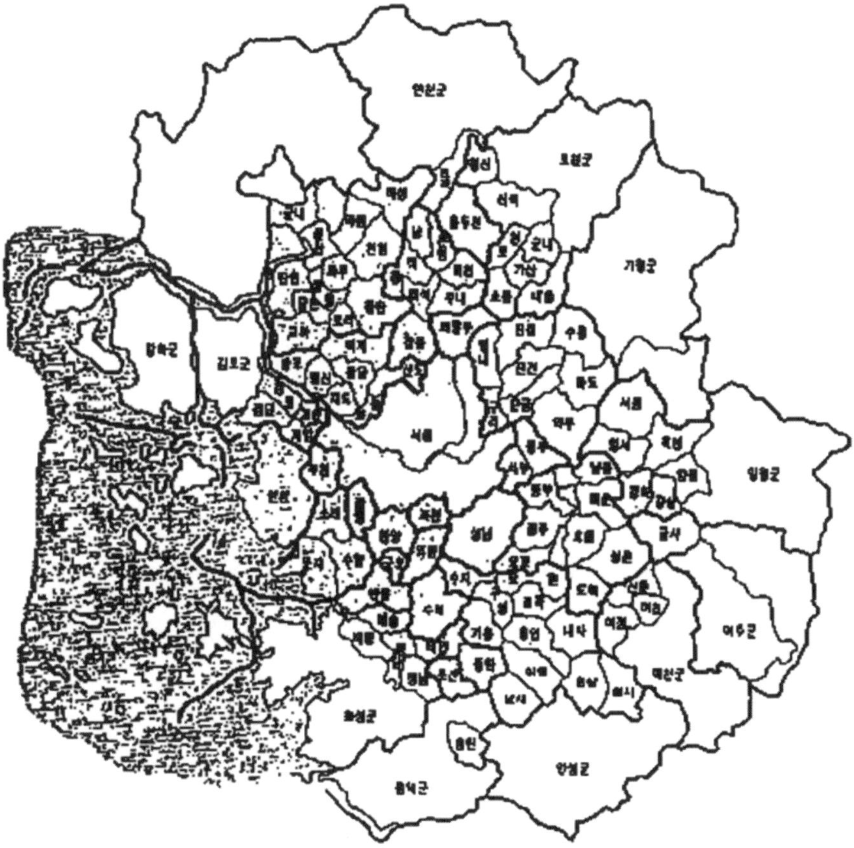

출처: 권용우, 1985, 「대도시권 관리를 위한 정책연구(Ⅰ): 대도시권의 설정과 방향」, 국토개발연구원.

그림 1.1 서울 중심에서 50km 반경에 자리잡고 있는 1980년대 서울권

이러한 서울권은 서울 중심에서 50km 반경에 걸쳐 자리잡고 있다. 자료 분석 기준은 두 가지이다.

도시화 정도와 중심 대도시 이용이다(권용우, 2001: 94).

도시화 정도

- 인구밀도
- 인구증가율
- 농가비율
- 전답비율
- 전월세 등 임대가구 비율
- 시내버스의 시외연장 운행대수

중심대도시 이용

- 통근
  (취업인구 3% 이상 중심대도시 취업통근 지역 파악, 역통근 포함 조사)
- 의료권
- 판매권
- 취업권

이러한 서울권은 수도권에 근접하는 양상이다. 수도권에서 가장자리 부분이 빠진 형상이다.

권용우는 서울권 하나만을 제대로 성장한 대도시권으로 본다. 나머지 대도시는 제대로 성장하지 못한 것이다.

그 자신의 표현은 다음과 같다(권용우, 2001: 94-96):

서울권은 중심도시를 기준으로 반경 50km 이내 공간이 설정되어 가장 큰 범역이 정해지고, 다음은 배후지역이 넓은 대구권으로 나타났다. 광주권과 대전권이 거의 비슷한 범위를 가지고 차위의 권역이 설정되었는데 부산권은 중심도시 규모에 비하여 지리적 위치상 그 형상이 해안에 접한 반월형으로 면적이 가장 작게 나타났다. 그러나 인구증감 상태를 볼 때 그 외연적 확산이 20-30km까지 확장되고, 인구밀도 역시 서울권 다음으로 조밀하게 나타났다.

이 연구에서 확정된 5대 도시권의 인구증감률에 따른 도시화 단계를 보면 서울권은 주변지역이 중심도시보다 높은 인구증가율을 나타내 대도시권화 단계라 할 수 있다.

부산권은 중심도시와 주변지역의 인구비율이 거의 비슷한 정도로 나타내는데 이는 개발제한구역에 따른 제약에 기인하는 현상으로 보인다. 반면 대구권, 광주권, 대전권은 중심도시 성장에 역비례하여 주변지역의 인구감소 현상이 나타나 초기단계에 머무르는 것으로 판단되었다.

그림 1.2는 왜 당시에 서울권만이 제대로 된 대도시권인지를 직관적으로 잘 보여준다. 서울권 규모가 다른 곳과는 큰 차이를 보인다.

2001년 권용우의 『교외지역: 수도권 교외화의 이론과 실제』를 좀 더 살펴보자. 먼저 유념할 점은 시간이다. 그가 주로 제시하는 자료는 80년대로 거슬러 올라가지만 글을 쓰는 시점은 20세기에서 21세기로 넘어가는 시점이다.

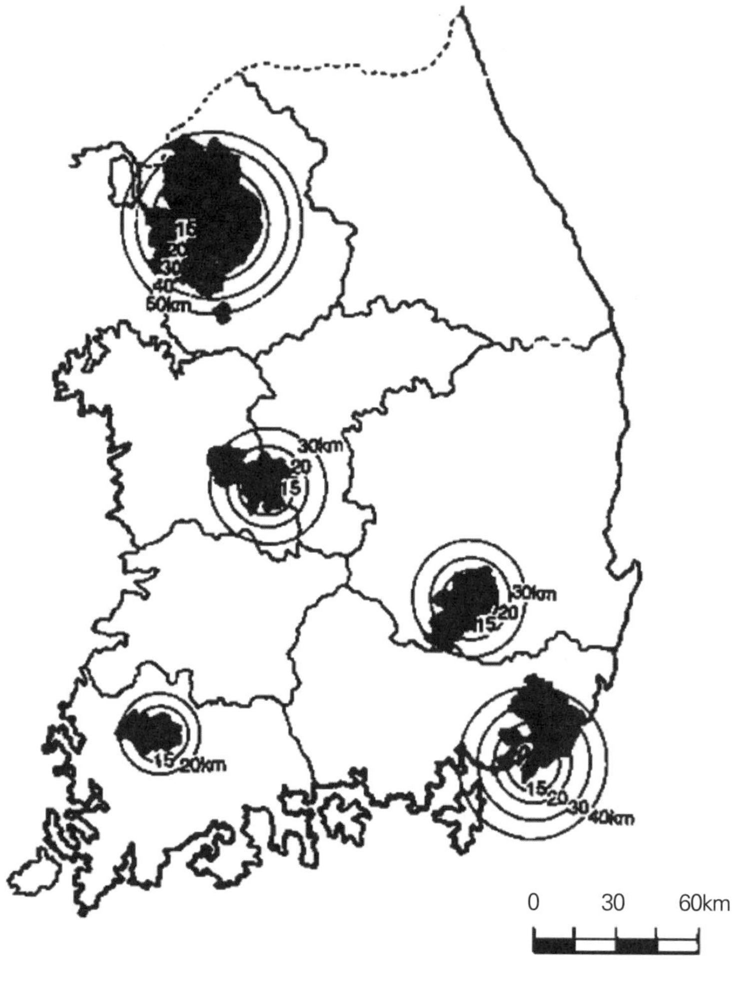

출처: 권용우, 1998, 「한국도시의 순위규모분포, 1900-1995」. 지리학연구, 32(1), 한국지리교육학회, p.68.

그림 1.2 1980년대 전국의 대도시 권역

1990년대는 주택 200만호 건설 시대이다. 일산과 분당으로 대표되는 신도시가 건설된다(권용우, 2001: 240-1):

> 1990년대 후반 서울의 주택문제는 대단한 위기상황을 맞았다. 1980년대 중반 이후 무역수지가 호전되어 유휴자금이 생기면서 주택수요가 폭발적으로 늘어났고, 서울 강남지역의 주택가격은 30~50% 급상승하였다. 더욱이 1997년 5월 서울의 올림픽 패밀리 아파트 분양을 끝으로 중대형 아파트의 공급이 사실상 중단되고, 8학군을 겨냥해 강남지역 중대형 아파트는 한 달에 평당 1백만원씩 올랐고, 중대형에 이어 소형 아파트와 일반 주택가격도 이어서 폭등하였다. 이런 현상은 강북으로 또 주변 수도권 지역으로 확산되었으며 도시 안 신시가지 건설로는 한계에 달해 수도권의 주택문제는 더욱 심화되었다. 여기에 전세·월세 파동까지 겹쳐 세입자나 무주택자의 집문제는 그야말로 폭발 직전의 시급한 문제로 떠올랐다.
>
> 정부는 이러한 위기상황을 주택공급의 대대적인 확대정책으로 돌파하려고 하였다. 1960년대 이후 30년간 변함없이 이어온 수도권의 관리체계를 근본적으로 뒤엎는 조치를 취했다. 그리하여 주택 2백만 호 건설계획을 발표하였고, 그 일환으로 1989년 4월 성남 분당지역과 고양 일산지역에 신도시 건설계획을 발표하였다. 이러한 계획을 효과적으로 추진하기 위하여 건설부에 <신도시기획실>을 설치하였고, 동시에 별도의 택지개발사업으로 추진되던 부천 중동·안양 평촌·군포 산본지구를 포함하여 강력한 신도시 건설계획을 추진하였다.

5대 신도시 뿐 아니라 추가적인 미니 신도시 건설이 진행된다(권용우, 2001: 249):

> 건설교통부는 1997년 2월에 2002년까지 수도권을 중심으로 인구 2~5만 명을 수용할 수 있는 소규모의 미니신도시를 30여개 건설할 계획이라고 밝혔다. 이 가운데 20여개 단지는 서울을 중심으로 40km 이내에 있는 수원, 용인, 부천, 김포, 광주, 부평, 남양주, 의정부 등의 인근에 개발 가능한 자연녹지나 준농림지를 택지개발지구로 지정해 개발될 것으로 알려졌다. 1997년 7월 건설교통부는 좀 더 구체적인 대상지역과 개발규모를 발표하였다. 평택 청북지구, 파주 교하지구, 양주 덕정지구, 화성 태안지구 등 4개 지역에 신도시를 건설한다고 발표하였다. 특히 평택 청북지구의 개발규모는 150만 명, 수용규모는 16만 명으로 평촌과 비슷한 규모로 개발될 예정이다.

만약 권용우가 지금의 서울 대도시권을 측정했다면, 그의 서울권 범위는 어디까지일지 궁금하다.

어쨌든 저자는 대도시권을 측정하지 않는다. 다른 단위를 이 책에서 측정한다. 거대도시권과 연결망 도시라는 개념이 도입된다.

'연결망 도시 network cities'는 비교적 최근 개념이라, 교과서적으로 정리가 잘 되어 있지 않다. 앞서 정리에서 빠진 이유이다.

2

거대도시권 그리고 연결망도시

1장에서 언급한 권용우의 서울권과 저자의 서울권은 지리적 범위가 다르다. '서울 중심 기준 반경 50km'를 범위로 삼는 예전의 서울권에 비해 저자의 서울권은 수도권이라는 행정범위보다 더 크다.

지리적 범위로 보자면, "권용우 서울권 < 수도권 < 이 책의 서울권"이라는 공식이 성립한다. 이러한 지리적 범위의 차이는 개념 차이에 기인할 수도 있다. 권용우 서울권은 대도시권에 기초한다. 저자는 거대도시권과 연결망 도시라는 두 개념에 기초한 서울권을 제시한다.

넓게 보면, 권용우의 서울권과 저자의 서울권은 같은 맥락을 가지지 않을까 하는 생각이 들기도 한다.

1980년대 서울권은 대도시권역으로 보는 것이 타당하다고 저자는 생각한다. 서울이라는 한 곳이 가지는 중심성이 훨씬 더 크고, 세계화도 실제 생활에서 훨씬 덜 진전된 상황이며, 공항·고속철도·도로망 역시 지금과는 상이하다.

만약 권용우가 지금 다시 연구한다면, 저자와 동일한 방법론을 사용해서 동일한 실체에 다다를지도 모른다.

2장에서는 거대도시권과 연결망도시 개념이 최대한 자세히 설명된다.

2.1 '거대도시권 megalopolis'

거대도시권 megalopolis 표현이 처음 사용된 곳은 미국 동북부 연안 지역이다. Boston-New York City-Philadelphia-Baltimore-Washington DC를 연결하는 거대한 미국 동북부 연안 지역을 Jean Gottmann(1961)은 하나의 권역으로 본다.

Gottmann(1961: 3,4) 자신의 표현은 다음과 같다:

> 뉴 햄프셔 남쪽에서 버지니아 북쪽까지 그리고 대서양 연안으로부터 애팔래치아 산기슭에 이르는, 거의 연속적인 뻗어 있는 도시와 교외 지역인 이러한 미국의 동북부 연안 지역은 엄청난 발전을 이룩해 왔다 ….
>
> 이러한 많은 사람이 집중해 있고 또 이러한 엄청난 밀도로 몰려 있고 또 이렇게 넓은 지역에 있는 곳은 미국 어디에도 없다. 미국이나 세계에 여기와 같은 중요성을 가지는 곳 역시 없다. 정치, 경제, 문화 영역에서 이 정도 크기의 지역이 이러한 정도의 압도적 우위를 가진 적은 드물다.
>
> 이 지역은 지난 3 세기 동안 변화하고 진화하면서 그야말로 자신의 "개성"을 가지게 되었다 … 이 지역 발전의 추세와 현재의 혼잡 정도는 … 도시와 시골이라는 보통 받아들여지고 있는 구분과 같은 오래된 개념을 심각하게 손보아야 한다는 것을 의미한다 … 이 지역을 다른 지역과 구분해서 떼어내기도 어렵다.
>
> 역사적으로 확립된 구분인 뉴잉글랜드 그리고 '중부 대서양 연안의 주 Middle Atlantic states'를 가로지른다. 어떤 주는 전체가 다 포함되고 어떤 주는 일부가 들어간다. 새로운 이름이 필요하다 …

> 여기서는 Megalopolis라는 이름이 사용된다 … 오랜 시간동안 이 단어는 여러 의미로 사용되어 왔다. Webster 사전에 의하면 "아주 큰 도시"라는 의미이다. 하지만 이러한 의미로 그리 많이 사용되어 오지 않았다. 그래서 여기서는 미국 동북부 연안 지역을 의미하는 것으로 새로이 사용된다.

그림 2.1과 그림 2.2는 이러한 거대도시권이 어떠한 모습인지 잘 보여준다.

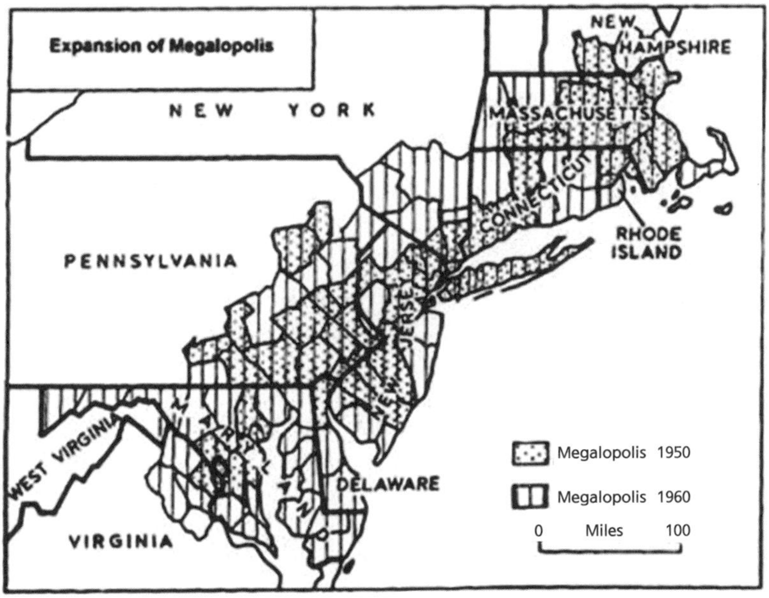

출처: "Impact of changing urban milieu on world urbanization" http://www.yourarticlelibrary.com/urbanization/impact-of-changing-urban-milieu-on-world-urbanization/39950 2018.9.15. 접근 Jean Gottmann. 1961. Megalopolis Cambridge, MA: MIT Press 26쪽에 있는 Figure 3을 편집한 것으로 보임.

그림 2.1 미국 동북부 거대도시권

출처: 네이버 지식백과 www.terms.naver.com /메갈로폴리스/
미국 국무부 주한 미국대사관 공보과 2004.
http://infopedia.usembassy.or.kr/ *미국의 지리*

그림 2.2 미국 동북부 거대도시권 (한국어 지명)

그림 2.1에 나오는 거대도시권의 경계에 대한 자세한 설명은 다음과 같다(Gottmann, 1961: 26-27):

> 인구밀도를 얘기하기 위해서는, 이 지역의 대체적 경계를 대략이라도 설정해야 한다. 1950년 대도시권 경제에서 서로 인접한 군

(county)이 들어가야 하고 대규모 중심도시들의 빽빽한 집합체를 포함해야 한다. 그렇게 정의하자면 이렇다.

> 뉴햄프셔의 남쪽에서 버지니아 북쪽까지, 대서양 연안으로부터 애팔래치아 산맥의 기슭까지이다… 이 지역의 <남북으로 뻗은> 축은 대략 600 마일이다. <동서간> 폭은 30에서 100마일 정도이다. 총면적은 53,575 제곱마일이다. 이는 38개의 주로 이루어진 미국 전체 면적의 1.8 퍼센트이다. 1950년대 이 거대도시권 인구는 3,190만에 육박한다. 이는 미국 전체의 2.1 퍼센트이다. 1960년도의 인구는 3,700만 정도이다.
>
> 이 도시권이 주 전체를 포함하는 곳은 다음과 같다: Massachusetts, Rhode Island, Connecticut, New Jersey, Delaware, District of Columbia. 거의 전부가 포함되는 주는 Maryland이다. 주 대부분이 포함되는 곳은 New York State와 Pennsylvania이다. 일부가 포함되는 주는 New Hampshire와 Virginia이다.

2.1.1 미국 동북부 연안 거대도시: 바다와 자체적 진화

이 거대도시권은 바다를 지향한다. 미국 북동부 거대도시권을 설명하는데 있어서, Gottman은 이를 상세하게 설명한다. 그리고 반복해서 강조한다.

번역을 하고 나면 사라지지만, '바다를 지향하는 곳'이라는 생각이 언제나 Gottman 마음속에 있다는 느낌을 받는다. 원서에서는 "Northeastern seaboard"라는 표현을 자주 쓴다.

먼저 Gottman은 거대도시권에서의 천연자원의 상대적 결핍을 말한다. 이곳이 자연적으로 가장 풍요로운 곳은 아니라는 의미이다 (Gottman, 1961: 42-43):

미국과 유럽의 많은 역사학자, 경제학자, 지리학자는 반복적으로 이러한 주장을 해왔다. 천연자원이 미국 동북부 연안지역의 엄청난 경제적 번영과 유럽으로부터의 이민자들이 이룬 정치적 자유를 가져왔다는 것이다. 이는 동북부 해안지역 자체의 진화가 아니라 내륙에서 이루어진 무언가가 중요하다는 주장이다. 자연에서 제공된 자원은 다음과 같다. 농산물이 아직도 부의 기초를 이루고 국제무역을 형성하는 시기에서의 풍부한 공짜 토지를 먼저 들 수 있다. 폭포, 석탄, 원유와 같은 주요 에너지 자원에의 손쉬운 접근이 있다. 곡물, 면, 목재, 철, 구리 광석, 심지어는 금과 은 같은 주요 산업 원자재가 또 있다.

가지고도 활용할 줄 모른 인디언으로부터 빼앗은 "소중한 토지"라는 흔히 쓰이는 표현으로, 이 이론은 요약된다. 미국의 초기 정착이 제임스 강과 매사추세츠만 사이에 형성되었고, 이 지역이 국가 경제를 전반적으로 장악하고 있었고, 그래서 경제적 기회의 집중도 그 곳에서 이루어졌다는 주장이다.

하지만 우리가 보기에 진짜 기회는 서쪽 - 캘리포니아와 오리건의 대평원 Great Plains에 있었다 … 이는 일찍부터 인구가 <동북부> 거대도시권에 있었기 때문에 지금도 가장 큰 규모의 인구집중이 이루어져 있다고 주장하는 것처럼 보인다. 태평양 연안, 특히나 캘리포니아 남쪽은 <이러한 주장과 달리> 최근 빠른 속도의 인구증가를 보이고 있다. 벌써 절정에 올라버린 상대적으로 퇴조하는 <동북부> 거대도시권 역시 이러한 점을 설명해주고 있다.

동북부 거대도시권의 '자체적 진화'는 흔히 우리가 천연자원이라고 생각하지 않는 바다를 통해 이루어진다. 그 역사적 과정을 그는 자세히 설명한다.

다음은 짤막하게 요약된 부분이다(Gottman, 1961: 47):

> 17세기부터 뉴잉글랜드와 뉴욕의 바닷가 마을은 해상활동을 발달시켜 나갔다. 이는 런던에 우려감을 안겨줄 정도였다. 크롬웰 Cromwell의 '항해법 Navigation Acts'은 상당 부분 뉴잉글랜드로부터의 위협에 근거한다. 해외무역으로부터 기대할 수 있는 영국 상인들의 이윤이 위협당한 것이다.
>
> 이 법의 제정에도 불구하고, 해운 경제는 18세기에 번성하였고 독립 후에는 더욱 더 그러하였다. 보스턴, 뉴욕, 필라델피아, 볼티모어에서 출항하는 범선이 영국 해운업에 미치는 위협은 독립전쟁 직전에는 더욱 심각해진다. 1860년부터 1910년까지 위축된 해운활동은, 20세기에 다시 확장된다. 2차 세계대전 이후에는 더더욱 그러하다.

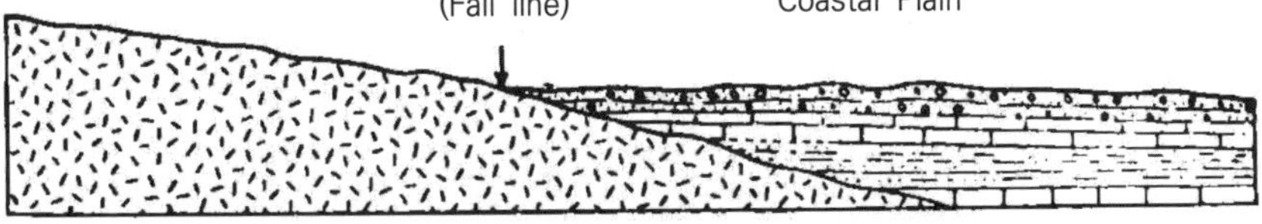

출처: https://en.wikipedia.org/wiki/Fall_line <fall line> 2018.10.10. 접근
Watson, Thomas Leonard. "Generalized section showing relations of the Coastal Plain formations to the Piedmont Plateau crystalline rocks." from *Granites of the Southeastern Atlantic States, Bulletin 426*, United States Geological Survey, Government Printing Office, Washington, 1910.

그림 2.3 폭포선 단면도

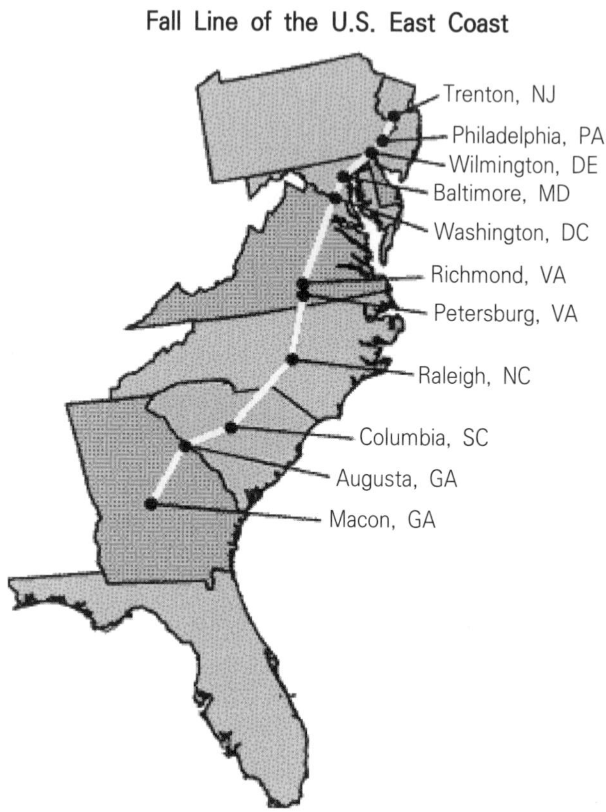

출처: https://infograph.venngage.com/p/11838/oliver-street-determinants-of-form 2018.10.11. 접근

그림 2.4 폭포선 도시

바다로 나가는 배가 도착하고 출발하는 곳인 동북부 거대도시권의 '폭포선 도시' 인구밀도가 높은 것이 이러한 바다지향성의 증거이다 <그림 2.3과 그림 2.4>. '폭포선 瀑布線 fall line <고원의 가장자리에서와 같이 하천이 저항성이 강한 암석을 지나 아래의 약한 암석으로 흐르는 수많은 폭포의 선>'이 동북부 거대도시권의 축을 형성한다

(Gottman, 1961: 19). 이러한 폭포선은 '폭포선 도시'[1]를 형성한다.

2.1.2 경제와 거대도시권의 변화

경제구조 변화에 있어서 하나의 맥락이 앞서 자세히 언급한 바다이다. 저자가 이해하는 Gottman의 입장은 다음과 같다: '다른 부분의 중요성을 충분히 인지하고 있지만 거대한 경제구조의 변화를 특정 공간 형성의 주된 원인으로 본다.'

경제라는 분야의 일반적 우위를 주장하지 않는 것은, 저자가 보기에 Gottman이 가지고 있는 분명한 장점이다. 정치와 경제가 서로 얽혀있다는 것을 인식하고 있다. 미국의 경제적 번영에 정치적 측면도 있다는 것도 언급한다(Gottman, 1961: 34,42):

> 경제적 정책과 정치적 정책은 오랜 시간동안은 절대 분리될 수 없다. 전국적인 수준에서나 지역적 수준에서나 이는 마찬가지이다.

---

1 미국 동부의 애팔래치아 산록지대와 대서양 해안평야 사이의 판이한 지형적 접합 부분에 폭포가 발달하여 있는 지대를 말한다. 천이점이 곡두(谷頭)로 이동함에 따라 형성된다. 동류(東流)하는 여러 개의 주요 하천들은 이곳에서 수 마일에 걸쳐 폭포를 형성한다.

이러한 특색은 초기 미국으로 이주한 유럽인들에 의해 알려져 이곳에 많은 수차(水車)가 건설되었다. 하류로부터의 수운도 이곳에서 중단되며, 이곳을 중심으로 필라델피아, 볼티모어, 워싱턴 등의 도시군이 형성·발달하였다.

폭포선은 옛날부터 관용되고 있는 용어로 저항성이 강한 결정질 암석으로 이루어진 고지 또는 대지와 약한 암석으로 이루어진 해안평야 사이의 경계에 해당한다.

레너(G. T. Renner, 1927)에 의하면 미국 동부의 폭포선은 급한 요곡면(撓谷面)을 가지고 해안평야의 아래에 관입된 쥐라기의 폭포선 준평원과 그 후 제3기의 해리스버그 준평원이 교차하여 생성된 모르반(Morvan)으로 이루어진 것이라 한다.

[네이버 지식백과] 폭포선 [瀑布線, fall line, fall zone] (자연지리학사전, 2006. 5. 25., 한울아카데미)

Renner, G.T. Jr (1927) The physiographic interpretation of the Fall Line, Geographical Review 17(2), 278-286.

> 법과 이의 집행 그리고 경제와 금융의 작동과정에, 하루 하루의 결정이 달려있다 …
>
> 이민자에게 미국 입국은 어떤 해방으로 여겨졌다. 미국 법과 관습이 주는 더 큰 자유는 입국하는 이들의 경제적 기회를 더 넓혀주었다고, 모든 현대 정치학 이론이 인정하고 있다.

이에도 불구하고, 거대도시권에 대한 이 책은 미국 경제의 거대한 변화에 대한 것이다. 저자의 해석은 다음과 같다: '거대한 경제변화의 산물이 동북부 연안의 거대도시권이다.'

20세기 미국 경제는 18-19세기와는 다른 구조로 변화한다. 이러한 구조의 변화는 도시 성장이 어디에 어떻게 이루어지는지 결정한다. 18-19세기에는 생산지가 성장한다.

20세기에는 의사결정이 이루어지고 대량소비가 일어나는 곳으로 사람이 몰린다. 대도시, 대도시 인근, 도시들이 모여 있는 곳이 바로 그러한 곳이다(Gottman, 1961: 53-54):

> 18세기와 19세기에는, 기술진보가 노동자를 더 나은 생산지로 몰리게 만든다. 많은 양의 원자재나 대량소비하게 될 완제품을 생산하기에 제일 적합한 곳이 가장 빠른 도시성장을 이룬다. 대규모 농업지대 한 가운데, 폭포 근처, 석탄/철광석 매장지, 그리고 산적화물(散積貨物 bulky cargo)의 환적지에 있는 도시가 인구수를 늘려 나간다.
>
> 20세기에는 이러한 추세가 바뀐다. 20세기 기술은 노동력을 최소한 쓰려고 한다. 물건이 가볍거나 크거나, 이는 마찬가지이다. 백년 전에는 생산성의 핵심이었던 프롤레타리아트 계급은 이제는 점

점 더 쓸모없어진다. 일하는 사람들은 이제 산업분야가 아닌 곳으로 향한다. 산업분야에서도 비생산적 기능을 맡는다. 제조업에서도 제조공정을 책임지는 일꾼 숫자는 줄어들고, 사무실과 실험실 인원이 늘어난다. 비산업 직업군은 대체적으로 서비스 업종이거나 비생산적이기 때문에, 다른 직종보다 종사자를 훨씬 빨리 늘릴 수 있다.

서비스업이 가장 노동력을 많이 필요로 하게 되는 경제활동이 된다고 가정해보자. 대규모 생산/유통 중심지가 아닌 대량소비와 의사결정 중심지가 도시 성장을 이끌 것이다. 물론 대도시와 대도시 인근에 모든 대량소비가 있다. 주요 대도시권과 도시 집적지가 이러한 엄청난 소비지에서 창출되는 새 일자리로 인해 인구밀도가 낮은 곳보다 빨리 성장할 것이라는 것을, 이는 의미한다.

저밀도 지구에 특이할 정도로 서비스 소비가 많은 어떠한 사회적 기구나 집단이 입지해 있지 않은 경우에는 그러하다. 매력적인 휴양지나 특수한 종류의 군사시설이, 이에 해당한다. 소위 "의사결정 중심지"와 그 인근의 사무직 일자리 역시 <주요 대도시권과 도시 집적지의> 인구증가 속도를 더 빠르게 할 것이다. 정부기관과 관리/상업/금융 기능이 이에 해당한다.

2.1.3 대도시권을 넘어서: 많은 수의 중심지

미국 동북부 해안에 위치한 거대도시권이 가진 전형적 특징은 하나의 중심지가 아닌 많은 수의 중심지가 있다는 것이다.

여기서 중심지는 실제로 대도시권이다. 따라서 대도시 개념을 자세히 설명하고 시작한다. 그리고 여러 개의 대도시가 이 거대도시권에 존재한다는 것을 주장한다(Gottman, 1961: 19-20):

인구조사에서는 1910년 'metropolitan district'라는 개념을 도입한다. 하나 혹은 그 이상의 중심도시와 이를 둘러싼 교외를 의미한다.

1950년에는 이러한 너무 좁기도 하며 독특한 개념을 대신할 새로운 세 개의 정의를 도입한다. 이는 다음과 같다: *the urbanized area, the standard metropolitan area, the metropolitan state economic area* …

동시에 "standard metropolitan area"라는 개념은 특정 도시 기능의 분산에 기초해 있다. 주거, 제조, 여가와 같은 기능은 오래된 '도심 urban core' 주변에 흩어져 있을 수 있다. 하나의 '군 county'이나 여러 개의 군을 포함하는 '교외 suburb'에 입지해 있을 수 있는 것이다.

하지만 '상당한 규모의 도심 substantial urban core'의 존재 여부가 <이러한 standard metropolitan area라고 칭해지는> '대도시권 metropolitan area' 여부를 결정한다. *인구조사가 행해질 때* 최소한 50,000명이 살고 있어야 한다.

오늘날의 거대도시권에서는 이러한 '핵 nuclei'이 많이 있고, 우리는 우리한 핵이 최근 들어 늘어나는 것을 언급한 바 있다. 처음에는 이러한 오래된 "중심 도시들 central cities"은 자신 동네와 떨어져 있는 '배후지 hinterland'를 위해 기능한다. 사람들이 내륙으로 정착하자, 주요 연안 핵 사이에 경쟁이 붙는다. 동시에 기능의 분화가 이루어진다. 이러한 기능의 분화는 이러한 중심지를 더 상호의존적으로 만든다. 경쟁은 모든 중심지들이 더 크도록 한다. 교외와 대도시권이 확장함에 따라, 이들은 서로 겹친다.

여기서 중심지가 어떻게 연결되어 있는지를 다시 한 번 확인하는 것이 필요하다. 앞서 바다를 지향하는 특성을 설명하면서 폭포선 fall line을 언급하였다.

바다로 향하는 선박이 출발하고 또 바다에서 오는 배가 도착하는데서 시작한 폭포선 도시는 그림 2.4에서 찾아볼 수 있다. Trenton, Philadelphia, Wilmington, Washington, Richmond, Petersburg, Raleigh, Columbia, Augusta, Macon이다.

폭포선이 이 거대도시권 여러 대도시를 연결한다고 하여도 틀린 것은 아니다. 그림 2.4에 나오지 않는 Boston 역시 폭포선 도시로 통상 분류되지는 않지만 바로 인근에 폭포선이 지나간다. Boston 근처의 대표적 폭포선 도시는 다음과 같다: Fall River 매사추세츠, Hartford 코네티컷, Lowell 매사추세츠.

하지만 더 정확한 축은 폭포선과 거의 일치하거나 인접하지만 조금씩 바다에 더 가까이 위치한 미국 국도 1호선 *US route 1* <그림 2.5> 이다.

물론 두개의 선은 같은 도시를 포함하기도 한다. 그림 2.3과 2.4에 나오는 도시들은 거의 일치한다. 하지만 그림 2.3 위쪽으로 올라가면서 폭포선은 조금 더 내륙에 위치하고 국도 1호선은 해안에 위치한다.

중요한 점은 Gottman이 대도시를 연결하는 교통축으로 국도 1호선을 꼽고 있다는 점이다.

1950년도에 이미 100만을 넘기는 대도시로서 국도 1호선에 위치한 도시는 다음과 같다(Gottman, 1961: 17): Boston, New York, Philadelphia, Baltimore, Washington.

이렇게 대도시와 녹지가 혼재하지만 교통망으로 거대도시권은 연결된다. 그리고 하나의 경제권으로서 미국을 이끌어나간다.

출처: https://en.wikipedia.org/wiki/Fall_line <US route 1> 2018.10.10. 접근
"map of US route 1" 30 June 2006 by Nick Nolte 에서 저자가 국도 1호선을 굵게 다시 표시함.

그림 2.5 미국 국도 1호선 <US route 1>

2.1.4 대도시권을 넘어서: 다양한 집중

"사람, 사물, 기능의 다양한 집중(Gottman, 1961: 24)"이 미국 동북부 연안을 다른 어느 곳과도 구분 짓는다.

뉴욕에 대한 예시는 이를 잘 보여준다:

> '뉴욕시 City of New York'와 '뉴욕시의 바로 인접한 교외 its immediate suburbs'를 합친 (어떠한 계산으로도 천만이 넘는) 집중을 예를 들 수 있다. 금융, 보험, 도매, 오락/연예, 교통과 같은 분야에서의 집중과 인구집중을 떼어서 생각할 수는 없다.

이러한 다양한 종류의 집중이 다른 온갖 종류의 영업, 관리, 혹은 활동을 끌어들인다. 대기업, 소매업, 여행업, 광고업, 법률 및 기술적 상담사무소, 대학, 연구조직 등을 들 수 있다.

뉴욕시라는 상대적으로 작은 땅에, 특히나 맨해튼 60번가 남쪽 밑과 같은 업무지구에 이러한 모든 것이 전례 없는 규모로 공존한다는 사실은 이 곳을 다시 더욱 매력적으로 만든다. 추가적으로 더 많은 은행, 보험, 언론 업종이 몰려들게 한다.

집중이 눈덩이처럼 구르면서 커지는 것이다.

그렇다면 이러한 동북부 연안 거대도시권 전체로 보았을 때 여러 기능의 집중은 어떻게 이해해야 할까? 앞서 언급한 여러 개의 중심지가 어떻게 다양한 기능의 집중을 이루게 되는 것일까?

Gottman(1961: 25)은 여러 개의 중심도시들이 경쟁하면서 동시에 분화를 이루었다고 본다. 중심도시들이 영역을 키우면서 서로 영향력을 받는 지역이 겹치게 된다. 이는 경쟁으로 이어진다. 이러한 경쟁은 동시에 기능의 분화를 가져온다. 경쟁이 성장을 촉진하고, 분화가 서로를 상호의존적으로 만들었다는 것이다.

2.1.5 대도시권을 넘어서: 대도시권을 넘어선 이동

이 거대도시권 사람들은 대도시권을 넘어서서 이동한다. 어느 한날 어느 장소에 있는 사람들을 조사하는 기존 인구조사는 이러한 점을 이해하는 데 있어서 한계를 보인다. 이 거대도시 사람들은 자신의 직장 근처에만 사는 것이 아니다. 다른 군이나 다른 주로 통근을 하기도 한다(Gottman, 1961: 30).

이러한 광폭 이동을 설명하면서, Gottman(1961: 30)은 아까 언급된 개념을 다시 활용한다. 바로 분업 specialization 이다. 사람간의 분업은 공간의 분업을 낳는다.

이는 낮 시간대와 밤 시간대의 인구 차이를 낳는다. 그는 예를 든다 (Gottman, 1961: 30):

> 맨해튼의 예를 들어보자. 1950년 인구조사에 의하면 1,960,000명이 살고 있다. 이 중 923,000명이 살고 있는 이곳에 직장을 가지고 있다.
>
> 하지만 이 섬의 총 직장수는 2,571,000이다. 지역민은 평일 기준으로 먼저 1,600,000명의 일하러 오는 사람들과 같이 지낸다. 여기에다 상당수의 방문객, 관광객, 쇼핑객이 더해진다. 섬에 들어오는 사람의 숫자는 인구조사에 나오는 거주민 숫자에 달할 수 있다.

이러한 행정 범위를 넘어서는 이동은 제조업에서도 나타난다. 중심도시나 업무지구에만 이러한 높은 밀도의 인구 흐름이 나타나는 것이 아니다. 이 거대도시권에는 공장이 많은데, 노동자는 공장 입지지역에서 살기도 하지만 먼 곳에서부터 출퇴근하기도 한다(Gottman, 1961: 33).

대도시권을 넘어서는 계절적 흐름도 있다. 그림 2.6에 나오는 휴양지도 거대도시권의 일부이다. 그림 2.1과 2.2의 오른쪽 윗부분을 다시 한 번 살펴보면 전체적 입지가 이해된다.

사람의 이동을 다루는 내용은 다음과 같다:

가장 인상적 흐름은 다른 곳에서 찾을 수 있다. 하루 하루의 흐름이 아니라, 이는 계절적 흐름이다. 이 대도시권의 많은 가족은 여름에는 별장으로 옮겨간다. 별장에서 가장은 출퇴근하기도 한다. 산, 호수, 바닷가에서 … 주말을 보내기 위해서이다. 이러한 여름 휴양지에는 … 평소보다 훨씬 많은 사람들이 계절적으로 몰려든다.

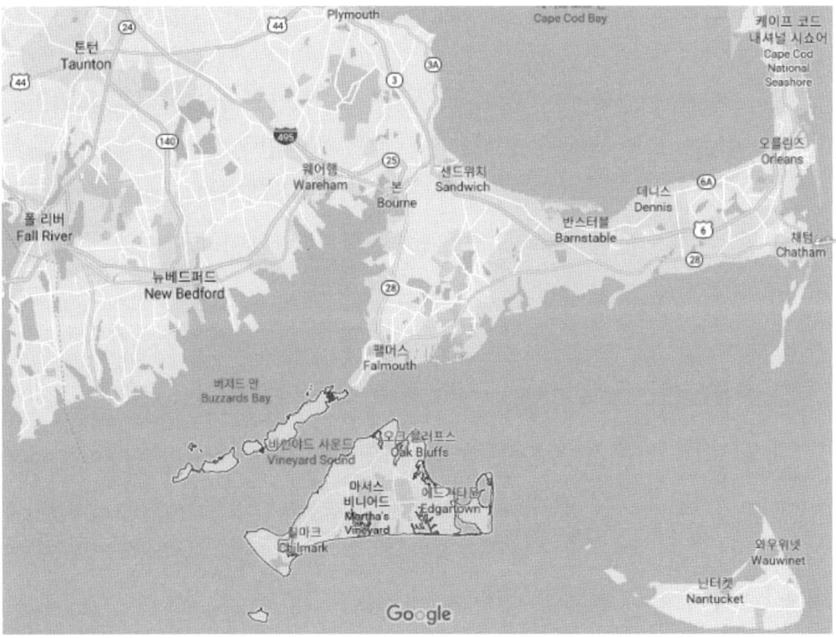

'Google'이라는 구글 로고 바로 위 조금은 굵은 선으로 표시된 섬들이 Duke county 이다. '마서스 비니어드 Martha's vineyard'를 찾을 수 있다. 오른쪽 아래 구석에 있는 섬들이 '난터켓 Nantucket'이다. 'cape cod bay'라는 제일 위 표시 아래에 '반스터블 Barnstable'을 찾을 수 있다. 지도에는 없지만, 왼쪽 위 구석에 위치한 '톤턴 Taunton' 위에 '보스턴 Boston'이 위치한다. 마찬가지로 지도에는 없지만, 톤턴 왼쪽에 '프로비던스 Providence'가 있다.

그림 2.6 Barnstable, Dukes, Nantucket

"Martha's Vineyard Island - 인구: 겨울에는 6,000명 그리고 여름에는 40,000명"이라는 기사 제목이 … Vineyard Gazetteer 첫 번째 면에 나오기도 한다. 6,000명이라는 숫자는 1960년 4월 1일 인구조사에서 나온 것이다. Barnstable, Dukes, Nantucket 라는 매사추세츠에 있는 세 개의 군 county 모두 비슷하다. <Martha's vineyard가 있는 곳은 Dukes county이다.> 모두 이러한 휴양지가 위치해 있고 비슷한 인구 흐름을 보인다. 이들은 다 대도시권(standard metropolitan area, metropolitan state economic areas)으로 포함되어 있지 않다.

하지만 여름에는 이 세 곳 모두 거대도시권 중심도시의 교외임은 어떻게도 부정할 수 없다. 여름에 몰리는 인구로 이 지역 사람들의 한 해 소득과 직업 활동이 이루어진다. 이 책에서는 이 세 개의 군을 거대도시권에 주저 없이 포함한다. 델라웨어와 메릴랜드 바닷가 휴양지도 마찬가지로 포함시킬 것이다.

2.1.6 대도시권을 넘어서: 도시와 농촌 모두를 포함하는 단위

"대도시권 수준을 뛰어넘는 교외확산 super-metropolitan sprawl (Gottman, 1961: 39)"이 거대도시권의 또 다른 정의이기도 한다. 여러 개의 대도시권을 포함하는 엄청난 규모를 가지고 있다. 농지가 거대도시권에서 여기저기 곳곳의 조각을 이룬다.

Gottman은 이 책에서 중심지 이론의 도시와 농촌 구분을 직접 다루지는 않는다. 하지만 그는 인구조사에서 도시와 농촌 구분을 자세히 다룬다. 그가 이해하는 이러한 구분은 중심지 이론에서의 접근법과 동일하다고 저자는 생각한다.

그는 먼저 도시와 농촌 구분을 설명한다. 그리고 이러한 구분이 거대도시권을 설명할 때는 왜 수정되어야 하는지를 말한다(Gottman,

1961: 34):

> 미국 인구조사국은 1950년 인구조사에서의 '도시 urban places' 정의를 수정한다 … 이러한 공식 정의 역시도 같은 장소에 살고 있는 큰 무리의 사람들의 개념을 '도시 urban' 개념과 연결시킨다 ….
>
> 도시가 아닌 지역은 '농촌 rural'으로 분류된다. 농촌 거주민은 (즉, 밤 시간을 보내는) 농민으로 불린다. 사람에게 적용되건 장소에 적용되건간에, '농촌'이란 개념은 농업이나 임업과 밀착된 의미를 가진다.
>
> 도시에 사는 사람의 공업이나 상업을 통한 이익추구와 반대되는 의미인 것이다. 구체제와 그 이후에도 몇백년 동안이나, 농촌 그리고 도시라는 차이는 노동분업에 대한 구분이었다. 두 개의 다른 삶의 방식을 구분하고 또 다양한 경제활동에 있어서 두 개의 넓지만 구분된 영역을 나누기 위한 것이다. 도시에 사는 이는 농촌으로 휴가를 떠난다. 이를 제외하면 농촌과 도시는 잘 격리되어 있다 …
>
> 하지만 거대도시권에서는 이러한 용어는 수정을 요한다.

"대도시권 수준을 뛰어넘는 교외확산 super-metropolitan sprawl (Gottman, 1961: 39)"은 주중에는 도시에서 활동하는 이가 인구조사 기준으로는 도시에 해당하지 않는 곳에 살게 되면서 생겨난다. 미국 인구조사국도 마침내 도입한 '농촌 비농업 인구 rural non-farm population (Gottman, 1961: 35)'가 중요해지는 것이다.

북동부 해안지역의 농촌 비농업 인구 비중은 높게 나타난다. 1950년 인구조사에 기반한 지도를 보면 농촌지역에서 70 퍼센트 이상 농촌 비농업 인구비중이 몰려 있는 가장 큰 지역은 북동부 연안 지역이다. 물론 사막으로 인해 동부와 적절한 비교가 어려운 서남쪽 지역은 제외된다(Gottman, 1961: 37).

"동북부 연안 지역의 도시-농촌 구분이 가지는 새롭고 특별한 의미(Gottman, 1961: 39)"에 대해, 저자는 '중간에 위치한 농지/산지 포함한, 여러 대도시권의 유기적 연결'이라고 나름대로 이해한다.

대도시권 개념을 활용한 Gottman(1961: 39) 자신의 설명은 다음과 같다:

> 거대도시권 내부와 그 주변에서 일어나는 상당한 규모의 *실질적* 교외화는, 비농업인의 농촌 침투 규모를 보면 분명하다 …
>
> 이는 "대도시권 metropolitan area"이라는 개념이 필요하게 만든다. 농촌 비농업 인구 지도에서 보여주는 <높은 비율을 나타내는 까만 색 표시인> 여기저기의 조각은 하지만 엄청난 규모이다.
>
> 미국 전역을 기준으로 보면 이 특정 지역에서 일어나는 '대도시권 수준을 뛰어넘는 교외확산 super-metropolitan sprawl'은 많은 인접한 대도시권을 용접해 붙이고 있다.
>
> 인구조사를 할 때 (그러니까 여름이 아닌) 대도시권인 '군 county' 주변으로 '전이구역 transitional zone'이 존재한다.
>
> 더 큰 대도시권으로 흡수되는 과정이라고 표현해도 되고 거대도시권으로 흡수된다고 표현해도 된다.
>
> 인구를 집중해야 하는 필요성이, 이러한 넓고 복잡한 '사람의 흐름 human tides'을 낳은 것이다.

2.1.7 경제 구조의 변화와 대도시권

저자가 보기에, Gottman은 시대 변화를 꿰뚫어 보는 인물이다. David Batten과 더불어 이 장에서 많은 분량을 할애해 설명하는 것도, 이러한 저자의 인식과 관련이 있다. 미국 동북부 연안 지역이 가진 바다 지향성을 앞서 자세히 설명한 것도 이러한 통찰적 관점의 배경을 제시하기 위해서이다.

20세기는 "최소한의 노동력으로 with a minimum of human labor (Gottman, 1961: 53)" 물자를 만들고 다루려고 한다. 거대도시권의 출현은 이러한 시대변화와 맥을 같이 한다.

사람이 어떤 곳에 몰리는 것을 기술변화의 변화에 맞추어 그는 설명한다(Gottman, 1961: 53). 이러한 변화와 거대도시권의 출현은 맥을 같이 한다:

> 18세기와 19세기를 보자. 기술진보는 많은 노동자를 생산에 적합한 곳에 몰리게 했다. 대량의 원재료나 대량소비될 완제품이 가장 잘 생산될 곳에 사람이 모여든다. 곡창지대 한 가운데, 폭포 인근, 석탄 매장지, 철광석 매장지, 환적지에 도시가 생겨나고 커진다.
>
> 20세기에는 달라진다 … 생산성의 핵심으로 보이던 '노동자 계층 proletariat'은 점점 덜 중요해진다. 양적으로 보자면 노동력이 비생산적 기능으로 전환한다. 이는 비생산적 직업군에서도 그렇고 생산적 직업군에서도 그러하다. 많은 제조업에서, 관리직과 연구직 비중이 늘어난다. 비생산직 직군은 서비스에 관여하거나 원래 비생산적 성격이 있기 때문에, 다른 직종보다 직원 수를 빠르게 늘린다.
>
> 그야말로 최대한 서비스하려고 하는 직종이 주된 경제활동이 되

자, 주목할 만한 도시 성장이 이루어지는 곳은 대규모 생산/분배의 중심지에서 대량소비와 의사결정 중심지로 바뀐다. 모든 종류의 대량소비는 당연히 큰 대도시나 그 인근에서 이루어진다 …

눈덩이처럼 커질 사무직 직종은 "의사결정 중심지"와 그 인근에 모인다. 경영, 상업, 금융 활동이 이루어지는 곳과 정부기관이 입지한 곳이 이러한 의사결정 중심지이다 … 뉴욕시는 금융과 산업 경영에 있어 서방세계에서 으뜸가는 곳이다. 공식 본사가 이 도시에 입지하지 않은 기업은 재정 업무를 담당하는 주요 사무소를 맨해튼에 차리는 경우가 많다.

뉴욕시 뿐 아니라 다른 주요 도시도 거대도시권의 존재감을 더한다. Boston, Philadelphia, Connecticut, New Jersey, Delaware, Maryland 입지 기업본사가 있다. 은행, 신탁, 보험과 같은 영역에서도 이러한 도시가 강세를 보인다.

뉴욕시가 이러한 도시들과 함께 축을 이루어서 세계를 이끌어간다. 최소한 모스크바로 중심이 쏠리지 않게 만든다.

미국 자체로 보아도 이러한 축은 주요 관리기능을 담당한다. 광고, 출판, 언론, 과학연구 같은 영역에서 이러한 점을 알 수 있다.

경제구조의 변화에 주목하는 그는 지식의 중요성 역시 강조한다. 부의 중심지와 배움의 중심지가 인류 역사의 큰 틀에서 볼 때 일치하지만, "지식의 움직임이 부/권력 이동보다 종종 먼저 이루어진다 often the migration of knowledge has preceded the migration of economic and political power (Gottman, 1961: 63).

'아이비리그 Ivy League' 대학과 주요 박물관이 거대도시권과 그 인근에 위치하고 있다. 대서양 입지는 유럽으로부터의 지식과 문화를 배우는데 유리하게 작용한다. 그리고 이러한 유리함은 보편교육에의 강조와 결합한다(Gottman, 1961: 63).

지역이 부유해지는 데 있어서, '정신적 자원 resources of the spirit' 역시 중요하다. '지식, 위험을 감수할 의지, 이기기 위한 싸움'이 이러한 정신적 자원을 구성한다(Gottman, 1961: 61).

2.2 '연결망 도시 network cities'

연결망 도시는 또 하나의 중요한 기준점이다. 기존 이론과 어떻게 다른지 알아보자.

2.2.1 중심지 대 연결망

연결망 도시 이론은 중심지 이론이라는 고전과 정면충돌한다. 먼저 David Batten(1995: 320) 자신이 제시한 비교를 살펴보자. 일부러 원문 그대로 제시한다:

Central place system	Network system
Centrality	Nodality
Size dependency	Size neutrality
Tendency towards primacy and subservience	Tendency towards flexibility and complementarity
Homogeneous goods & services	Heterogeneous goods & services
Vertical accessibility	Horizontal accessibility
Mainly one-way flows	Two-way flows

Transport costs	Information costs
Perfect competition over space	Imperfect competition with price discrimination

이러한 비교에는 ‘중심성 centrality’ ‘크기 size’ ‘종주성 primacy’ ‘동질적 물건과 서비스의 완전경쟁 homogeneous goods & services, perfect competition’이라는 표현이 나온다.

Batten 자신의 요약은 이러한 표현이 나오게 하는 중심지 이론의 특성이 잘 나온다(Batten, 1995: 318):

> 도시 크기와 기능의 전형적 분포를 예측하기 위해, Walter Christaller (1933)는 중심지 모형을 고안한다. 각 공동체가 가지고 있는 기본적 수요와 더 이동하기 위한 비용을 내지 않으려는 정해진 지역적 범위를 먼저 사실로 가정한다. 이럴 경우, 고차 서비스와 물건을 제공할 수 있는 곳은 일부에 불과할 것이다. 기본적 판매 기능을 이해한다면, 장소의 위계질서를 알 수 있다. 이러한 도시 위계질서 구조를 보면, 각 중심점<혹은 결절, node>은 6각형 배후지를 가지게 된다. 이런 식으로 생각하면, 도시는 각자의 기능에 따라 각기 다른 정도의 중심지로 분류된다.

중심지 이론이라는 고전과는 다른 Batten 자신의 이야기는 현실과의 일치 여부에서 시작한다. 한마디로 중심지 이론이 현재 도시를 잘 설명하지 못한다(Batten, 1995: 318-319).

중심지 이론에는 ‘도시 순위 법칙 rank-size rule’이 있다. ‘어떤 도시의 인구 = 제일 큰 도시 인구 / 어떤 도시의 인구 순위“이다.

문제는 이러한 중심지 이론 공식이 맞아 들어가는 곳이 많지 않다는 것이다. 몇몇 되지 않는 맞아 들어가는 예를 들어 보자. 파리의 인구가 공식보다 크기는 하지만, 비교적 맞아 들아가는 나라가 프랑스이다. 미국과 호주와 같은 신생국가에 한정해서는, 국가 단위가 아니라 지역 단위에서 도시 순위 법칙이 나타난다.

단일 중심지 체제는 교통 비용의 문제도 있다. 이것 역시 연결망 도시 이론 출현의 이유이다. 단일 중심지는 규모가 커지면서 교통비용도 증가한다. 단일 대도시는 교통정체와 공해와 같은 문제도 가지고 있다.

교통수단 발달과 '한 시간 법칙'의 결합으로 늘어난 공간을 확보하는데 연결망 형태가 더 유리해진다(Batten, 1995: 320):

> 1800년 이래, <프랑스에서의> 사람 이동은 하루에 20미터에서 30킬로미터로 늘어난다. 1,500배 늘어난 것이다. 하지만 하루 이동에 걸린 시간은 변하지 않았다. 하루 한 시간이다. 따라서 이동 속도가 늘어난 것이다 … 결과적으로 교통 정체가 심해졌다.
>
> 교통혼잡과 공해가 점점 더 중요해진다는 것을 감안하면, 이러한 '한 시간 법칙'은 단일 중심지에게는 강력한 억제력으로 작용한다. 서비스 구매나 통근으로 쓰는 시간제한이 한 시간이라고 가정해보자. 교통기술의 발전으로 늘어난 공간 범위는 연결망 도시 체제에게 유리하게 작용할 수 있다. 같은 인구규모의 단일 중심도시와 비교했을 경우이다.

참고로 인용된 숫자에 대해서 더 자세히 언급하려 한다. 프랑스에서 한 사람이 하루에 움직인 거리가 1800년도에는 0.02km 즉 20m이다. 1900년대에는 1km이다. 1990년에는 35km이다.

연결망 도시는 같은 크기의 단일 중심도시와 비교했을 때 가지는 장점을 다음과 같이 요약된다.

더 많은 다양성과 창의성, 작은 혼잡, 더 큰 입지 선택의 기회를 연결망 도시가 가진다(Batten, 1995: 314).

2.2.2 연결망 도시: 대도시권을 넘어서는 통로 도시

대도시권 개념을 정면으로 부정하기 위해, Batten은 Robert Fishman (1990)을 인용한다. 도심과 교외라는 이분법을 부정하고, '통로 도시 corridor city'라는 표현이 나온다(Batten, 1995: 314):

> 역사가인 Robert Fishman은 언급한다: "1980년도에 들어서서는 사회과학자들조차도 산업 도시화 시대의 '도심 central city'과 '교외 suburb'라는 개념이 현실을 설명하지 못한다는 것을 인정하지 않을 수 없게 된다. '새로운 도시 new cities'라는 개념을, 그는 만들어낸다. 50-100 마일 정도를 뻗어가는 '커가는 통로 growth corridor'가 기본 단위가 되는 지역이다. 이러한 새로운 도시지역은 주도적인 단일 중심지라고 이야기할 곳이 잘 없다. 명확한 경계도 없다. 중심지가 여럿 있는 것이다.

London-Cambridge, Stokholm-Uppsala가 이러한 통로도시의 예이다. 효율적 기반시설이 지식 중심지를 더 큰 대도시와 연결시킨다. 이 두 곳은 국제공항이 있다는 공통점도 있다. 공항-대학의 조합인 것이다(Batten, 1995: 314).

이러한 여러 통로 도시가 연결되어 만들어지는 연결망이 연결망 도시이다. Batten(1995)은 이러한 연결망 도시로서 네덜란드 란드슈타드(Randstad)와 일본 간사이 지방을 자세히 다룬다. 로테르담, 헤이그, 암스테르담과 같은 도시를 포함해서 란드슈타드 연결망 도시가 형성된다.

다음 절에서는 간사이 연결망 도시를 자세히 설명한다.

2.2.3 연결망 도시: 일본 간사이

일본 간사이 지방에는[2] <그림 2.7 참조> 전형적 연결망 도시를 찾아 볼 수 있다.

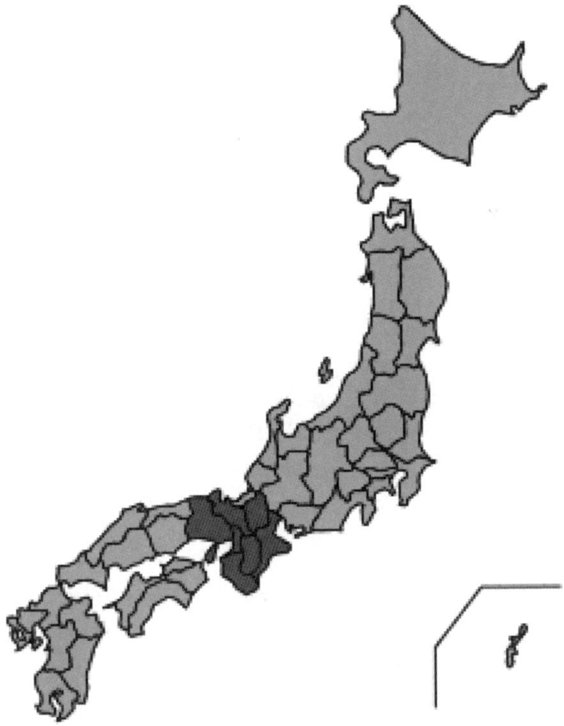

출처: https://ko.wikipedia.org /긴키 지방/ 2018.11.20. 접근
'Japan kinki map small.png' by Shigenobu AOKI

그림 2.7 일본 간사이 지방

2 関西 かんさい 라고 쓰여짐, 혹은 긴키 近畿 きんき 라고 불리워지기도 함.

간사이를 여기서 이렇게 상세하게 설명하는 이유 중 하나는 문화자산에 대한 강조이다. Batten은 이전 연구에서도 문화를 강조한다. 'C가 많은 지역, C-rich regions: Competence, Culture, Communication, Creativity'이 새롭게 부상하는 도시 연결망에 편입될 가능성이 크다. 이유는 설명하지 않지만, 이러한 곳이 연구활동의 중심지일 가능성이 크다고 언급한다.

물론 문화가 인과관계에서 분명한 원인은 아니다. 연구개발 활동이 분명한 원인이다. 다음 구절은 이러한 면을 잘 보여준다(Andersson & Batten, 1988: 291):

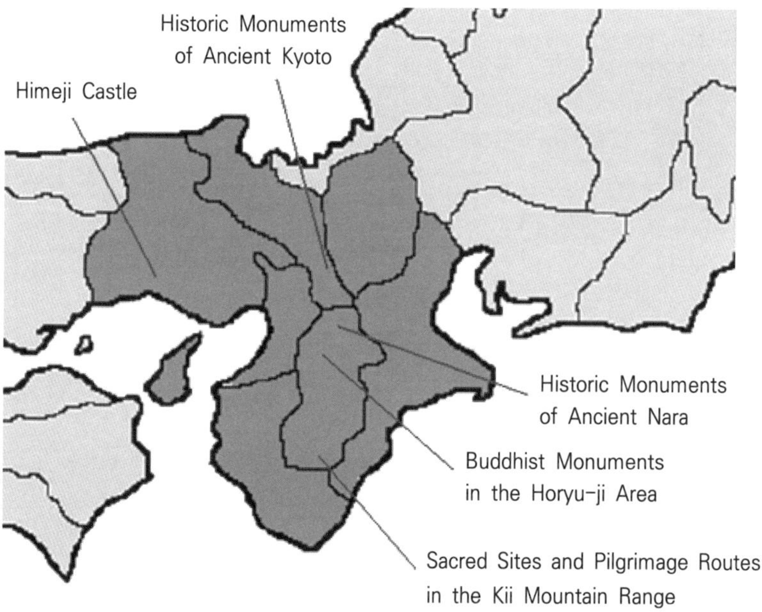

출처: https://ko.wikipedia.org /긴키 지방/ 2018.11.20. 접근
"World Heritage Sites in Kansai(2008)" created in 2008.5.8.

그림 2.8 일본 간사이 지방 세계문화유적

> 인류역사상 최초로 연구개발 활동이 산업정책에서 주된 전략적 변수가 된다. 경제와 기술이 발전과정에서 중요한 내적 변수가 될 것이다 … 새로운 체제를 지향하는 생산은 국제적 C 연결망에서 중심적인 'C가 많은 지역'에 집중될 것이다. 하지만 기술이 성숙하면 이러한 생산은 'C가 작은 지역 C-poor region'으로 넘어갈 것이다.

이러한 제한적인 입장에도 불구하고, 간사이의 문화적 유산<그림 2.8 참조>은 여러 번 강조된다(Batten, 1995: 322):

> 오사카, 효고, 교토, 나라, 와카야마라는 여섯 개의 현(県 けん)이 간사이 지방을 이룬다. 자신만의 역사적 문화적 특징을 각각의 현이 가지고 있기 때문에, 이 6개의 현은 다양성을 지니고 있다. 도쿄가 성장하면서 압도적인 위치를 차지해나가는 몇 십년간에는 이러한 다양성이 응집성 부족으로 작용했을 수도 있다. 하지만 이러한 동일한 다양성이 더 풍요로운 미래를 열어가는 열쇠로 이제는 작동할 수도 있다 … 옛 수도인 나라와 교토는 훌륭한 절과 예술품으로 가득하다. 이러한 문화적 풍부함은 고베와 오사카라는 두 항구도시를 보완할 수 있다 … 문화도시와 상업도시간의 놀라운 대조는 미래에 대한 동일한 목표의식과 합쳐져서, 간사이 지방을 다음 세기의 가장 활기찬 연결망 도시로 만들 수 있다.

그림 2.9의 간사이 연결망 도시를 구체적으로 이어주는 것은 교통망이다. 문화자산에 대한 추상적 언급과는 대조적이다. 바로 앞 절에서 언급된 '한 시간 법칙'도 바로 적용된다. 1991년 지역 재계가 발표한 'Grand vision' 계획에서는 통근시간을 최대 1시간으로 제한하려 노력한다(Batten, 1995: 323).

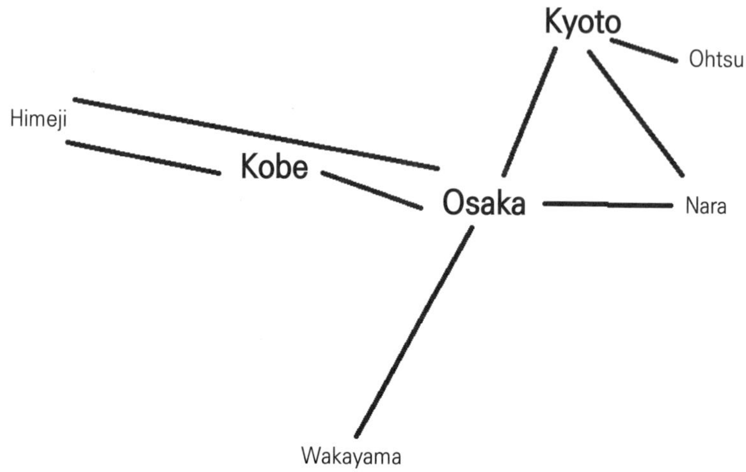

출처: Batten, 2009: 324에 나오는 도표 일부분 내용을 저자가 다시 작성

그림 2.9 Batten의 일본 간사이 연결망도시

이 계획은 현재의 교통망을 기반으로 하고 있다. 'Grand vision' 내용은 다음과 같다(Batten, 1995: 323):

(1) 생활, 노동, 학습, 여가활동을 위한 다양한 도심 기능의 결합
(2) 창조적 생각의 교류를 함양하는 정보와 지식의 '통로' 형성
(3) 세계시민을 위한 24시간 도시
- 1994년 개장한 간사이 국제공항의 24시간 운용에 힘입어
(4) 새로운 사업기회를 축으로 한 기존 공업 시설의 재구조화
(5) '자연친화적' 편의의 제공
(6) 다중심적 도심 구조의 고도화

미래에 대한 희망도 교통망에 많이 의지한다. Batten(1995: 324)은 아와지[3]섬과 시코쿠[4]를 연결하는 원형 교통망을 언급하고 있다. 1998

년에 완성된 아와지 섬을 통과하는 '고베 아와지 나루토 자동차 도로'이다. 그림 2.10 오른쪽에서 있는 Kobe-Awaji-Naruto를 잇는 도로이다.

그의 시코쿠 간사이 연결에 대한 판단은 현실에 근거하고 있지 않다. 시코쿠와 간사이를 연결하는 원형 교통망은 현재 심각하게 불완전하고 또 가까운 미래에도 완전해질 가능성이 낮다.

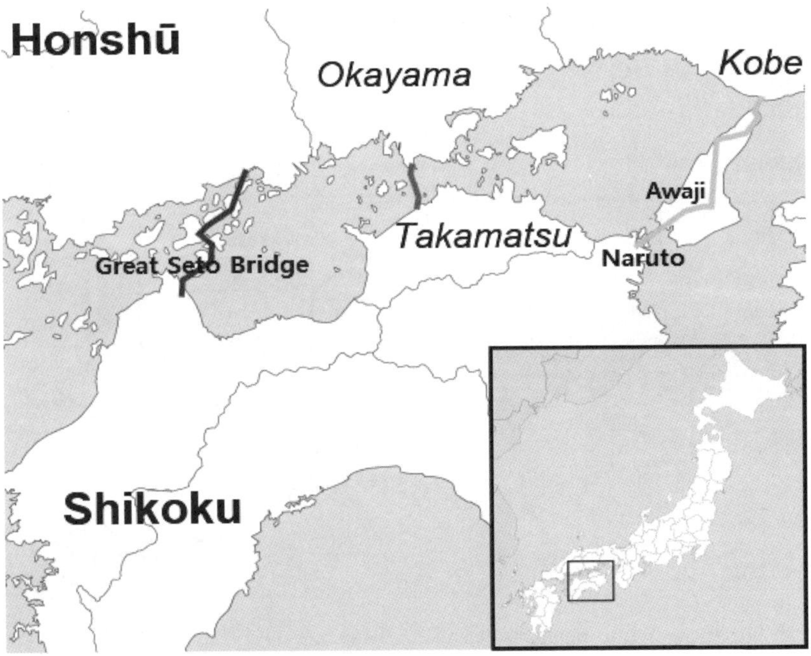

출처: www.wikipedia.org /honshu shikoku bridge project/
File:Map of Honshu-Shikoku Bridge Project.svg Created: 4 July 2010
"Awaji" "Naruto" "Great Seto Bridge"는 저자가 추가했음.

그림 2.10 시코쿠와 간사이 연결도로

3 淡路

4 四国

철도가 빠졌기 때문이다. '고베 아와지 나루토 자동차도'는 원래 구상에서는 철도가 같이 건설될 예정이었다. 하지만 경제적 이유 때문에 철도는 건설되지 않았다[5](www.wikipedia.org /Honshū-Shikoku Bridge Project/ 2018년 12월 1일 접근). 이에 대한 설명은 이 책의 범위를 벗어나지만, 일본에서의 철도의 중요성은 절대적이다.

현재 시코쿠와 혼슈를 연결하는 철도는 그림 2.10에서 Great Seto Bridge라고 적혀있는 제일 왼쪽에 있는 선하나 뿐이다. 1955년 171명의 인명피해를 낸 다카마츠[6] 연안 여객선 사고를 계기로 1988년 완공된 세토대교[7]이다[8].

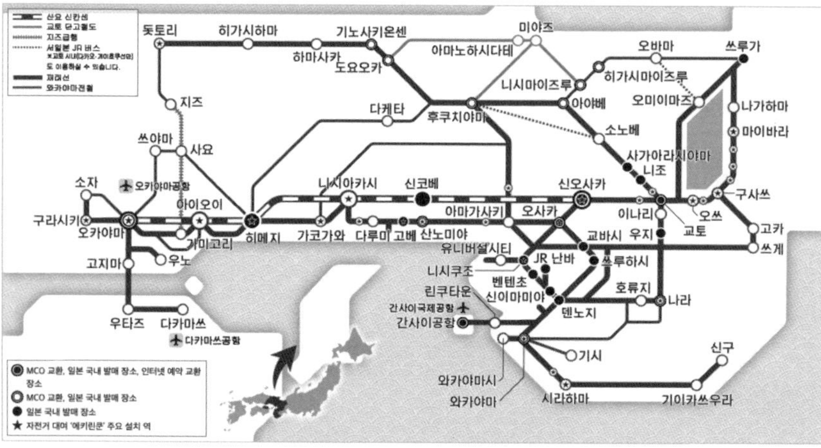

출처: http://www.westjr.co.jp/global/kr/ticket/ /JR웨스트 레일패스/간사이 와이드 패스/ 2018.12.1. 접근.

그림 2.11 JR 서일본 간사이 와이드 패스 노선도

---

5 www.wikipedia.org /Honshū-Shikoku Bridge Project/ 2018년 12월 1일 접근.

6 高松

7 瀬戸大橋

8 www.wikipedia.org /Great Seto Bridge/ 2018년 12월 1일 접근.

현재 사람들의 움직임은 철도가 빠진 현실을 잘 보여준다. 그림 2.11의 JR 서일본 간사이 와이드 패스 노선도와 그림 2.12의 비교는 매우 흥미롭다. 지도란 어떤 것인가를 보여주는 좋은 예이기 때문이다.

지리적 거리와 현실 사용에 따른 심리적 거리의 차이는 지도에서 잘 나타난다. 그림 2.11의 철도 노선도에서는 시코쿠라는 섬이 고베와 제법 떨어져 있는 것으로 나온다. 시코쿠와 간사이 국제공항간의 거리는 더욱 더 그러하다.

하지만 실제 지도인 그림 2.12는 다른 현실을 보여준다. 시코쿠는 중간에 놓인 섬인 아와지를 통하면 고베와 쉽게 연결된다. 지리적으로 가깝다.

그림 2.12는 간사이 국제공항 인근의 와카야마 지역과도 아와지 섬이 가깝다는 것을 보여 준다. 중간에 섬이 있어서 연결이 불가능하지는 않다는 것이 저자의 생각이다.

Batten(1995: 324)은 와카야마와 아와지 섬 연결에 대한 논의도 논문에서 언급하고 있다. 고베와 시코쿠조차도 철도로 연결되지 않은 현실에서, 이러한 논의는 의미가 없다고 저자는 생각한다.

출처: http://www.google.com/map/ 2018.12.1. 접근.

그림 2.12 시코쿠와 간사이 구글 지도

다시 정리하자면, 실제 생활에서 중요한 철길에서는 원이 존재하지 않는다. 그림 2.11의 JR 서일본 간사이 와이드 패스 노선도는 이를 보여준다.

2.2.4 연결망 도시와 새로운 경제체제

거대도시권 이론과 연결망 도시론의 공통점은 경제를 보는 관점에 있다. 둘 다 경제 체제의 틀 자체가 변화하고 있다고 강조한다. 대량생산으로 표현되는 공장체제에서 벗어난 새로운 세상이다.

Batten(2009: 325)은 새로운 공학설계를 언급한다:

> (산업시대의 공장식 공학설계가 아닌) 정보공학설계와 'new systems architecture<번역 설명: 예를 들어 software와 hardware의 결합>' 기반 생산 활동하는 기업의 연구개발 부서가 이러한 창조적 지역에 많이 있다. 이러한 연구개발에는 사람 접촉이 중요하고 결국 세계적 수준에서 자신만의 연결망을 만들어낸다.

새로운 기업 활동방식이 연결망 도시 출현 배경이기도 하다(Batten, 2009: 316).

> 다국적 기업의 혁신 활동은 여러 장소에 동시에 자리 잡을 수 있다. 큰 도시의 창조적 자원에 구애될 이유가 전혀 없다. 이러한 추세 역전은 현재 진행중인 세계 연결망 경제와 궤를 같이 한다. 더 커진 국제화는 지역적 접근성의 중요성이 상대적으로 줄었다는 것을 의미한다. 국제적 접촉이 더 중요해진 것이다. 정보처리, 통신, 항공편 접근성에 민감한 기업체가 폭발적으로 늘면서 흩어진 장소의 일대일 접촉이 매우 용이해진다. 이는 세계경제의 연결망적 성격을 더 강화한다.

거대도시권과 연결망 도시라는 두 개념은 모두 기존 경제질서와 기존 대도시권 개념에 대한 창조적 파괴를 시도한다.

저자 역시도 마찬가지로 이러한 기존 틀을 벗어나는 노력을 하려 한다. 기존 생각을 벗어나는 현실로서의 서울권을 살펴본다.

3

수도권을 넘어서는 실체:
거대도시권 혹은 도시 연결망

거대도시권과 도시 연결망의 지리적 범위는 같은 걸일까 아니면 다를까? 여기서는 개념과 지리적 범위라는 두 가지 다른 차원을 언급하고 있다.

쉬운 이해를 위해 먼저 앞선 장에서 자세히 설명한 일본의 예로 돌아가 보도록 한다. 간사이 연결망 도시를 설명했으니, 이번에는 도카이도 거대도시권을 먼저 다룬다.

3.1 거대한 '도카이도 거대도시권'

일본의 경우, 거대도시권은 연결망 도시보다 분명히 지리적 범위가 크다. 일본의 경우 하나의 거대도시권 존재를 흔히 이야기한다. 이는 도쿄에서 후쿠오카를 연결한다.

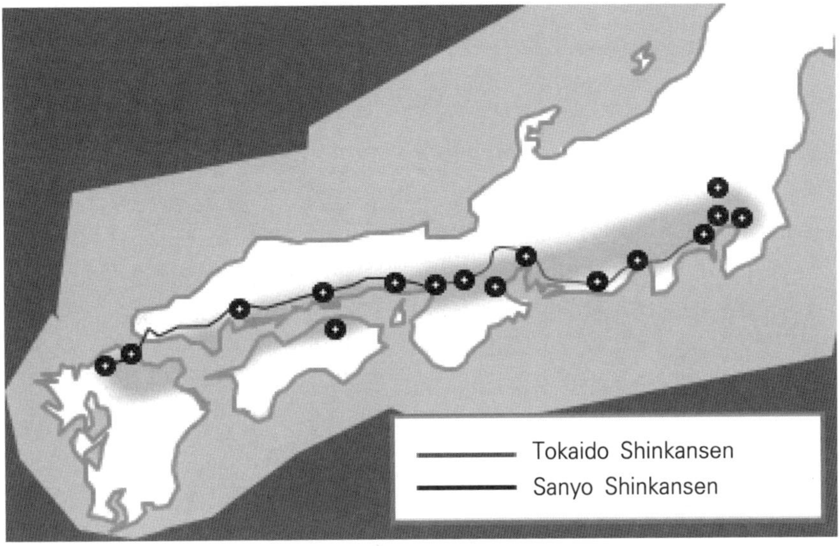

출처: www.wikipedia.org /tokaido corridor/ File: Pacific ocean belt map common.png English: pacific ocean belt map 太平洋ベルト(taiheiyo belt) Made by Aney, 2006-03-23,

그림 3.1 도카이도 거대도시권 지도 (신칸센)

그림 3.1은 간사이 도시 연결망보다 훨씬 더 거대한 '도카이도 거대도시권'이다. 도카이도 거대도시권과 같은 표현으로는 '도카이도 통로' '태평양 벨트'를 들 수 있다. 그림 3.1과 3.2는 이에 대해 자세히 설명하고 있다.

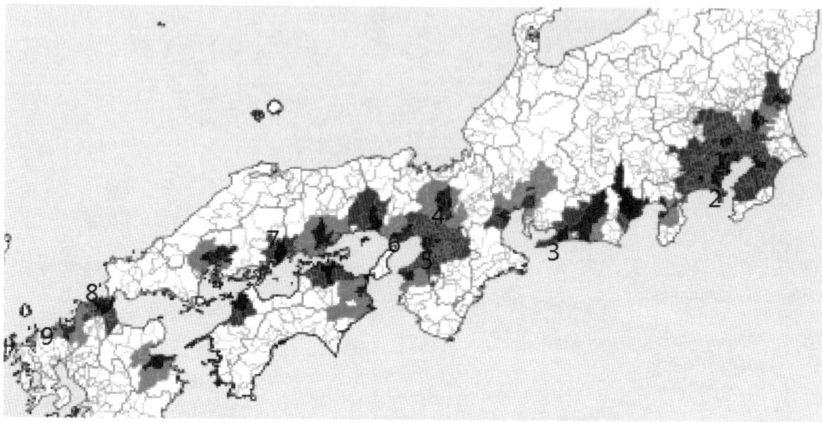

출처: www.wikipedia.org /tokaido corridor/
Description: Major metropolitan employment areas of Taiheiyō Belt
Date: 19 August 2016 Author: Rarelibra

그림 3.2 도카이도 거대도시권 지도 (주요 도시)

A. Stan & A. Deguchi. 2017. "Japanese metropolitan structure defined through correlated demographics and local service sector employment provision" Int. J. Sus. Dev. Plann. Vol. 12. No. 7. P. 1134에 나오는 지도

히로시마를 포함하고 기타규슈와 후쿠오카까지를 연결하는 '도카이도 거대도시권'을 연구대상으로 삼는다고 나와 있음. 참고로 원문을 아래에 인용함.

While it could be argued that the Tōkaidō Megalopolis includes Hiroshima and extends all the way south to Kitakyushu and Fukuoka, urban development scale differs greatly between the corridor and the remaining area, hence the paper's focus on the urban areas that were historically part of the Tōkaidō region.

Overall, a total of 434 municipalities were included, distributed as follows:

1. Tokyo: 218 municipalities out of which a total of 28 including the 23 Tokyo Special Wards, Yokohama, Kawasaki, Sagamihara, Chiba City and Saitama City are designated metropolitan cores.

2. Keihanshin: 132 municipalities out of which a total of 4 including Osaka, Kyoto, Kobe and Sakai are designated metropolitan cores.

3. Chukyo: 84 municipalities out of which only Nagoya is a designated metropolitan core.

앞서 언급한 간사이 도시 연결망보다 훨씬 더 크다는 것을 알 수 있다. 이러한 일본의 거대도시권을 이해하기 위해서는 몇 가지 맥락적 이해가 필요하다.

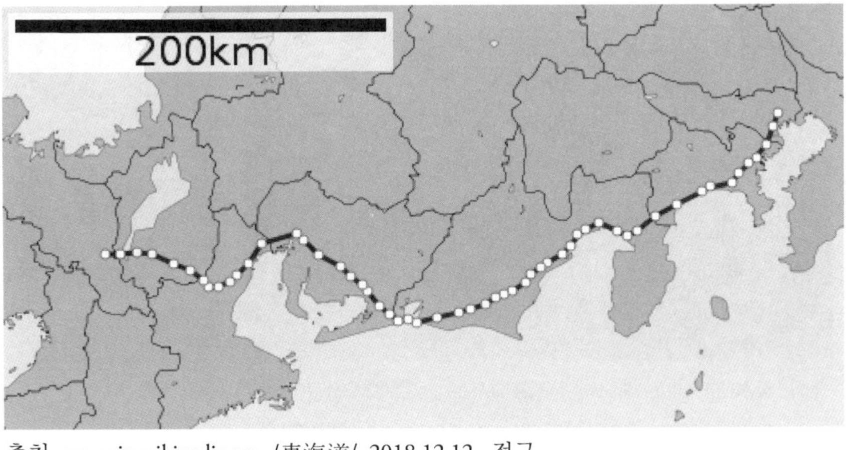

출처: www.jp.wikipedia.org /東海道/ 2018.12.12. 접근

그림 3.3 동해도 지도

첫 번째는, 교토와 도쿄라는 상당히 떨어진 도시가 역사적으로 연결되어온 방식이다. '도카이도'는 '東海道'의 발음 とかいど이다. 에도 시절 대표적인 다섯 개의 옛 길 '五街道' 중 하나이다. 도쿄가 에도로 불리는 시대의 '고속도로'가 현재의 신칸센으로 이어지면서 두 도시를 연결한 것이다.

그림 3.3의 동해도는 교토와 도쿄를 연결하고 있다. 그림 3.1의 일본 도카이도 신칸센과 거의 같다는 것을 알 수 있다. 그림 3.2의 고용 집중 대도시와도 그대로 겹친다.

출처: www.jp.wikipedia.org /東海道/ 2018.12.12. 접근
Felice Beato. 1865 "An ancient Japanese highway"
Source Unknown

그림 3.4 동해도 사진

두 번째는 예전부터 이어온 인구의 집중도이다. 이러한 집중도가 넓은 공간을 아우르는 거대도시권을 가능하게 한다.

거대도시권 개념의 적절성 여부와 상관없이, 이 지역의 인구 밀집은 분명한 사실이다(Ito, Nagashima & Hons, 1980: 231):

> 18세기에 벌써 현재 도쿄로 불리는 에도는 이미 인구 백만명을 넘어서는 세계 제일의 인구 밀집 도시였다. 메이지 시절 빠른 도시화가 일어났고, 특히나 2차 세계대전 이후의 도시화는 유래 없는 수준이었다….
>
> 1975년에는 6천만 명 가량이 도카이도 지역에 살고 있다. 도쿄만, 이세만, 오사카만이라는 세 곳의 각각 훌륭한 항구 옆에는 간토 평원, 노비 평원[9], 오사카 평원이 태평양의 비교적 온화한 날씨를 누리고 있다. 600km에 걸친 이런 곳들은 일본 도시화 산업화의 핵심지역이다. 도카이도 거대도시권의 등장은 자본 투자에 의해 일어났고, 사람들의 부지런함과 높은 학업수준으로 유지되어 왔다….
>
> 거대도시권 개념의 적절성 여부와 상관없이, 일본이 '고밀도 사회'라는 사실에는 의심의 여지가 없다. 1975년에 57%의 인구가 1헥타르[10]에 40명 이상이 사는 고밀도 지구[11]에 살고 있다. 1975년에 고밀도 지구는 일본 땅의 2.2%에 불과하다….
>
> 1960년까지는 인구가 3대 대도시로 몰렸다. 대도시 인구 수용능력이 한계에 달하자, 인근 현으로 급속한 도시화가 확산된다. 1960

9 濃尾平野, 나고야 인근에 위치

10 hectare 한 변이 100미터인 정사각형의 면적, 약 3,025평

11 DID, Densely Inhabited District

년대 중반부터 대도시 구는 인구가 줄기 시작한다. 하지만 주간 인구는 계속 더 늘어난다. 통근은 점점 더 복잡한 형태를 띠기 시작한다.

예를 들자면, 요코하마의 통근권은 도카이도 거대도시권 거의 전체 현을 포함한다.

인구의 집중도를 이야기하면서 절대적인 면적도 언급해야 한다. 일본의 지리적 면적은 다른 나라에 비하면 작을 수 있다. 하지만 남한에 비하면 상당히 큰 면적이다.

세 번째는 철도와 신칸센의 중요성이다. 도카이도 거대도시권을 연결하는 것은 기본적으로 철도이다. 특히나 신칸센의 역할이 중요하다.

그림 3.5의 신칸센 노선도는 일본이 어떻게 연결되어 있는지를 보여준다. 자세한 사항은 앞으로 어떤 주제가 나올 때마다 다시 세부적인 지도로 살펴보도록 한다.

일본에서 철도가 가지는 의미는 특별하다. 신칸센의 의미도 기본적으로 철도의 의미에서 나온다. 한국에서 고속철도는 제한적 의미를 가진다. 하지만, 철도 중심 운송체제를 가진 일본에서의 신칸센은 특별하다.

한국에서 고속철도가 제한적 의미를 가지는 것은 운송체제가 자동차 위주이기 때문이다. 쉬운 예를 들어보자. 지금은 수서 고속철도 역이 강남 인근에 있지만, 강남의 화려함은 철도교통과 상관없이 나타났다. 물론 순환선으로서 2호선의 역할은 크지만, 최근까지 철도역이 존재하지는 않았다. 또 다른 예를 들어보자. 기차를 타고 어딘가를 가서 물건을 사거나 시간을 보내는 것도 한국에서는 낯설다. 우리는 보통 차를 탄다.

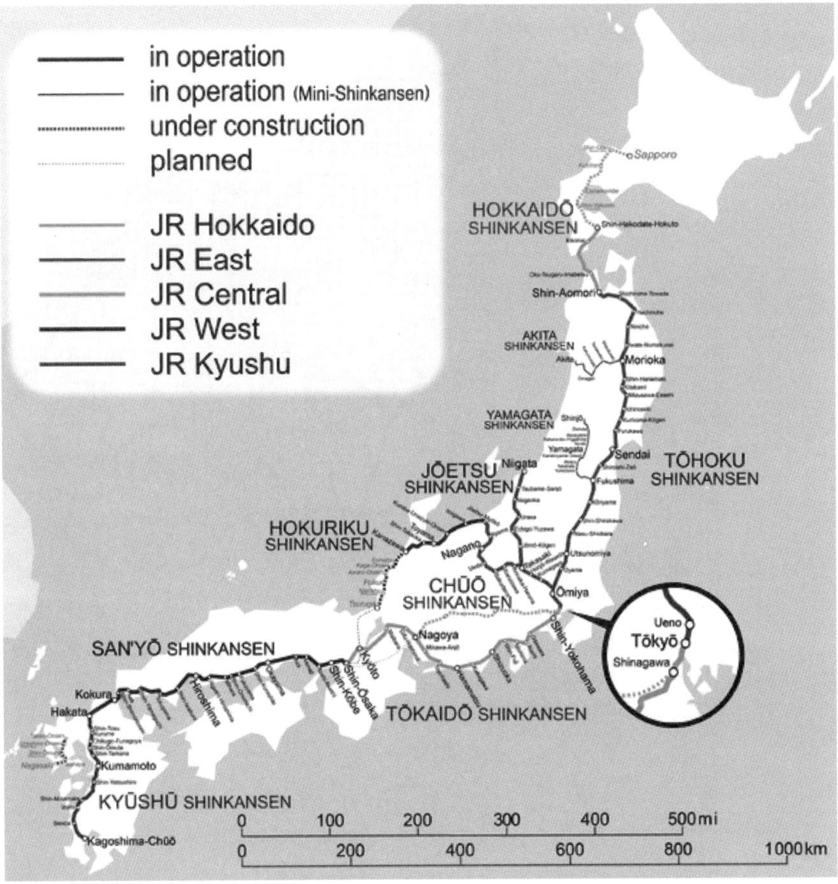

Tōkaidō Shinkansen 〈Tokyo Shin-Osaka〉 JR Central 1964~
Sanyō Shinkansen 〈Shin-Osaka Hakata〉 JR West 1972~
Tōhoku Shinkansen 〈Tokyo Shin-Aomori〉 JR East 1982~
Jōetsu Shinkansen 〈Ōmiya Niigata〉 JR East 1982~
Hokuriku Shinkansen 〈Takasaki Kanazawa〉 JR East and JR West 1997~
Kyushu Shinkansen 〈Hakata Kagoshima-Chūō〉 JR Kyushu 2004~
Hokkaido Shinkansen 〈Shin-Aomori Shin-Hakodate-Hokuto〉 JR Hokkaido 2016~

출처: www.wikipedia.org /shinkansen/ 2018.12.12. 접근

그림 3.5 일본 신칸센 노선도

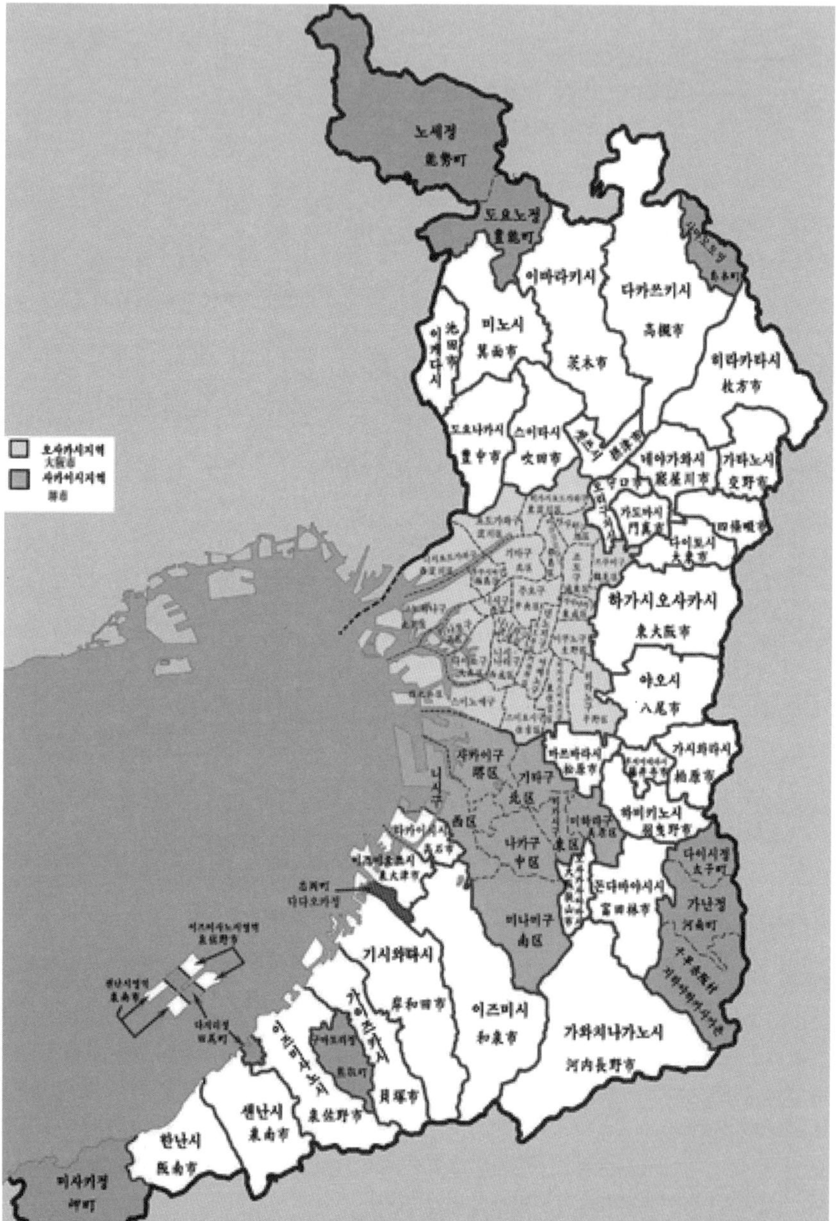

노세정
能勢町
도요노정
豊能町
이바라키시
茨木市
다카쓰키시
高槻市
미노시
箕面市
이케다시
池田市
히라카타시
枚方市
도요나카시
豊中市
스이타시
吹田市
네야가와시
寝屋川市
가타노시
交野市
가도마시
門真市
다이토시
大東市
東大阪市
야오시
八尾市
가시와라시
柏原市
마쓰바라시
松原市
하비키노시
羽曳野市
사카이구
堺区
기타구
北区
니시구
西区
나카구
中区
미나미구
南区
다이시정
太子町
가난정
河南町
돈다바야시시
富田林市
기시와다시
岸和田市
이즈미시
和泉市
가와치나가노시
河内長野市
貝塚市
센난시
泉南市
한난시
阪南市
미사키정
岬町

그림 3.6 오사카부

통계에서도 철도의 중요성은 분명히 나타난다. 2012년 大阪府総務部統計課에서 발표한[12] '2010년 국세조사'에서의 숫자를 살펴보자. 오사카부 <그림 3.6> 15세 이상 자택 외 취업자와 통학자 3,887,509명을 대상으로 한 조사이다.

하나의 교통수단을 선택한 이들 가운데에서 철도의 중요성부터 시작해보자. 4백만에 가까운 전체의 84%가 이에 해당한다. 가장 많은 비율인 전체의 28%가 '기차나 전철 鉄道·電車'을 활용한다. 그 다음이 '자전거 自転車'이다. 3,887,509명의 21.9%이다. '자가용차 自家用車'는 3위에 그친다. 전체의 19.1%이다. 4위는 '걷기 徒歩だけ'로 전체의 6.8%이며, 5위는 '오토바이 オートバイ'로서 전체의 5.6%이다. '승합버스 乗合バス'는 전체의 1.3%이다. 그 외 하나의 교통수단 이용자 합은 전체의 1.4%이다.

4백만에 가까운 전체의 14%는 두 종류의 교통수단을 이용한다. 세 종류 이상 이용자는 전체의 1.3%이다. '84.7 + 14 + 1.3 = 100'이 만들어진다.

두 종류의 교통수단 세부사항은 철길 중심의 일본 사회를 다시 말해준다. '기차나 전철'과 연계되는 경우가 거의 대부분이기 때문이다. 전체 3,887,509명에 대한 비율에서, 두 종류 교통수단은 14%이다. 마찬가지로 전체 3,887,509명에 대한 비율에서, '기차/전철 + 승합버스'는 4.6%이다. '기차/전철 + 오토바이/자전거'는 전체의 6.7%이다. '기차/전철 + 자가용차'는 전체의 0.7%이다. 그 외 두 가지 조합의 합은 전체의 2.1%에 불과하다.

상식적으로 생각할 수 있듯이, 오사카부 중에서도 도심의 '기차나 전철' 비중이 다른 곳보다 더 높게 나온다. 그림 3.6에서 작은 부분으

12 http://www.pref.osaka.lg.jp/attach/1891/00039840/kokucho%20juugyouchi%20tsuugakuchi.pdf

로 나누어져 있는 중간 부분의 위쪽이 오사카시이다. 한 가지 교통수단에서 오사카시 '기차나 전철' 비중은 오사카부보다 훨씬 높은 36.4%이다.

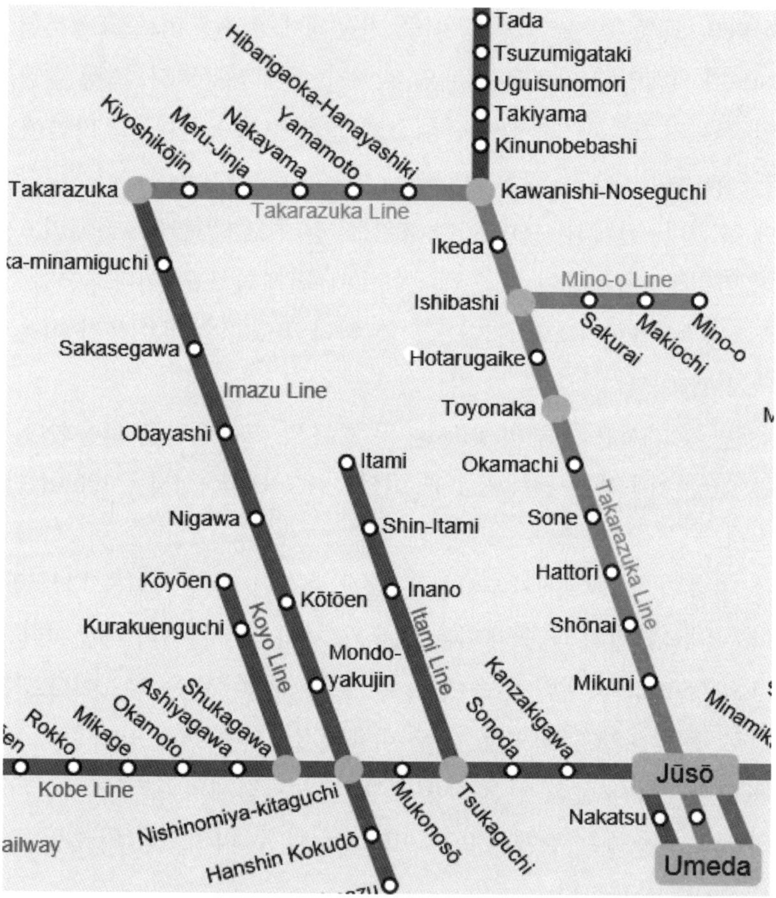

출처: www.wikipedia.org /katarazuka line/ 2018.12.18.
"Map of major Hankyu rail lines, including Nose Railway lines and Kobe Rapid Railway line." Date 21 February 2007 (original upload date).
Source: No machine-readable source provided.

그림 3.7 한큐 철도 노선표

실제 "철도가 일본 도시를 만든다"라는 표현은 딱히 틀리지는 않다. 물론 과장될 수는 있다. 도로를 떼어 놓고 미국 도시화를 이야기할 수 없듯이, 철도를 놔두고 일본 도시를 이해하기는 어렵다. 여기서 도시를 만든다는 것은 긍정적인 의미일 수도 있으며, 앞으로 나올 성장동맹론에서처럼 부정적인 부동산 투기를 의미할 수도 있다.

철도가 일본인의 삶과 어떻게 얽혀있는지를 알기 위해, 고바야시 이치조(小林 一三, 1873-1957)에 대해 알아보자. 그는 지금도 운영 중인 한큐[13] 철도회사의 사장으로 흔히 알려져 있다.

타카라즈카 노선과 관련된 이야기가 흥미롭다. 오사카 교외 타카라즈카[14]를 오사카의 중심 우메다[15]와 연결시키는 타카라즈카 노선을 1910년 개통시킨다<그림 3.7 참조>.

첫 번째로, 철도가 시작하는 오사카 중심지 우메다 역세권 개발을 시작한다. 1907년 '미노-아리마 전기궤도'[16]를 맡은 그는, 1910년 회사가 소유하는 오사카 역을 짓는다<그림 3.8>. 바로 그 원래 역이 위치한 자리에 그는 그림 3.9에 나오는 새 건물을 짓고 1929년 한큐백화점 영업을 시작한다. 그림 3.10 건물은 그림 3.9 건물을 재단장하고 바로 옆에 높은 타워 건물을 세운 형태이다. 2005년에 재건축을 시작하고 2012년에 새롭게 영업을 시작한다(Tokyo Weekender, 2018).

철도역에 위치한 백화점 운영을 처음으로 한 이가, 바로 이 사람이다. 그림 3.8은 최초의 오사카 우메다 역사이며, 그림 3.9는 1929년 지상 8층 철근/콘크리트로 지은 최초의 터미널 백화점이다.

13 阪急

14 宝塚

15 梅田

16 箕面有馬電気軌道, Minoo Arima Electric Tramway

출처: www.wikipedia.org /hankyu/ 2018.12.18.

Description: Osaka, Japan - Umeda Station of the Minoo Arima Electric Tramway (present-day Hankyu) decorated on the day of inauguration. Train is seen behind the temporary ornamental arch. Date 10 March 1910

Source: http://atamatote.blog119.fc2.com/blog-entry-117.html

Author Unknown (probably an official photo of Minoo Arima Electric Tramway)

그림 3.8 한큐 우메다 역 1910년

이러한 역세권 개발은 '돈'을 벌기 위한 것이다(Usui, 2016: 91):

> '터미널 백화점'[17]이라는 새로운 생각은 오사카에서 처음으로 실현된다. 미노-아리마 전기괘도에서 이름이 바뀐 한신전기철도에 의해서이다 … 이 회사의 사장인 고바야시 이치조는 훌륭한 사업전

17 terminal department store

출처: www.jawikipedia.org /hankyu department store/ 2018.12.18.
"Advertisement of Hankyu" January 1, 1936 原典: 宝塚少女歌劇脚本解説 Takarazuka Girls' Revue Plot Summary 作者: 阪急百貨店

그림 3.9 오사카 우메다 한큐 백화점

략으로서 터미널 백화점을 시작한다 … 그는 1920년에 5층짜리 건물을 오사카 우메다에 짓는다. 그리고 '시로키야[18] 백화점'에 1층에서 장사를 하게 한다. 어떻게 가게를 운영하는지 또 어떤 물건이 팔리는지 알기 위해서이다. 한큐는 2층에 음식점을 운영하고 3,4층을 사무실로 사용한다. 시로키야와의 계약이 끝나는 1925년에는 사람들에게서 소위 '한큐 가게 Hankyu Market'이라고 불리게 되는 영업점이 들어온다. 식료품, 화장품, 가정용품을 2층과 3층에서 판매한다. 4층과 5층은 한큐 회사가 관리하는 음식점이 들어선다. 1층은 한큐 우메다 역을 이용하는 손님을 위한 대기실로 꾸며 놓는다. 이러한 실험에 힘입어, 한큐백화점은 1929년 역사를 시작한다. 한큐의 새로운 우메다 역사로서, 지하 2층 지상 8층의 한큐 우메다 백화점이 지어진다. 10,605 제곱미터의 사무실 공간을 가지고 있다. 1층은 철도 개찰구로 쓰여진다. 지하 1층과 지상 2층에서 6층은 판매 공간이다. 7층과 8층에는 음식점이 들어가 있다. 바로 이것이 첫 번째 '터미널 백화점'이다.

두 번째로 그는 철도가 끝나는 종점인 타카라즈카를 즐기는 곳으로 만든다. 온천 시설 뿐 아니라 여성 공연단을 만든다(Ogawa, 1988: 32).

1911년에 그는 타카라즈카에 온천을 연다. 근사한 실내 수영장이 지어진다. 하지만 처음에는 완전한 실패였다. 물은 너무 차가웠다. 남녀가 같이 쓰는 수영장은 당시에만 해도 꺼려졌다. 고바야시는 수영장을 판자로 덮고 공연장을 만든다. 미츠코시 백화점의 소년 공연단을 모방해서, 소녀 합창단을 만든다. 이것이 지금도 잘 알려진 타카라즈카 오페레타[19] 공연단이다.

18 白木屋

출처: www.wikipedia.org /hankyu department store/ 2018.12.18.
Description: 阪急うめだ本店 Date 1 January 2013, Author KishujiRapid

그림 3.10 현재의 오사카 우메다 한큐 백화점

다른 역 인근에도 다른 즐길거리가 만들어진다. 그림 3.8 한큐 철도 노선표에는 타카라즈카-우메다 사이에 '미노 Mino-o'와 '도요나카 toyonaka'라는 역이 있다. 동물원과 육상경기장 이 두 도시에 각각

19 '작은 오페라'라는 뜻이다. 희극적이거나 낭만적인 줄거리를 가진 근대극의 한 형태로 가벼운 코미디에 독창이나 합창의 통속적인 노래나 춤을 넣고 대사를 섞은 오락성이 풍부한 음악극이다.

18세기 말 소규모 오페라로 출발했으나, 19세기 중엽 파리와 빈을 중심으로 현재의 형태로 변화되었다. 작품『천국과 지옥』,『보카치오』,『박쥐』 등이 유명하다. 경가극·소가극·오페레트·오페라 코미크·희가극이라고도 한다.
[네이버 지식백과] 오페레트 [Operetta, Opérette] (드라마사전, 2010., 문예림)

들어선다.

다음은 Ogawa(1988)가 정리해놓은 연도와 명칭이다:

> 1910년 Minoo zoological garden (Minoo Arima ER)
> 1913년 Toyonaka athletic ground[20] (Minoo Arima ER)

세 번째로 철도길을 따라 말 그대로 사람들이 사는 곳을 만들고 운영한다. 그림 3.7 한큐 철도 노선표에 나오는 이번에도 타카라즈카-우메다 사이에 위치한 '이케타[21] Ikeda' 신도시가 대표적이다.

노선을 따라 여기저기에 새로운 땅과 집을 만들고 새로운 방식으로 판매한다. 일본에서 주택장기담보대출은 처음으로 도입된다. 주택 운영과 관련한 수익도 놓칠 수 없다(Usui, 2016: 91):

> 회사는 단순히 철도 노선을 교외로 낸 것이 아니다. 철길 인근에 많은 택지를 개발한다. 이러한 택지에 한큐는 많은 집을 짓는다. 집을 산 사람은 자연히 한큐 노선을 이용하는 고객이 된다. 처음으로 주택을 완공한 1910년에는 200채를 짓는다. 109,157 제곱미터 넓이의 땅에, 일본식과 서양식 주택을 지은 것이다. 10년짜리 주택장기담보대출로 판매된다. 이 과정은 계속된다. 1944년도까지의 누적 수치는 엄청나다. 면적 3,952,800 제곱미터에 24개의 주택택지가 공급된다. 회사는 전기공급업에도 뛰어든다. 전기 기차에 전기를 공급한다. 회사가 가지고 있는 변압기를 활용하여, 기찻길 인근 주택과 공장에 전기를 공급한다. 전기는 자체적으로 가지고 있는 화력발전소나 수력발전소에서 가져오기도 한다. 타 회사 발전소로부

20 豊中グラウンド
21 池田

터 구매하기도 한다. 한류에서 교통 분야 다음으로 큰 매출이 전력 분야에서 일어난다.

일반 철도가 지역을 만든다고 비유하자면, 신칸센은 도쿄에서 후쿠오카까지 이어지는 거대도시권을 만든다. 이미 철도가 가장 중요한 교통수단이기 때문에[22], 신칸센은 이어지는 여러 대도시와 이러한 각각의 대도시 주변 경제에 활력을 불어넣는다.

3.2 '거대한' 미국 거대도시권

앞서 자세히 언급하였듯이, 미국 동북부 연안 거대도시권의 지리적 범위는 거대하다. 일본과 마찬가지인 셈이다.

그림 3.11부터 그림 3.13은 현재 미국에서 나타나고 있는 거대도시권을 표현하고 있다. 지도 아래에 나오는 '거대지역 megaregion'이라는 표현은 그리 신경 쓰지 않아도 된다. '거대도시권 megalopolis'와 같은 개념으로 쓰인다.[23] Regional Plan Association(RPA)에서 선정한 거대도시권의 지도이다. 모두 11개이다.

- Arizona Sun Corridor Megaregion (extends into Mexico)
- Cascadia Megaregion (Pacific Northwest; shared with Canada)[24]

22 출처: www.wikipedia.org /shinkansen/ 2018.12.18. "As rail was already the primary urban mode of passenger travel, from that perspective it was akin to a sunk cost; there was not a significant number of motorists to convince to switch modes. The initial megalopolitan Shinkansen lines were profitable and paid for themselves. Connectivity rejuvenated rural towns such as Kakegawa that would otherwise be too distant from major cities"

23 출처: www.wikipedia.org /megalopolis/ 2018.12.18. "A megaregion may also be known as a megalopolis or megapolitan area."

- Florida Megaregion[25]
- Front Range Megaregion[26]
- Great Lakes Megaregion (extends into Canada)
- Gulf Coast Megaregion[27]
- Northeast Megaregion[28]
- Northern California Megaregion[29]
- Piedmont Atlantic Megaregion
- Southern California Megaregion[30]
- Texas Triangle Megaregion[31]

---

24 The RPA definition of this region includes the Boise metropolitan area in Idaho. That state is included in some definitions of the Pacific Northwest, but the Boise area is removed by hundreds of miles from any other area included in the RPA's definition of "Cascadia".

25 The megaregion does not cover the entire state. The Panhandle and several mostly rural counties to its east are not included; the Pensacola and Fort Walton Beach areas in the far west of the Panhandle are instead included in the Gulf Coast Megaregion.

26 The RPA definition of this region extends well to the south of the Colorado-Wyoming area typically called the Front Range Urban Corridor, following the Interstate 25 corridor into New Mexico and incorporating Santa Fe and Albuquerque. The RPA definition also includes the geographically detached Wasatch Front of Utah.

27 The RPA definition of this region includes the entirety of two metropolitan areas that straddle the U.S.-Mexico border, specifically Matamoros-Brownsville and Reynosa-McAllen.

28 The RPA definition includes the Richmond metropolitan area and the Virginia portion of Hampton Roads.

29 The RPA definition includes the Nevada portion of the Reno-Tahoe area.

30 The RPA definition includes the Las Vegas Valley, as well as the Tijuana area in Mexico.

31 The RPA definition includes the geographically detached Oklahoma City-Tulsa Metropolitan Corridor in Oklahoma.

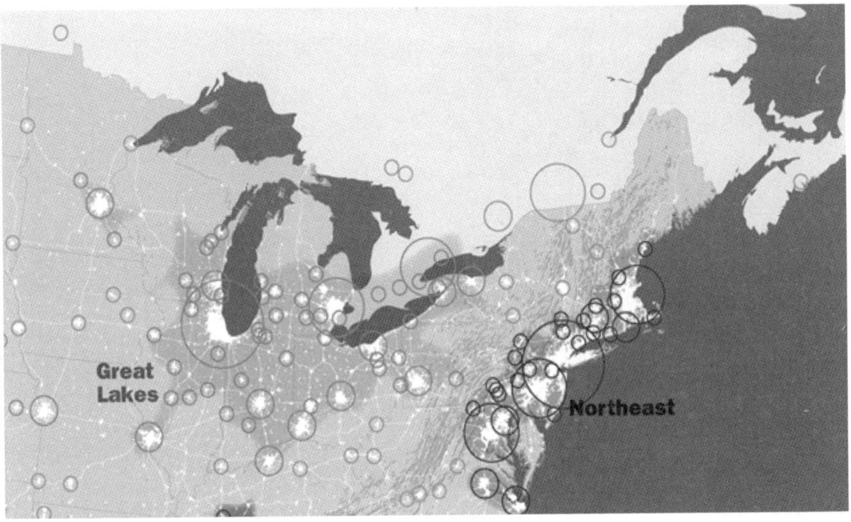

"The emerging megaregions" By IrvingPlNYC Own work,
https://commons.wikimedia.org/w/index.php

그림 3.11 미국 동북부 거대지역

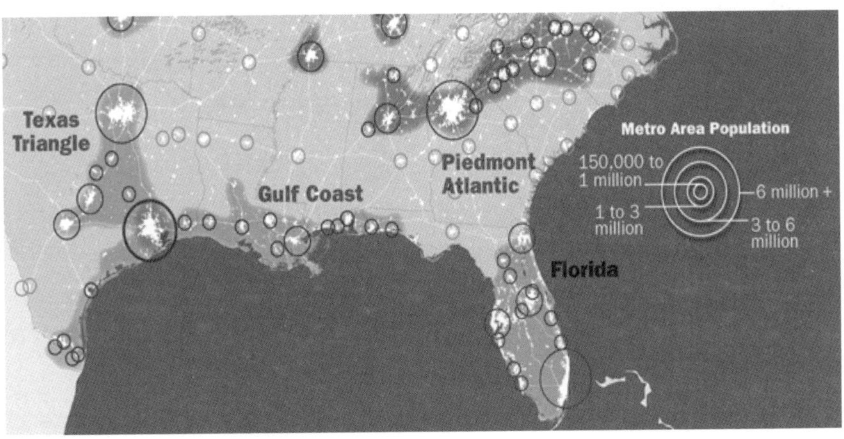

"The emerging megaregions" By IrvingPlNYC - Own work, CC BY-SA 3.0
https://commons.wikimedia.org/w/index.php

그림 3.12 미국 동남부 거대지역

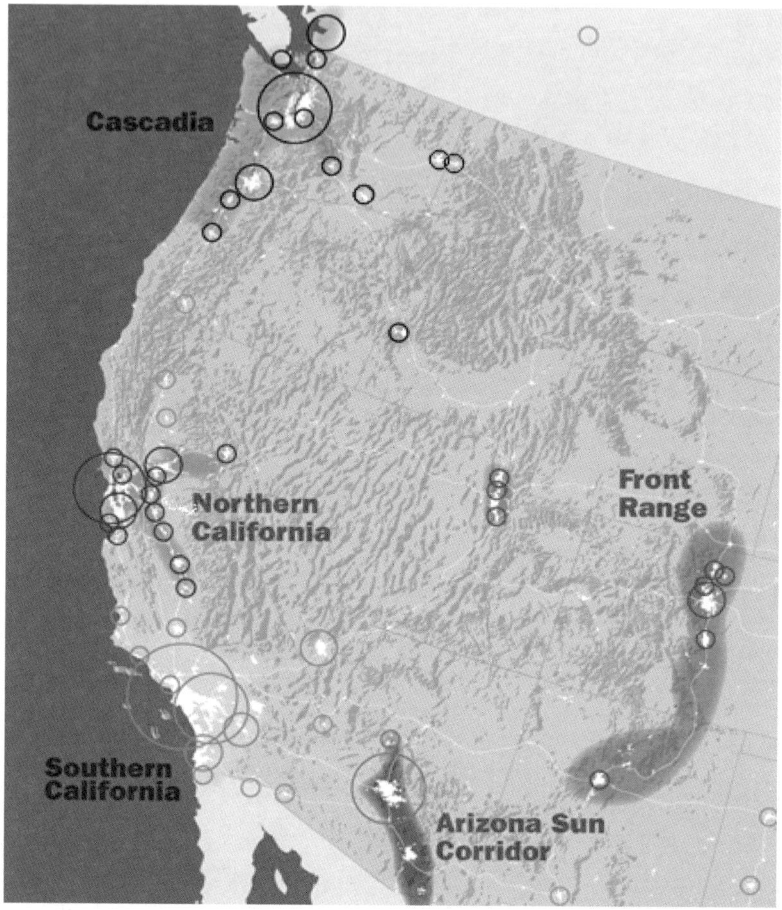

그림 3.13 미국 서부 거대지역

그림 3.11을 먼저 주목할 필요가 있다. 이 지도에서 미국 동북부 거대지역은 앞서 자세히 설명한 원래의 거대도시권과 범위가 크게 차이 나지는 않는다. 그림 3.12과 그림 3.13에서도 거대한 규모를 확인할 수 있다.

3.3 '상대적으로 작은' 연결망 도시

거대도시권과는 달리 연결망 도시의 지리적 범위는 상대적으로 작다. 그림 2.9에서 Batten(1995)이 언급하는 일본 간사이 연결망도시는, 이러한 왜소함을 잘 보여준다. 간사이 연결망도시와 도카이도 거대도시권의 크기 차이는 상당하다.

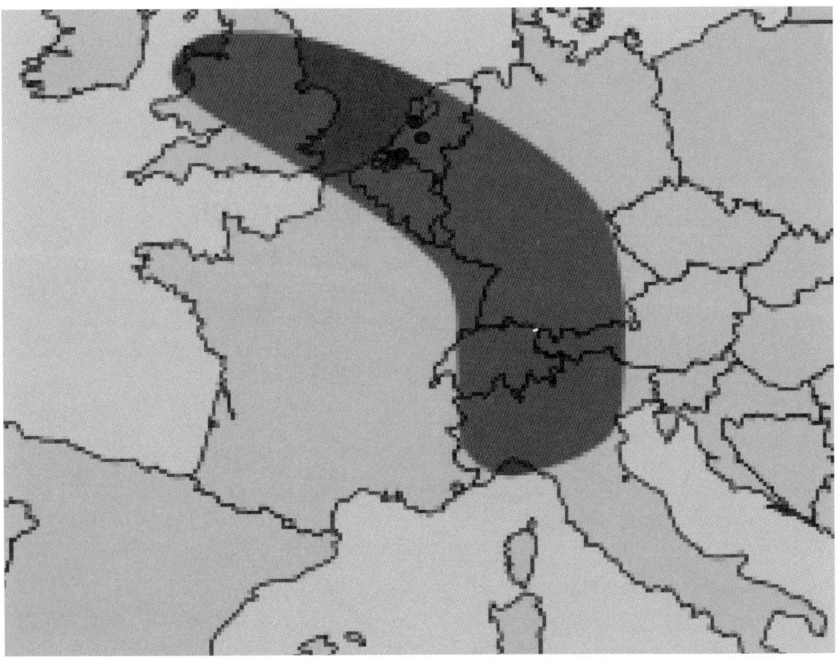

출처: www.wikipedia.org /blue banana/

Description: The Blue Banana (also known as the Hot Banana, European Megalopolis or European Backbone) is a discontinuous corridor of urbanisation in Western Europe, covering one of the world's highest concentrations of people, money and industry Date: 21 February 2012 Author: ArnoldPlaton

세 개의 점은 저자가 추가해서 지도에 입력하였음.

그림 3.13에 나오는 Amsterdam, Den Haag, Rotterdam을 나타냄.

그림 3.14 '푸른 바나나'와 '네덜란드 란드슈타드 Randstad Holland'

유럽의 경우도 마찬가지이다. 그림 3.14는 유럽 거대도시권 중 하나인 '푸른 바나나 blue banana'와 '네덜란드 란드슈타드 Randstad Holland'의 지리적 범위를 비교해두었다. 세 개의 점을 저자가 직접 찍어 둔 곳이 란드슈타드이다.

그림 3.14에 나오는 '푸른 바나나'는 국경을 넘어서는 유럽의 전통적 공업지대이다. '유럽 거대도시권 European Megalopolis'이나 '맨체스터-밀라노 축 Manchester-Milan Axis'이라고도 불린다[32].

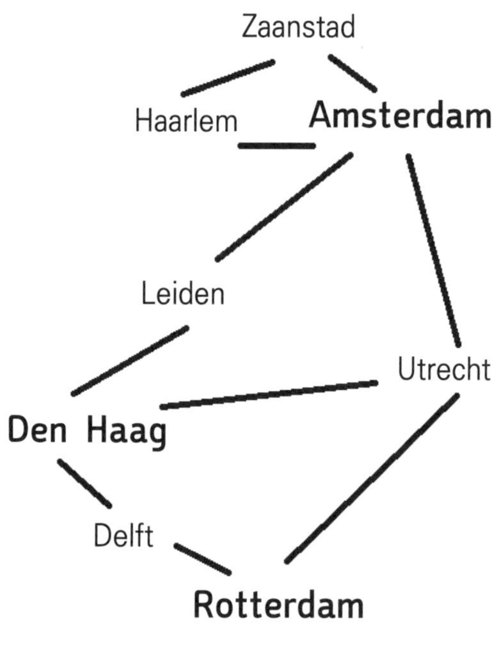

출처: (Batten, 2009)에 나오는 도표 일부분 내용을 저자가 다시 작성

그림 3.15 란드슈타드 연결망도시

32 www.wikipedai.org /blue banana/ 2019.1.1. 접근.

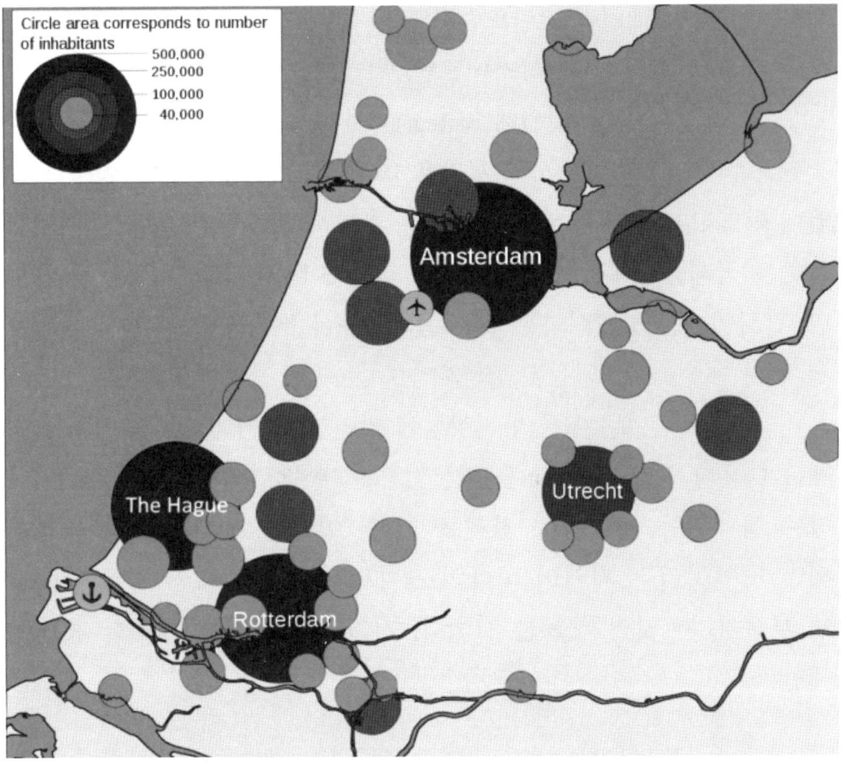

출처: https://en.wikipedia.org/wiki/Randstad
Description: The Dutch Randstad – a polycentric global city region.
https://pursuit.unimelb.edu.au/articles/the-precarious-potential-of-megacities
Author Junuxx Date: 10 June 2017

그림 3.16 란드슈타드 주요 도시의 인구

일본의 경우와 마찬가지로 거대도시권이 훨씬 크다. 바나나 형태를 하고 있는 '푸른 바나나'는 웨일즈 북쪽에서 시작해 바나나 위쪽 부분이 시작된다. 런던을 지나 바다 건너 벨기에, 네덜란드, 룩셈부르크로 이어진다. 독일과 프랑스 일부와 스위스를 지난다. 이탈리아 북쪽에서 바나나 모양이 끝난다. Batten(1995)이 간사이와 함께 대표적 연결망도시로 언급하는 네덜란드 란드슈타드의 경우, 저자가 지도에 세 도시만 작은 원으로 표시한다. 암스테르담, 로테르담, 위트레흐트이다. 그림 3.17에서 볼 수 있듯이, 원래 Batten(1995)은 다섯 도시를 더 언급한다.

란드슈타드 연결망도시의 시작은 19세기 라인 강을 따라 일어난 산업혁명이지만, 현재의 연결망도시는 지리적으로 중간 지점에 위치한 스히폴 국제공항에서 찾을 수 있다. 그림 3.16와 그림 3.17을 같이 보면, 간사이 연결망도시와는 달리 좀 더 중심 부분에 위치한 공항을 보게 된다.

이러한 차이는 두 이론의 지향성에 기인한다. 거대도시권 이론은 경제를 다룬다. Jean Gottman은 기본적으로 몇 백년의 시간을 두고 변화하는 경제활동의 흐름을 전제로 한다. 이러한 전제하에서, 동북부 해안 지역이라는 지역이 하나의 경제단위로서 시대의 흐름에 어떻게 부응해 온 것인지를 본 것이다. 저자는 그를 경제지리학자로 이해한다.

출처: 구글지도

그림 3.17 스히폴 국제공항

연결망 도시 이론은 물류에 관심을 둔다. David Batten이 보는 지역은 물건이 움직이는 흐름에 의해 정의된다. '1시간 법칙'이 왜 중요한지는 이러한 맥락에서 이해할 수 있다.

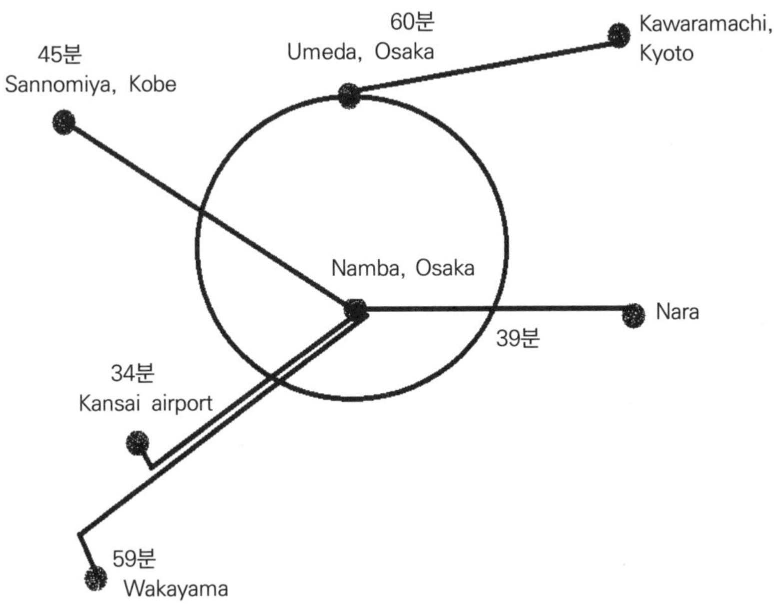

Namba, Osaka - Nara:	Kintetsu line
Namba, Osaka - Kansai airport:	Nankai line
Namba, Osaka - Wakayama:	Nankai line
Umeda, Osaka - Kawaramachi, Kyoko:	Hankyu Kyoto line

출처: Nankai Electric Railway
https://www.howto-osaka.com/en/traffic/train/fromkix.html 2019.1.1. 접근
"access from Kansai airport"라는 원제목의 노선도를 오사카로부터의 접근시간이라는 개념으로 저자가 재구성

그림 3.18 오사카로부터의 접근시간

바로 이러한 '1시간 법칙'이 차이를 만들어낸다. 연결망 도시의 지리적 범위를 거대도시권보다 작게 만든다. 간사이 연결망 도시의 경우가 이를 잘 보여준다. 그림 3.16은 난카이 전기철도 회사에서 제공하는 노선도이다. 속도가 가장 빠른 JR의 신칸센이 아닌 간사이 지역의 사철의 소요시간을 보여준다.

'1시간 법칙'이 연결망 도시의 지리적 범위를 오사카를 중심으로 볼 때는 간사이 권역 정도로 제한한다. 저자가 재구성한 그림 3.18에서는, 오사카를 중심으로 볼 때 간사이권이 대체적으로 편도 1시간 정도인 것을 보여준다.

3.4 비슷한 지리적 범위: '서울 거대도시권'과 '서울 연결망도시'

유럽, 일본, 미국과는 달리, '서울 거대도시권'과 '서울 연결망도시'는 지리적 범위가 비슷하다. 저자는 이를 몇 가지로 추측해본다.

첫 번째는 한국 국토의 크기 자체가 작기 때문이다. 일본과의 면적 차이는, 일반인들이 그냥 생각하는 것보다도 훨씬 크다.

두 번째는 국경을 넘어선 거대도시권 형성이 이루어지지 않았기 때문이다. 한일 해저터널(그림 3.19)이 논의조차도 되지 않는 첫 번째 이유는 제국주의 과거가 정리되지 않은데 따른 양국 국민의 적대적 감정 때문이다. 유럽과의 차이점은 바다의 존재 보다는 이러한 과거사 정리의 문제이다. 물론 여기서의 비교는 상대적일 뿐이다.

세 번째는 서울 집중을 의도적으로 만들어나간 정책이다. 물론 효과적 균형발전을 위한 정책이 하나도 없었다는 의미는 아니다. 하지만 서울을 위한 정책이 압도적이었고, 현재도 그러하다.

쉬운 예를 들어보자. 부산의 현재는 상당부분 의도적이고 악의적 정책에 기초한다. '방치'도 정책의 결과물이라는 전제하에서이다.

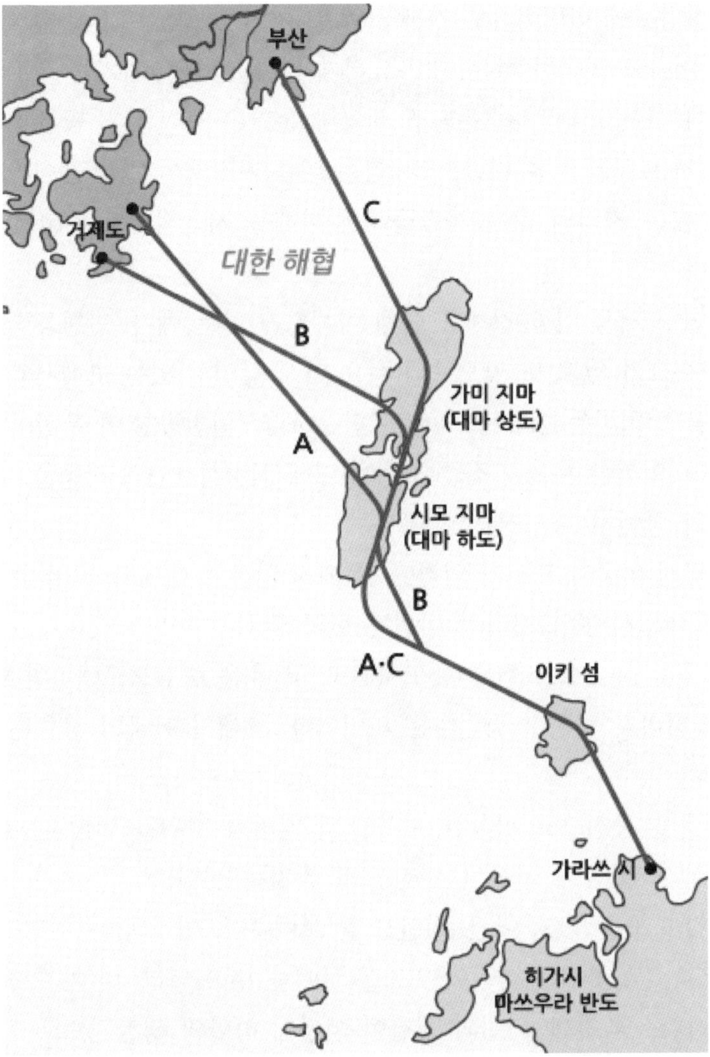

출처: www.wikipedia.org /한일해저터널/
http://www.jk-tunnel.or.jp/vision_2/vision_201.html 2010-11-22클라데스

한일 해저 터널의 구상 루트이다. 총연장은 A, B C 각각 209km, 217km, 231km이고 해저 부분을 통과하는 길이는 각각 145km, 141km, 128km이다.

그림 3.19 한일 해저터널 지도

김해공항에 한번이라도 가본 사람은, 어떻게 지금 여기에 현재가 이렇게 머물고 있을까 하는 생각을 하게 된다. 방치된 과거를 현재에 마주해야 하는 어려움을, 동남권 신공항 논란은 보여준다. 많은 사람들이 놓치는 부분은, 이러한 '방치'라는 이름의 정책이 '동남권'이라고 불리는 넓은 지역의 많은 사람들에게 피해를 지속적으로 주고 있다는 점이다.

당연히 서울 집중 정책을 쉽게 이해하게 하는 예가 '인천공항'이다. 현재 수요가 있고 또 앞으로의 수요 역시 당연히 있는 곳에서의 공항 정책을 방치하는 이유는, 의외로 단순하다. '인천공항'이 우선이기 때문이다. 이러한 서울권 집중 정책에 대해서는 서울권의 작동을 다루는 이후의 장에서 다시 설명한다.

이렇게 외국과 도시가 연결이 잘 되지 않은 상태에서, '연결망 도시'와 '거대도시권'의 지리적 범위는 한국에서는 거의 비슷하다.

'서울을 중심으로 한 거대도시권'과 '서울을 중심으로 한 연결망도시'의 지리적 범위는 겹친다는 의미이다. 그래서 한국의 경우는 예외적이다.

'서울을 중심으로 한 거대도시권'의 지리적 범위를 먼저 살펴보자. '수도권 + 천안 + 아산 + 당진'으로 저자는 본다.

그림 3.20은 당진, 아산, 천안을 잘 보여준다. 이 그림은 수도권에서 추가되는 세 곳의 대략적인 위치를 보여줄 뿐 아니라, 몇 가지 점에서 유용하다. 첫 번째, 아산과 천안이 어떻게 하나의 생활권으로 이해할 수 있는지 보여준다. 경부철도가 두 도시 모두를 지나가고 있음을 보여준다. 천안아산역은 실제로 두 도시의 경계에 위치해 있다고 할 수 있다. 두 번째로는 서울권으로서 교통이 연결되는 방식을 보여준다. 현재의 주된 방식을 언급하자면, 천안/아산은 철도로 연결되고, 당진시는 서해안고속도로로 연결된다.

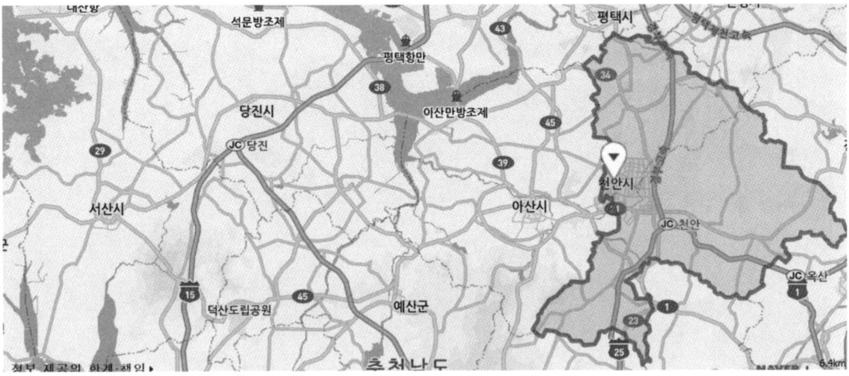

그림 3.20 지도: 당진시, 아산시, 천안시

다음 그림 3.21은 서울권이 남하하는 모습을 보여주는 듯하다. 서울권으로 편입된 듯한 충청남도의 북쪽 지역을 보여준다. 다만 같은 짙은 색깔을 띠고 있는 서산은, 저자가 여기서 정하는 서울권에서 일단 제외했다.

그림 3.21은 제조업 고용지표이다. 아산, 천안, 당진의 자료가 2013년 기준이기 때문에, 현재의 고용수치는 훨씬 높다고 감안해야 할 것이다. 아산시의 삼성디스플레이, 천안시의 삼성SDI는 최근 공장증설 혹은 생산량 확대에 나선 대표적 사례들이다.

당진시에서 일관제철소를 건설한 현대제철의 확장속도는 가장 인상적이다. 2010년 제1고로 화입에 이어, 같은 해 11월 제2고로, 2013년 제3고로를 완공했다. 2014년에는 당진에 특수강 공장건설을 시작했다(현대제철 홈페이지, https://www.hyundai-steel.com/ 2016년 3월 1일 접근).

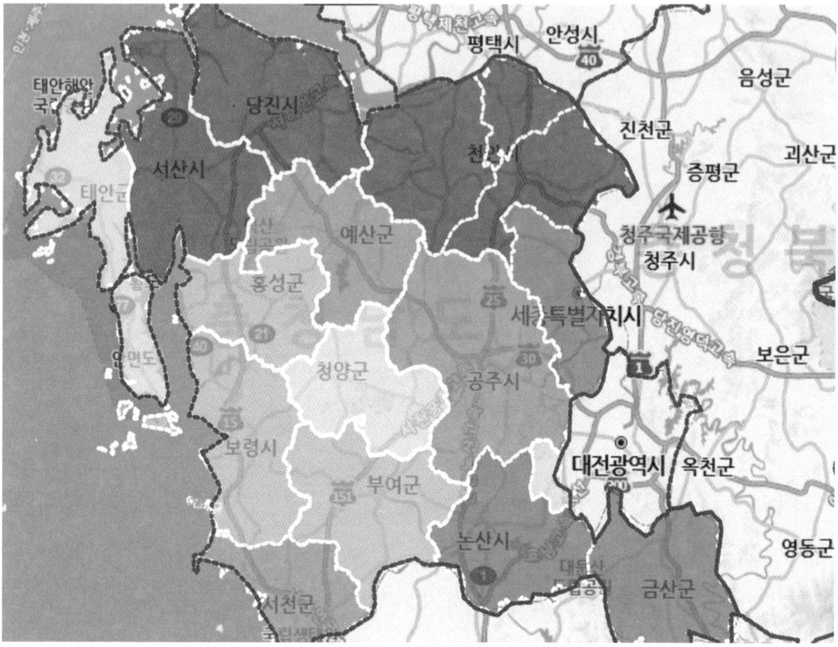

2013년 기준 10인 이상 고용 제조업체에 속한 종사자 숫자

아산시	68,763명	논산시	6,373명	홍성군	2,630명
천안시 서북구	53,485명	금산군	5,675명	부여군	2,588명
천안시 동남구	13,095명	공주시	4,476명	청양군	1,821명
당진시	13,921명	예산군	4,287명	태안군	267명
서산시	10,656명	서천군	3,066명		
연기군	9,911명	보령군	2,878명		

출처: 통계청 통계지리정보서비스 http://sgis.kostat.go.kr /대화형통계지도/통계표 검색/ “광업 제조업 산업대분류 시군구별 주요지표”

주의: 종사자 통계는 커서를 해당 지역 위에 올려놓을 때 나타나는 수치임

그림 3.21 서산시 당진시 천안시의 제조업 종사자

충청북도와 강원도는 일단 서울권에서 제외시켰다. 2013년 기준으로 강원도 원주시의 10인 이상 제조업 종사자 숫자는 10,739명이다. 충청북도 청주시 청원구의 경우 29,630명이다. 이러한 제조업 기반에

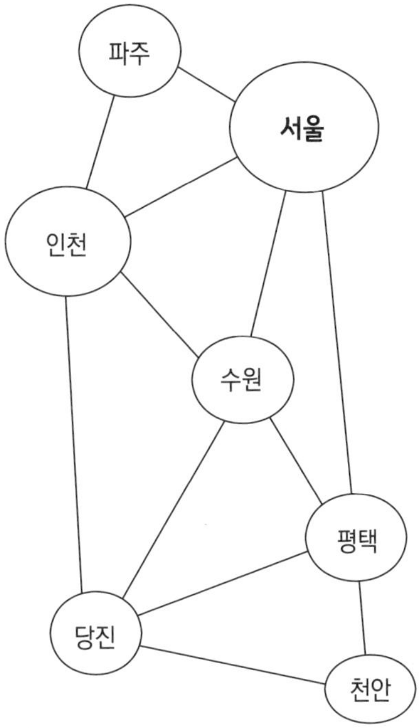

그림 3.22 서울을 중심으로 한 연결망 도시

도 불구하고, 눈에 띄는 대기업의 존재감이나 기반시설이 부족한 것으로 보인다. 현대위아, 현대모비스, SK이노베이션 공장이 존재하는 충청남도 서산시 역시 이러한 이유에서 제외되었다.

'서울을 중심으로 한 연결망도시' 역시 서울권과 겹친다. 그림 3.22는 이를 잘 보여준다. 수도권의 도시들은 실질적으로 연결망에 다 포함된다. 가장 연결이 많이 되는 도시들을 표현하였을 뿐이다.

좀 더 확장해서 보면, 그림 3.23처럼 춘천과 세종이 포함될 수 있다. 춘천의 경우, 분명히 '한 시간 법칙'에 해당한다. 어른 7,300원 요금으로 ITX 청춘열차는 57분 정도 걸린다. 거의 한 시간 정도의 배차간격이다. 수서에서 대전까지 고속철도로 40분대에 주파가 가능하다.

그림 3.23의 확장형 연결망도시의 경우, 상당부분 가까운 미래의 거대도시권과 겹친다고 보아야 한다.

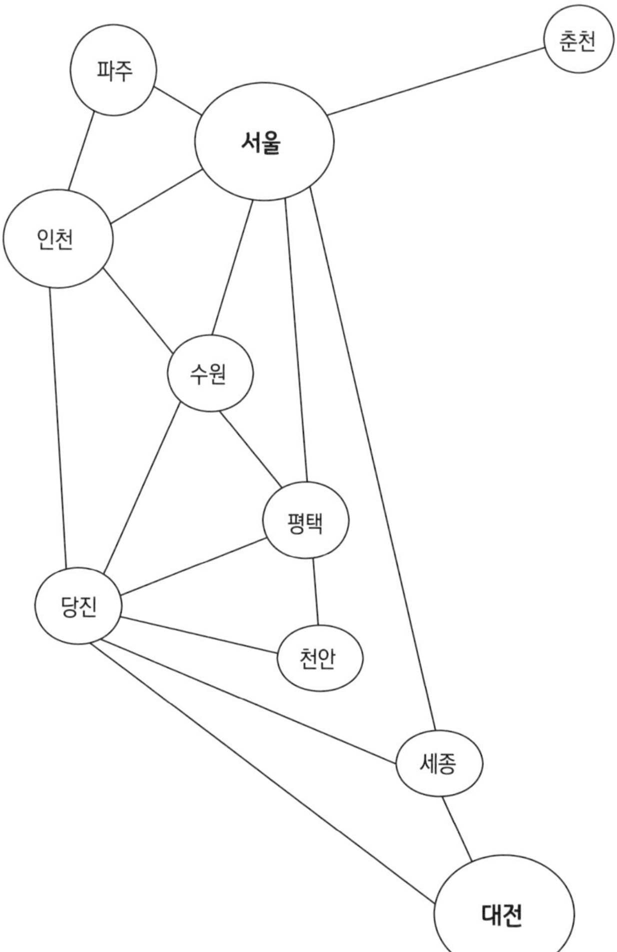

그림 3.23 서울을 중심으로 한 연결망 도시: 확장형

하지만 현재의 상황에 저자가 확장형을 적용하지는 않는다. 하나의 가능성으로서 제시할 뿐이다. '한 시간 법칙'에는 맞아 들어가지만, 기업 활동 연결망과 같은 잣대를 생각하면 아직 그리 연결되었다고 보기는 힘들기 때문이다.

기업의 연결망을 볼 때는 대전이 춘천보다 훨씬 더 연결되어 있다고 보아야 한다. 한국 주요 기업의 입지는 이후에 다시 다루어진다.

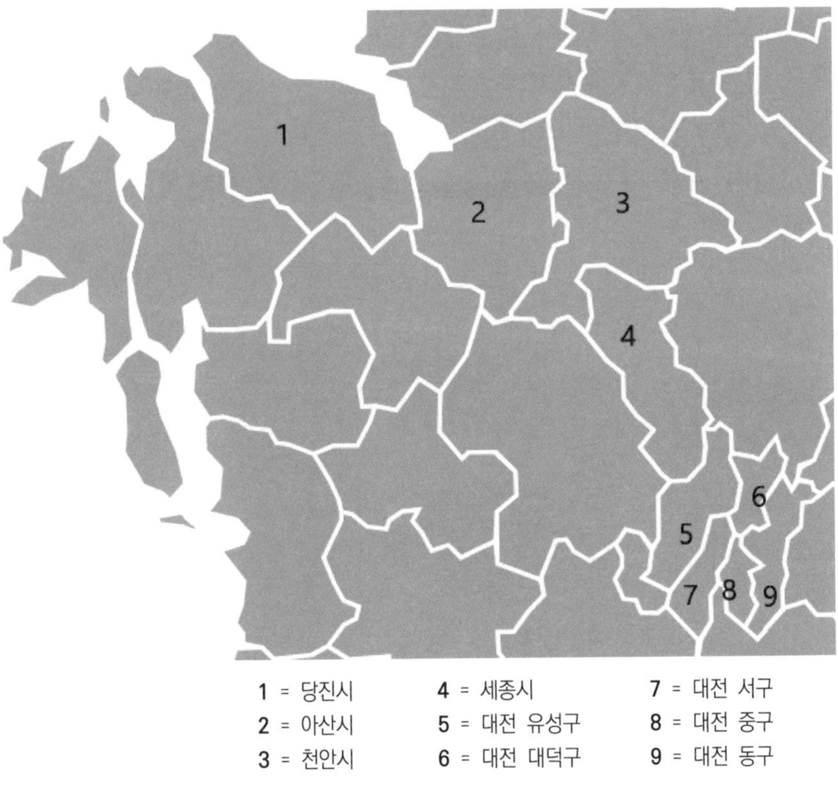

1 = 당진시 4 = 세종시 7 = 대전 서구
2 = 아산시 5 = 대전 유성구 8 = 대전 중구
3 = 천안시 6 = 대전 대덕구 9 = 대전 동구

출처: https://en.wikipedia.org/wiki/Administrative_divisions_of_South_Korea
"South Korea second level divisions" 5 June 2010 ASDFGHJ - Dmthoth

그림 3.24 거대도시권으로서 서울권: 확장형

이러한 확장형으로 해석한 거대도시권 서울권은 세종과 대전을 포함한다. 그림 3.24에서 숫자 1에서 9까지를 다 포함한다.

이 책에서 서울권은 거대도시권이기도 하며 연결망도시이기도 하다. 지리적 범위가 동일하기 때문에, 이러한 포괄적 접근법에 큰 문제는 없다고 본다.

이러한 두 이론의 잡종적 활용에는 이유가 있다. 서울권을 설명하는데 있어, 실제로 두 이론이 다 효용이 있기 때문이다.

두 가지 이론을 쓰면 상승효과가 있다. 도시연결망에서 언급하는 기업체의 활동은, 거대도시론에서 중요시하는 경제단위로서의 지역과 현실에서는 떨어뜨릴 수 없다.

이러한 점은 서울권의 작동에서 다시 다루어진다.

4

'지방소멸'과 서울권

안타깝게 또 불행하게도, 서울권과 '지방소멸이 되지 않을 곳'은 대체로 겹친다. 그림 4.1의 비소멸지역 보면, 서울권과 대체로 일치한다. 서울권은 수도권 범위를 벗어나 맹렬하게 남진으로 진격하고 있다. '이상호 지방소멸 2018'라는 제목이 붙은 그림 4.1의 아래 편에는 '지방소멸'의 의미가 설명되어 있다.

3장에서 언급한 확장형 서울권이, 그림 4.1과 더 일치하기는 한다. 현재를 확장적으로 보거나 가까운 미래를 상정하는 경우에는, 서울권의 지리적 범위가 더 클 수 있다고 3장에서 언급하였다. '서울을 중심으로 한 연결망 도시: 확장형'이라는 제목이 붙은 그림 3.23에는 '춘천, 당진, 세종, 대전'이 포함된다.

3장에서는 서울권을 기본적으로 '수도권 + 천안 + 아산 + 당진'으로 설정한 바 있다. 그림 3.22는 이러한 범위의 연결망 도시를 보여준다. 그림 3.24에서는 거대도시권으로서 서울권을 보여준다. 서울권은 '수도권 + 1,2,3'이 그 범위이다. 확대형 서울권 혹은 미래의 서울권은 '수도권 + 1,2,3,4,5,6,7,8,9'이다.

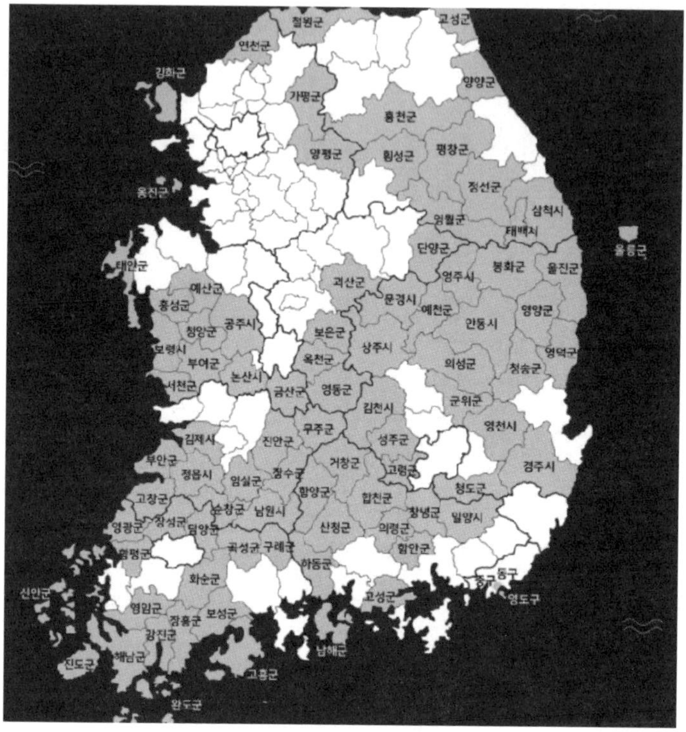

출처: 한국고용정보원 '고용동향브리프 7월호 이상호 <한국의 지방소멸 2018>' 홍보 웹페이지 www.keis.or.kr

그림 4.1 이상호 지방소멸 2018

국가통계포털(KOSIS) 주민등록인구통계(2018년 6월) 출처: 이상호(1998)

시군구	총인구	20～39 여성수	65이상 인구	소멸위험지수
경북 의성군	53,166	3,112	20,567	0.151
전남 고흥군	66,284	4,108	25,521	0.161
경북 군위군	24,386	1,522	9,008	0.169
경남 합천군	46,538	2,935	17,145	0.171
경남 남해군	44,386	2,845	15,931	0.179
경북 청송군	25,874	1,642	8,921	0.184

경북 영양군	17,482	1,137	6,074	0.187
경북 청도군	43,171	2,913	15,008	0.194
경북 봉화군	33,177	2,171	11,012	0.197
경북 영덕군	38,381	2,617	13,248	0.198
전남 신안군	41,960	2,778	14,022	0.198
전남 보성군	43,504	3,090	15,446	0.200
경남 산청군	36,183	2,467	12,035	0.205
경남 의령군	27,828	2,010	9,639	0.209
전남 함평군	33,973	2,410	11,479	0.210
충남 서천군	54,628	3,792	18,028	0.210
충북 괴산군	38,329	2,622	11,949	0.219
충남 청양군	32,228	2,311	10,471	0.221
전남 진도군	31,566	2,265	10,174	0.223
전북 임실군	29,139	2,174	9,647	0.225
충북 보은군	33,876	2,397	10,549	0.227
경남 하동군	47,893	3,388	14,788	0.229
경남 함양군	40,047	2,888	12,597	0.229
전남 곡성군	30,121	2,300	10,031	0.229
전북 무주군	24,699	1,776	7,693	0.231
충남 부여군	68,478	4,961	21,401	0.232
전북 장수군	22,920	1,672	7,133	0.234
전북 진안군	26,213	1,981	8,399	0.236
전남 구례군	26,966	2,009	8,463	0.237
전남 장흥군	39,697	3,054	12,631	0.242
전북 고창군	57,758	4,354	17,977	0.242
인천 강화군	68,753	5,093	20,826	0.245
전남 강진군	36,637	2,929	11,858	0.247
전남 완도군	51,865	3,984	15,778	0.253
전북 부안군	55,362	4,322	16,668	0.259
전북 순창군	29,414	2,434	9,239	0.263
충북 단양군	30,282	2,224	8,301	0.268
경북 상주시	100,217	7,783	28,905	0.269
경북 성주군	44,745	3,500	12,996	0.269
전남 해남군	72,743	5,910	21,829	0.271
충남 금산군	53,599	4,076	15,042	0.271

경북 예천군	52,068	4,291	15,777	0.272
경남 고성군	53,651	4,119	15,051	0.274
경북 고령군	33,360	2,601	9,299	0.280
충남 태안군	63,744	4,992	17,833	0.280
강원 양양군	27,325	2,096	7,450	0.281
충남 예산군	80,384	6,429	22,842	0.281
전북 김제시	86,235	7,150	25,170	0.284
경남 창녕군	63,895	5,130	17,940	0.286
충북 영동군	49,929	4,088	14,237	0.287
강원 영월군	40,002	3,031	10,493	0.289
경북 문경시	72,608	5,873	20,180	0.291
충북 옥천군	51,723	4,216	13,954	0.302
전남 담양군	47,111	4,152	13,704	0.303
강원 횡성군	46,503	3,716	12,217	0.304
전남 장성군	46,007	4,056	12,927	0.314
강원 평창군	42,809	3,332	10,540	0.316
강원 고성군	28,596	2,320	7,322	0.317
강원 정선군	37,934	3,019	9,439	0.320
전남 영광군	54,601	4,818	15,028	0.321
경북 울진군	50,454	4,194	12,981	0.323
경북 영천시	100,312	8,643	26,400	0.327
경남 거창군	62,796	5,401	16,142	0.335
경남 밀양시	107,159	9,134	27,157	0.336
인천 옹진군	21,233	1,656	4,905	0.338
전북 남원시	82,856	7,257	21,293	0.341
전남 영암군	55,158	4,776	13,799	0.346
경북 영주시	107,578	9,172	26,087	0.352
전북 정읍시	113,115	10,137	28,695	0.353
강원 홍천군	70,074	6,058	16,202	0.374
전남 화순군	64,274	6,059	15,861	0.382
충남 보령시	102,578	9,224	23,939	0.385
경북 울릉군	10,010	877	2,268	0.387
경기 가평군	63,076	5,731	14,574	0.393
충남 논산시	121,320	11,448	28,927	0.396
경기 연천군	44,984	4,190	10,522	0.398

경기 양평군	115,816	10,754	26,248	0.410
충남 공주시	107,526	10,423	25,326	0.412
경남 함안군	67,619	6,243	14,655	0.426
부산 영도구	121,895	12,264	28,705	0.427
강원 태백시	45,387	4,192	9,777	0.429
강원 삼척시	68,673	6,788	15,286	0.444
경북 안동시	162,720	16,267	36,586	0.445
부산 동구	87,787	9,585	21,317	0.450
충남 홍성군	101,406	10,340	22,172	0.466
강원 철원군	46,836	4,496	9,352	0.481
부산 중구	43,510	5,035	10,245	0.491
경북 경주시	257,137	25,571	51,809	0.494
경북 김천시	141,978	14,860	29,989	0.496

소멸위험지수의 정의

지방소멸위험지수는 젊은 여성인구의 수도권 유출이 지방소멸을 가져올 수 있다는 마스다 히로야(2014)의 저서 『지방소멸』의 핵심 내용에 착안하여 이상호(2015)에서 처음으로 개발하여 사용한 것임

소멸위험지수 = 20-39세 여성인구 수 / 65세 이상 고령인구 수

단순화된 조건을 가정할 때, 소멸위험지수 값이 1.0 이하(즉, 20-39세 여성인구가 65세 이상 고령인구 수 보다 적은 상황)로 하락하는 경우, 그 공동체(국가, 광역, 기초지역)는 인구학적인 쇠퇴위험 단계에 진입하게 됨.

만일 이 지수가 0.5 이하(즉, 20-39세 여성인구가 65세 고령인구의 절반 미만)일 경우, 극적인 전환의 계기가 마련되지 않는다면 소멸위험이 크다는 것을 의미함

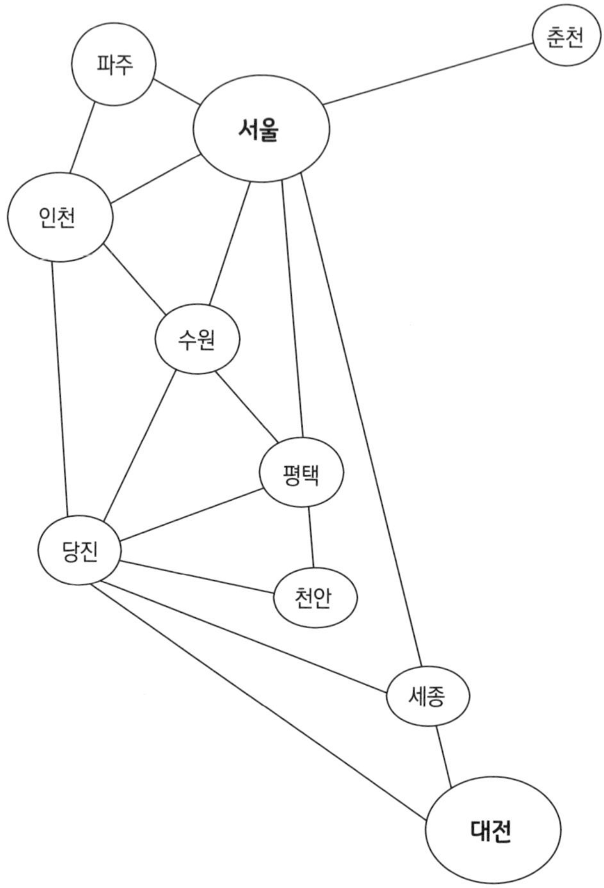

그림 3.23 서울을 중심으로 한 연결망 도시: 확장형

그림 3.24도 다시 가져온다. 그림 4.1과 비교하면서 보면 일치하는 점이 많다.

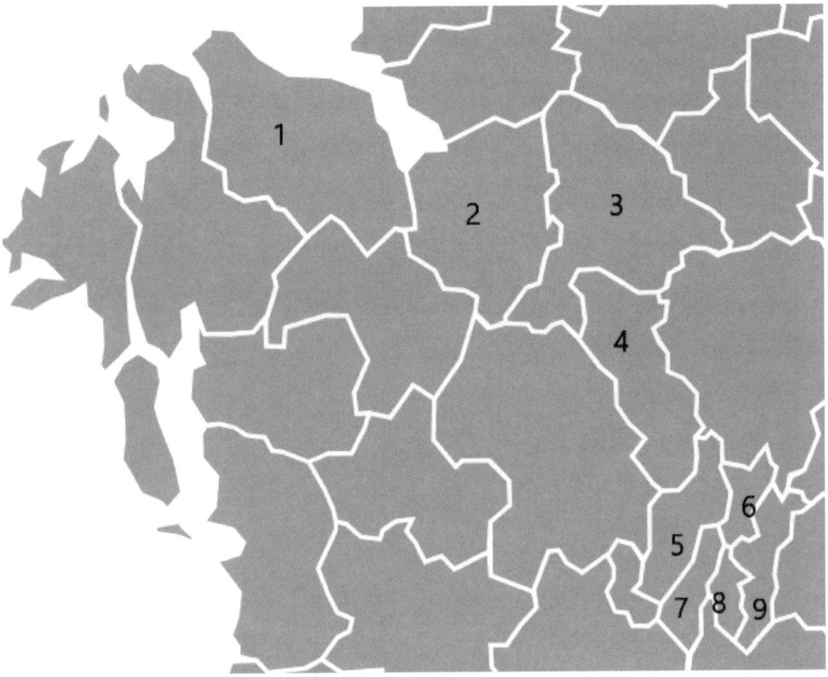

1 = 당진시　　4 = 세종시　　7 = 대전 서구
2 = 아산시　　5 = 대전 유성구　　8 = 대전 중구
3 = 천안시　　6 = 대전 대덕구　　9 = 대전 동구

출처: https://en.wikipedia.org/wiki/Administrative_divisions_of_South_Korea
"South Korea second level divisions" 5 June 2010 ASDFGHJ - Dmthoth

그림 3.24 거대도시권으로서 서울권: 확장형

4.1 하나의 가능성: 비소멸지역과 서울권

사고의 전환을 가져와서, '비소멸지역'을 '서울권'으로 상정해 볼 수도 있다. 그림 4.2는 4.1을 그대로 기반하여 표현하였다. 비소멸지역인 그림 4.2를 도시 연결망으로 표현한 것이 그림 4.3이다.

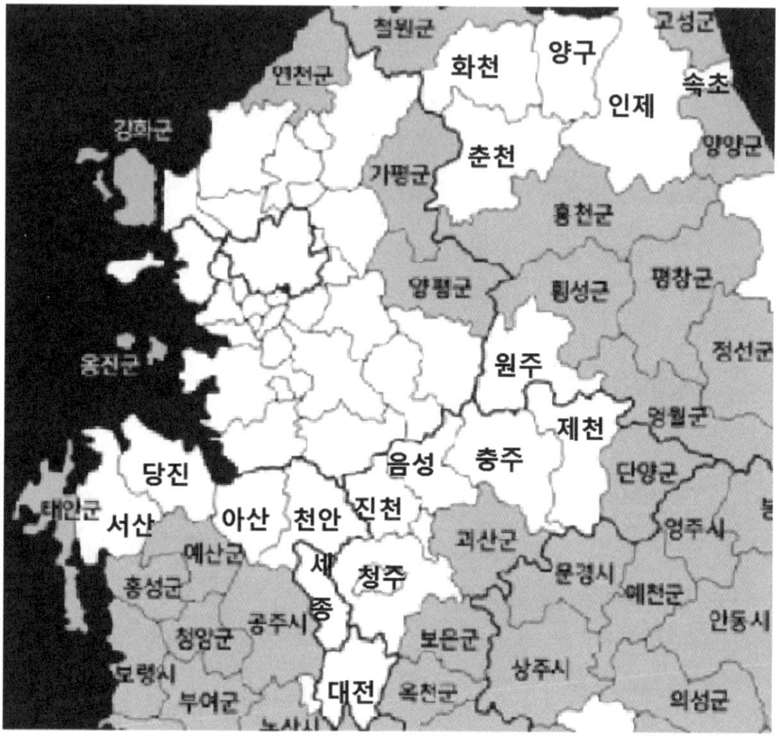

그림 4.2 이상호 지방소멸 2018: 수도권 바깥의 비소멸지역

그림 3.22에는 포함되지 않았지만 그림 4.3에 추가되어 나오는 주요 도시는 6개 이다. '속초, 원주, 제천, 충주, 청주, 서산'이다. 연결망 도시 이론에서 이야기하는 '1시간 법칙'에 이러한 도시도 사실 포함되긴 한다.

거대도시론에서 언급하는 사람들의 흐름을 생각하면, 이러한 최대한 확장된 지리적 범위도 생각해 볼 수 있다. 속초 바닷가에서 한 계절을 보내는 사람들이 나타나기 시작했을 수도 있다. 그림 2.6에 나오는 "Martha's Vineyard Island - 인구: 겨울에는 6,000명 그리고 여름에는 40,000명"이라는 휴양지 개념을 생각해 볼 수 있다.

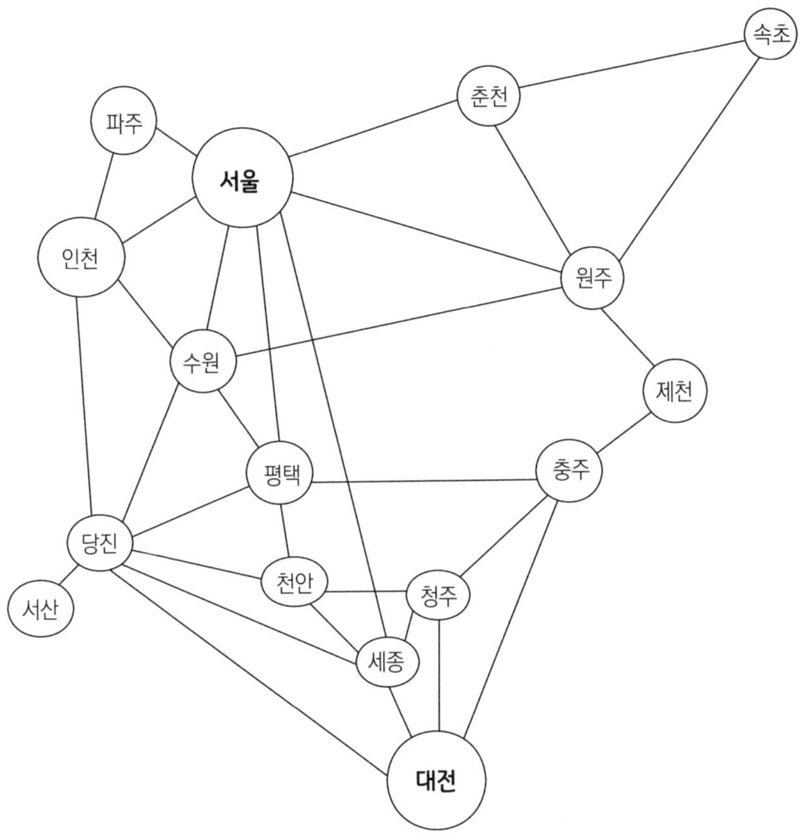

그림 4.3 서울 중심 연결망 도시: 비소멸지역을 기준으로 한 최대 확장판

다만 여기서는, 비소멸지역과 서울권을 일치시킨 그림 4.3을 하나의 '현재나 가까운 미래'의 가능성으로만 두기로 한다.

이러한 조심스러운 접근의 근거 중 첫 번째는, 이상호의 소멸위험지수를 적용할 경우 빠른 시간 내에 지리적 변화가 나타나기 때문이다. 젊은 연령대를 나이든 연령대로 나누는 방식은 생각보다 빠른 숫자 변화를 야기한다.

그림 4.1의 출발점이기도 한 이상호(2018)에서는 2013년 7월과 2018

년 6월의 소멸위험지수 전국 지도를 제시하고 있다. 2013년 지도에서 유추하는 '비소멸지역'은 훨씬 범위가 넓다. '철원, 공주, 논산'을 포함한다. 여기서 2013년 지도는 제시하지 않는다.

소심함의 두 번째 이유는, 변화의 방향이 반대로 작동하기 때문이다. '비소멸지역'을 기준으로 하면, 앞으로 서울권의 지리적 범위가 축소된다.

연결망 도시 이론의 접근법을 사용하면, 교통수단의 고속화로 연결망 도시의 '1시간 법칙' 범위는 늘어나는 것이 일반적이다. 방향이 반대이기 때문에, 그대로 받아들이기에는 어려움이 있다.

하지만 지방소멸론은 서울권 논의에서 중요한 참고점이다. 서울권의 등장과 나머지 지역의 쇠퇴는 동시에 일어나는 현상이라는 것을 어떠한 다른 이론보다도 더 직관적으로 보여주기 때문이다.

서울권 작동과 동시에 일어나는 나머지 지역의 쇠퇴에 대한 좀 더 인과적 분석은, 앞으로 제시된다.

4.2 마스다 히로야에 대한 비판적 접근

마스다 히로야 増田寛也의 지방소멸론은 먼저 비판적으로 접근할 필요가 있다. 논리적 오류가 없는지 생각해볼 필요가 있다.

일본에서의 저출산과 지방탈출이 원인이고, 지방소멸이 그 결과이다. 인과관계를 단순화하기 위하여, 원인에서 지방탈출을 제외시켜보자. "저출산 → 지방소멸"이라는 한국에서도 익숙한 논리가 나온다.

다른 원인은 의도적으로 제외시켜두고 결론을 도출하고 있다. 좀 더 정확히 이야기하자면, 다른 원인을 언급은 하지만 말도 안 되는 원인인 것처럼 스스로 꾸며대어 이야기하는 것이다. 허수아비[33]화 시키는 것이다.

인구 문제는 출산이 아니라 이민으로도 해결할 수 있다. 인구 문제의 본질은 필요한 일자리를 채우지 못하는 것이다.

가장 쉬운 예는 간병 서비스이다. 대만, 일본, 한국과 같은 가까운 예만 보아도 자국인 간병인은 구하기가 어렵다.

채우지 못하는 일자리는 노후 세대를 위한 연금 지불 능력의 저하와 같은 또 다른 연쇄적 문제를 가져온다.

마스다(2014) 자신이 만든 허수아비를 한번 살펴보자.

> 아홉 번째 오해: 외국에서 이민을 받아들이면 인구문제를 해결할 수 있지 않을까?
>
> 일본을 다민족 국가로 전환시킬 만큼의 숫자를 받아들이지 않으면 출산율 저하를 해결할 수 없으므로 현실적인 정책이 아니다(p15).

> 부족한 출산율을 메우려면 일본을 다민족 국가로 만들 만큼의 이민이 필요한데, 이것이 국민적인 합의를 얻을 수 있으리라고는 도저히 생각되지 않는다(101-102).

왜 허수아비인지를 살펴보자. '인구문제를 해결할 수 있는 정도'라는 표현을 사용한다. 이민이 아닌 대안으로서 자신이 제시하는 정책으로도, 이러한 완벽한 '인구문제 해결'은 불가능하다.

자신의 입으로서 인정한 부분이다(마스다, 2014: 51-52).

> 지금 당장 '인구의 유지 및 반전' 노력을 시작해 그것이 성공(구체적으로는 출산율이 2.1 이상으로 회복)하더라도 그 효과가 본격적으로

---

33 The strawman fallacy

> 나타나기까지는 30-60년의 시간이 걸리며 그 사이의 인구 감소는 피할 수 없다는 점이다. 이번에 세울 국가전략에는 이런 '시간축'의 관점을 도입할 필요가 있다. 즉 현재의 인구감소 흐름을 막고 인구의 유지 및 반전을 지향하는 동시에 지방이 지속 가능한 인구·국토 구조를 구축하는 '적극적 정책'과 인구 감소에 따른 경제·고용 규모의 축소나 사회보장 부담 증대 등의 부정적인 영향을 최소한으로 억제하는 '조정적 정책'을 동시에 병행해야 한다 … 이것은 '철수작전'이라고도 할 수 있으므로 정책수행에 커다란 어려움이 예상된다.

한 마디로 말이 안 되는 이야기를 나름대로 논리적으로 보이게 제시한 것일 뿐이다.

이민을 가능성에서 완전히 빼고 난 다음 내놓은 마스다 자신의 대안에, 이민 이야기가 있는 것은 흥미롭다.

철수작전에 해당하는 '조정적 정책'이 아니라, 심지어는 '사람'을 중심에 두는 '적극적 정책'에 이민 이야기가 들어가 있다.

말 그대로 적극적 정책 내용이다(마스다, 2014: 51-52):

> 첫째, '인구의 유지 및 반전'을 실시하는 것이다. 이를 위해서는 '결혼, 임신, 출산, 육아'에 대해 일관된 지원을 실시할 필요가 있다.
>
> 둘째, '인구의 재배치'다. 대도시권으로 인구가 유입되는 흐름을 크게 바꾸는 인구 재배치를 위한 정책을 실시한다.
>
> 셋째, '인재의 육성'을 달성하는 것이다. 인구 감소 사회에서는 한 사람 한 사람의 '능력과 자질 향상'이 한층 중요해진다. 일본 국내의 인재를 육성하는 동시에 외국의 고도 인재(高度人才)를 확보하기 위해 적극적으로 노력해야 한다.

문을 닫은 상태에서 자신이 원하는 것만을 효율적으로 얻겠다는 마스다(1994) 자신의 생각은, 사실 일본 정부의 입장과 그리 다르지 않다. 그 자신은, 하지만 다르다고 생각하는 듯하다.

> 국제화와 생산성 향상을 꾀하기 위해서도 고도의 기술이나 노하우를 가진 '고도인재'는 적극적으로 받아들여야 한다. 2012년부터 '고도 인재 포인트 제도'가 도입되었는데, 요건이 지나치게 까다롭다는 이유로 성과가 지지부진하다. 대상자를 확대해 고도 인재를 받아들이기 쉽도록 제도를 재검토할 필요가 있다. 아울러 앞으로 심각한 인재 부족이 예상되는 개호 <介護, 돌봄> 종사자나 건설 노동자 등의 기능 실습 제도도 확충해야 할 것이다. 또한 '고도 인재'가 될 자질을 갖춘, 일본에 관심이 있는 우수한 외국인 유학생을 2020년까지 30만 명(2012년 현재 14만 명)으로 늘린다는 '일본 재흥 전략'의 계획도 착실히 실현해야 한다(마스다, 2014: 102-103).

새 가족을 안 받겠다는 분위기를 만들고는, 꼭 필요로 하는 가족은 꼭 받아 집안을 일으키겠다는 이야기이다.

새 가족을 받을지에 대한 선택이 앞선다. 누구를 받느냐의 문제는 그 다음일 뿐이다.

4.3 '모든 일본인은 소중하다'라는 전제와 지방소멸론

이러한 허수아비 논리가 나온 맥락은, 외국인에 대한 따뜻한 마음의 부재이다. 기존 일본 내에 부당하게 착취 받고 억압받는 외국인에 대한 언급이 일절 없다는 것이 이를 잘 보여준다. 일본 내 외국인 노동자 연수 제도는 노예제에 근접해가고 있다.

하지만 일본인에 대해서만은, 마스다(2014)의 마음은 따뜻하기만 하다. '모든 일본인은 소중하다'라는 전제가 그의 지방소멸론에 깔려 있다. 외국인에 대한 시각은 배울 점이 하나도 없지만, 내국인에 대한 마음가짐은 다른 이야기이다.

도쿄를 '블랙홀'로 규정하는 것도, 이러한 따뜻함에서 나온 것이다.

> 원래 시골에서 자녀를 키워야 할 사람들을 빨아들여서 지방을 소멸시킬 뿐만 아니라 모여든 사람들이 아이를 낳지 못하게 해 결과적으로 나라 전체의 인구를 감소시킨다 …. 저는 이것을 '인구의 블랙홀 현상'으로 명명했습니다(마스다, 2014: 153).

> '젊은 층의 유입'으로 대도시권의 인구가 증가했지만, 대도시권이 그들이 결혼하고 아이를 낳아서 키우기에 반드시 이상적인 환경이라고는 말할 수 없었다. 현재 지방에서 대도시권으로 유입된 젊은 층의 출산율은 낮은 수준에 머물고 있다 … 결혼하기 어려운 환경뿐만 아니라 지방 출신자의 경우 부모가 지방에 있기 때문에 가족의 지원을 받기 힘들고 또 아파트나 공동 주택에 사는 젊은이는 이웃과의 교류도 적다는 점 등이 지적된다.

이러한 따뜻함은 그의 정책에서도 나타난다.

4.4 정책으로서 지방소멸론이 가지는 가능성과 한계

지방소멸론이 정책으로서 가지는 가능성은 상당하다. 앞서 언급한 배타적 이민정책을 제외하고는, 저자 역시 대부분의 지방소멸론 정책에 동의한다.

핵심적 역할을 맡을 중추적 지방도시의 중요성이 그 중 하나이다.

그림 4.4는 마스다의 전술을 잘 보여준다.

지방 중핵 도시를 거점으로 각 지역의 생활 경제권이 유기적으로 연결되어 지탱하는 구조이다(마스다, 2014: 61).

그의 표현을 살펴보자.

> 한마디로 말하면 산간 지역을 포함한 모든 지역의 인구 감소를 억제하려고 에너지를 쏟아 붓지 말고 지방 중핵 도시에 자원을 집중해서 그곳을 최후의 보루로 삼고 재생을 꾀하자는 것입니다. 굳이 도쿄를 떠날 필요가 없는 젊은이들을 지방에 남게 한다는 구상이지요(마스다, 2014; 155).

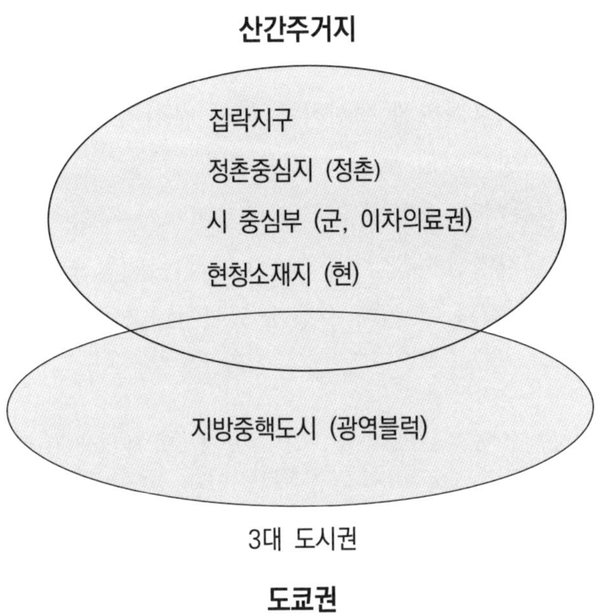

출처: 마스다, 2014: 61의 일부분을 저자가 그림.

그림 4.4 마스다의 방어·반전선 구조

중산간지 등은 일정 수준의 인구 감소를 피할 수 없는데, 그래도 2차 의료권 단위(일반적으로 도도부현 내 복수의 시정촌으로 구성된다)에서는 고령자의 생활 지원과 케어 사이클을 지탱할 수 있는 최소한의 의료·개호 자원을 투입해야 한다(마스다, 2014; 62).

정부가 말하는 지방 중추 거점 도시는 정령지정도시[34]<그림 4.5 참조>와 중핵시(인구 20만 명) 가운데 주·야간의 인구 비율이 1 이상인 도시이다(마스다, 2014; 63).

지방 중핵도시에 일자리가 늘어나면 주변 도시에도 마찬가지로 생활 및 고용환경이 정비되어 젊은이들이 자리를 잡고 살 수 있게 된다(마스다, 2014; 62).

마지막 장에서 상세하게 제시하는 저자 자신의 정책적 방향에서도 이러한 중추 지방도시의 역할이 강조된다.

보루로서 작동하는 종합병원급 의료서비스가 작동하는 곳이 중추 지방도시이다. '지역발전유발 지식서비스'라는 이름으로 이러한 중추적 서비스의 중요성과 그 입지 선정에 있어서의 신중한 접근을 언급하

34 정령지정도시(일본어: 政令指定都市)는 일본 지방자치법 제12장 제1절 제252조의19 제1항에 따라 내각의 정령(政令)으로 지정된 시이다. 일본 법령에서는 지정도시 또는 지정시라고 쓰기도 하며, 줄여서 정령시라고도 한다. 2018년 4월 기준으로 일본의 정령지정도시는 20개 시(市)이다. 정령지정도시는 광역지자체인 도도부현에 속하지만, 경찰·광역도로·광역하천 등의 사무를 제외하고는 그 권한을 대폭 이양 받아 도도부현에 준하는 권한을 행사하며, 산하에 자치권이 없는 행정구를 둔다. 정령지정도시의 행정구에는 사무소(구청)를 두고, 구청의 장은 해당 도시의 공무원 중에서 시장이 정한다. 2017년에 70만 명 미만으로 인구가 감소한 시즈오카 시 외에 모든 정령지정도시는 인구가 70만 명, 대한민국의 시와 비교하면 인구규모상 광역시와 특정시에 해당한다. 출처: 위키백과

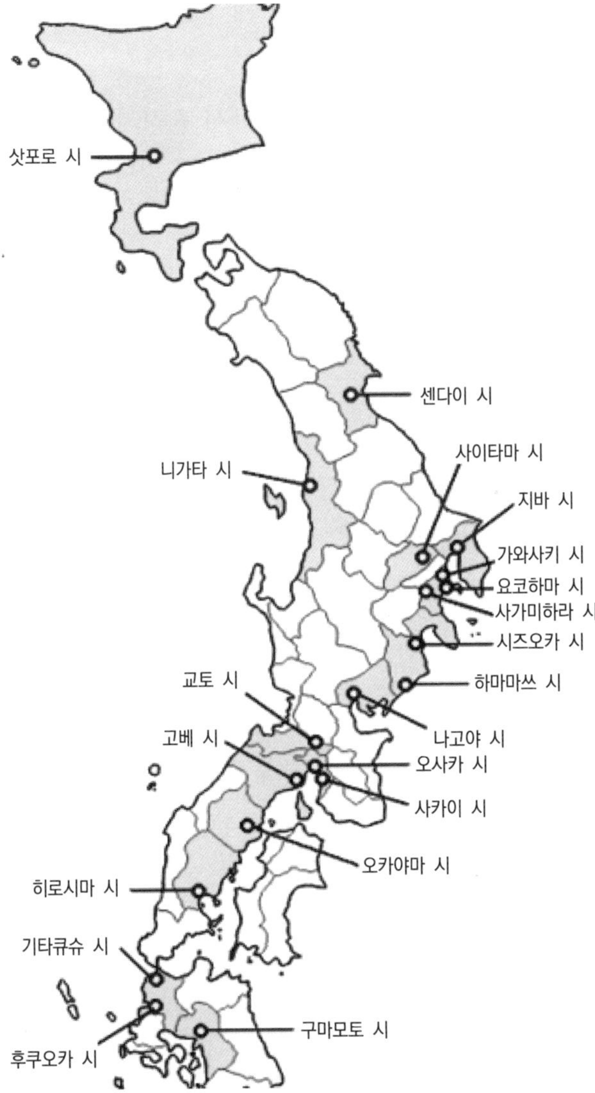

출처: https://ko.wikipedia.org/ /정령지정도시/
"2013년 기준 지정정령도시 20곳 날짜 2013년 2월 7일, 12: 56: 10"
저자: Kaiserble

그림 4.5 일본 정령시

고 있다. 서울권까지 가지 않고도 지방 대도시에서 큰 병을 잘 치료받을 수 있어야 한다는 의미이다.

그렇다면 한계는 무엇일까? 이 책 8장에서 시작하는 '서울권의 작동'과 일본 지방소멸론의 한계는 서로 연결되어 있다.

'도쿄권의 작동'에 대한 설명이 크게 없기 때문에, 지방소멸론이 내세우는 정책 역시 한계가 있을 수밖에 없다. 마스다 본인은 도쿄의 작동이 당연하다고 생각해서 아예 언급을 하지 않았을 수도 있다.

지방 소멸의 근본 원인에는 '블랙홀'로서의 도쿄의 작동도 있다. 이에 대해 놓치고 지나간 것은, 마스다 지방소멸론의 가장 분명한 한계이다.

어떠한 블랙홀인지 또 블랙홀이 어떻게 작동하는지를 알아야 지방소멸에 대한 좀 더 근원적 대책이 가능하다.

서울권의 등장과 나머지 지역의 쇠퇴는 동시에 일어나는 현상이라는 것을 보여주는 지방소멸론을 다루었다. 서울권과 비소멸지역의 지리적 범위가 거의 겹친다는 것도 살펴보았다.

그림 4.6의 한국판 '산업쇠퇴지대 rust belt'[35] 그림은 비서울권의 쇠퇴를 잘 보여준다. 비서울권을 둘러싸는 U자 형태로 나타난다.

---

35 러스트 벨트(Rust Belt)는 미국의 중서부 지역과 북동부 지역의 일부 영역을 표현하는 호칭이다. 자동차 산업의 중심지인 디트로이트를 비롯해 미국 철강 산업의 메카인 피츠버그, 그 외 필라델피아, 볼티모어, 멤피스 등이 이에 속한다.

이 지역은 미국 경제의 중공업과 제조업의 중요한 부분을 형성하고 있다. 이 곳은 미국 제조업의 호황을 구가했던 중심지였으나 제조업의 사양 등으로 인해 1980년대부터 불황을 맞은 지역이다.

이 지역의 많은 도시에서 생산이 진행되자, 역으로 심한 불경기가 오게 되었다. 특히 자동차 산업의 회복이 급선무가 되고 있다.

2016년 미국 대통령 선거에서 도널드 트럼프의 승리를 결정지은 지역이다.
출처: https://ko.wikipedia.org/wiki/러스트_벨트 2019.2.1. 접근

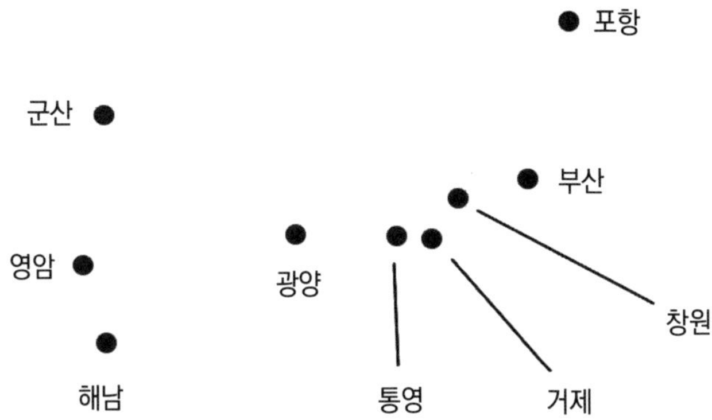

군산: 현대중공업(조선) 2017년 가동 중단, 한국 GM 자동차 군산공장 2018년 5월 폐쇄
영암: 현대삼호중공업(조선) 조선업 침체에 수익성 악화
해남: 대한조선 조선업 침체에 수익성 악화로 법정관리 후 졸업
광양: 포스코(제철) 중국의 추격과 미국의 관세 폭탄에 수익성 악화
통영: 21세기 조선 파산
삼호조선 파산
신아SB 파산
성동조선 파산
SPP 조선 파산
가야 조선 파산
거제: 삼성중공업(조선) 조선업 침체로 수익성 악화, 수주감소, 구조조정 진행
대우조선해양(조선) 조선업 침체로 수익성 악화, 수주감소, 구조조정 진행
창원: STX 조선해양 분식회계 및 조선업 침체로 파산 및 법정관리
부산: 한진중공업(조선) 조선업 침체로 수익성 악화, 현재 법정관리 중
대선조선 조선업 침체로 수익성 악화, 현재 매각진행 중
포항: 포스코(제철) 중국의 추격과 미국의 관세폭탄에 수익성 악화

출처: 한국경제. 2018. "현실이 된 '한국판 러스트 벨트'…"동·서남권이 흔들린다" 10월 23일
신문 그림을 참조해서 저자가 직접 그리고 내용은 그대로 가져옴.

그림 4.6 한국판 산업쇠퇴지대

그림 4.7은 참고로 미국 산업쇠퇴지대를 제시한다. 그림 아래의 도시와 인구수 변화를 보면 그 심각성을 쉽게 알 수 있다.

지방의 쇠퇴를 동시에 가져오는 서울권의 작동을 살펴볼 때가 되었다. 그 전에 먼저 작동을 분석할 방법을 다룬다.

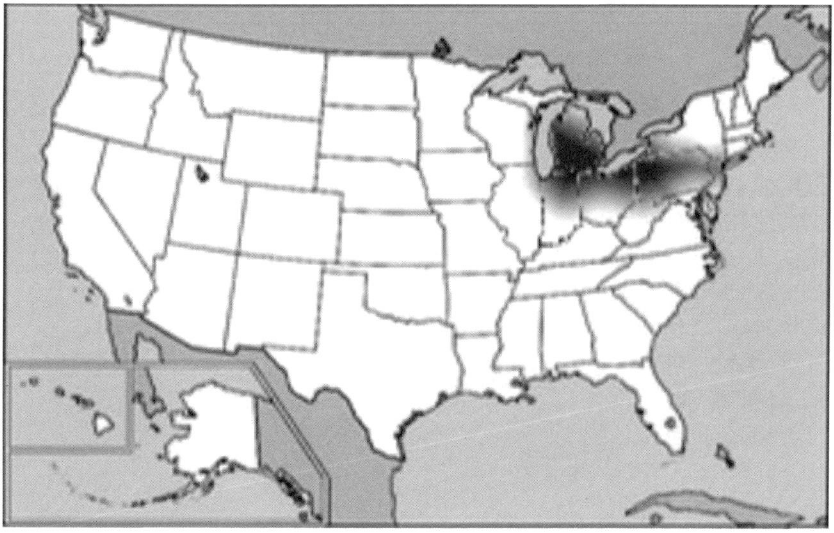

출처: https://ko.wikipedia.org/wiki/러스트_벨트 2019.2.1. 접근

그림 4.7 미국 산업쇠퇴지대

2000-2016 population change in Rust Belt cities

City	Population change	2016 population	2000 population
Detroit, Michigan	−29.3%	672,795	951,270
Gary, Indiana	−25.6%	76,424	102,746
Flint, Michigan	−22.1%	97,386	124,943
Youngstown, Ohio	−21.6%	64,312	82,026
Saginaw, Michigan	−20.7%	48,984	61,799
Cleveland, Ohio	−19.4%	385,809	478,403
Dayton, Ohio	−15.5%	140,489	166,179
Niagara Falls, NY	−12.5%	48,632	55,593
Buffalo, New York	−12.2%	256,902	292,648
Canton, Ohio	−11.8%	71,323	80,806
Lakewood, Ohio	−11.2%	50,279	56,646
Toledo, Ohio	−11.2%	278,508	313,619
Decatur, Illinois	−11.2%	72,706	81,860
St. Louis, Missouri	−10.6%	311,404	348,189
Pontiac, Michigan	−10.0%	59,698	66,337
Cincinnati, Ohio	−9.8%	298,800	331,285
Altoona, PA	−9.8%	44,589	49,429
Springfield, Ohio	−9.6%	59,087	65,358
Pittsburgh, PA	−9.2%	303,625	334,563
Charleston, WV	−9.2%	49,138	53,421
Akron, Ohio	−9.0%	197,633	217,074
Parma, Ohio	−7.3%	79,425	85,655
Lorain, Ohio	−7.2%	63,730	68,652
Hammond, Indiana	−7.1%	77,134	83,048
Chicago, Illinois	−6.6%	2,704,958	2,896,016
Huntington, WV	−6.5%	48,113	51,475
South Bend, Indiana	−5.6%	101,735	107,789

5

분석의 첫 번째 방법:
단순 추세 분석의 극복

> 아무리 어렵더라도 우리는 직선적 사고의 유혹에 저항할 필요가 있다. 일반인은 물론이고 대부분의 미래학자도 내일을 단순한 오늘의 연장으로 생각한 나머지, 시대의 추세가 외견상 아무리 강력한 것이 되더라도 단순히 직선적으로 계속되는 것이 아니라는 사실을 잊고 있다. 이러한 추세들의 방향이 반대로 되는 경우도 있는 법이다. 이 추세들은 멈추기도 하고 새로 시작되기도 한다. 무슨 일이 지금 일어난다고 해서 혹은 과거 1백 년 동안 계속 일어났다고 해서 앞으로도 계속 일어난다는 보장은 없다. 그래서 앞으로 이 책에서는 미래를 언제나 예상외의 것으로 만드는 모순, 갈등, 방향 전환, 그리고 돌파구가 무엇인지를 정확히 관찰하고자 한다(Toeffler, 1980: 188).

이 책에서 미래는 '현재에서 사람들에 의해 선택되는 미래'이다. 현재가 그대로 미래로 진행된다고 보지 않는다.

다시 말하자면, 단순한 추세 분석이라는 기존의 오류를 피해가려 한다.

'미래'라는 단어가 시점으로 추가되는 것은 당연하다. '서울권의 등장과 나머지 지역의 쇠퇴'는 과거, 현재, 미래 시점이 다 들어가야 한다.

과거에서 이어지는 현재, 그리고 현재에서 이어지는 미래를 다룰 수밖에 없다. 지금 언급하는 '현재의 서울권'은 잠시 후 그 현재 시점의 미래가 되어 버린다.

거대도시권 이론과 연결망 도시론에서도, 미래는 중요하다. 두 이론 모두 사람을 논의의 중심에 두고 있기 때문이다.

두 이론에서 관심 지역의 미래는 자주 전망되고 긍정적으로 전망된다. 미국 동북부 거대도시권의 미래는 밝게 전망된다. 굳은 개척정신과 지식의 보편적 보급이라는 앞선 생각을 가진 이들이 바다를 향해 미래를 만들어가는 과정 자체가, 바로 이 거대도시권의 현재라고 보기 때문이다.

연결망 도시 이론에서도 도시의 연결은 사람의 연결을 의미한다. 이는 창의적인 상승작용으로 이어진다. 대학과 연구기관의 존재가 중요한 이유가 여기에도 근거한다. 교통수단의 비약적 발달은 사람을 이렇게 이어주기 때문에, 도시간 연결망을 갖춘 지역이 다른 곳보다 긍정적으로 전망되는 것이다.

'사람이 선택하는 미래'라는 부분은 중요하다. "새로운 기술이 어떻게 작동하고, 사람들이 이를 어떻게 활용하며, 사람들의 삶에 어떠한 변화를 가지고 올 것인가가 가장 중요하다"라는, Cairncross(2001: ix)의 접근방식이 활용된다.

물론 Cairncross(2001)의 '거리의 소멸'이라는 내용을 저자가 다 동의하는 것은 아니다. 물리적 거리가 가지는 중요성의 쇠퇴라는 주장은 너무 단순하다. 하지만, 그가 책 서문에서 던지는 '선택'이라는 표현은 통찰이 넘친다.

이 장에서는, 기존 도시 미래 연구가 가진 단순 직선적 오류에 대해 살펴본다. 비판적 분석은 앞서 언급했듯이 이러한 오류를 피하기 위한 나름대로 힘을 기울이는 과정이다. 우리는 모두 쉽게 단순해진다. 또 쉽게 직선이 된다.

여기서는 두 가지 방법을 살펴 본다. 시나리오 제시와 기존 연구의 종합이다. 둘 다 단순화 직선화의 오류를 가지고 있다.

5.1 시나리오 제시: Hall & Pfeiffer

Peter Hall은 공저자 Ulrich Pfeiffer와 함께 쓴 저서『미래의 도시: 21세기 도시의 과제 및 대응전략』에서 2025년의 도시상을 제시한다. '추세연장 시나리오'와 '추세수정 시나리오'가 나온다.

2025년의 도시상을 이들은 두 가지 시나리오를 가지고 그려본다. 도시나 국가의 적극적인 개입이 없는 '추세연장 시나리오'와 개입이 존재하는 '추세수정 시나리오'이다.

추세가 지속된 각 단계 도시의 2025년 생활상(Hall & Pfeiffer, 2000; 187-206)은 다음과 같다.

과도성장기 도시 2025년도

추세 - 지식, 저축 및 투자, 생산의 부족문제와 수요문제가 지배적 영향 미침

인구 - 높은 출생율과 도시로의 이주로 인해 2025년까지 도시인구 세배로 증가

경제 - 미숙련 노동자 과잉으로 소득 성장세가 감소하고 불평등 확대.
빈곤계층 2배로 증가.
극빈자 대부분은 여성.

사회 - 비공식부문에 의존하는 도시화로 비공식적 주택지역은 통제 불능

주택 및 기반시설 - 기반시설과 서비스들은 한계용량에 다다름

환경 - 생존을 위한 투쟁이 천연자원 및 자연환경의 남용과 무관심 초래

교통 - 걷기의존 도시빈민은 도시성장으로 노동시장 및 서비스 접근 어려움

도시형태 - 주민 삶은 경제적 환경적 생존한계선으로 내몰림

동적성장기 도시 2025년도

추세 - 생산성 삶의 질 향상으로 문제대처능력 확대, 지속가능성이 새 과제로 대두

인구 - 출생률 급감, 노동력 증대

경제 - 부유한 공식부문 도시와 비공식부문 위주 근린주구라는 이중 경제 형성

사회 - 대도시로의 인구 유입 지속.
변두리 성장.
교육중시 신중산층 급격 증가
중심도시는 고도의 선진 서비스 제공,
주변부는 일상적 서비스 제조업 담당

주택 및 기반시설 - 비공식 부문 주택의 절대 수와 비율의 증가 지속

환경 - 에너지 소비 급증과 오염 증가.
지구온난화로 아시아 저지대 비공식주거지에 대홍수 피해

교통 - 자동차 수요 증가로 통근거리 증가, 심각한 교통체증과 대기오염 발생

도시형태 - 동아시아에서는 도시성장이 대도시에서 주변의 소도시로 확산되고 네트워크로 연계되어, 인구 천만에서 삼천만 규모의 거대도시지역(mega-city regions) 형성

고령화를 맞아 쇠퇴기를 겪는 선진도시 2025년도

추세 - 높은 교육수준, 성숙한 민주주의, 모범적 행정과 강력한 세금제도 확립

인구 - 낮은 출생률로 생산성 증대 어려워짐.
사회보장 부담 증가로 세대 간 갈등.

경제 - 서비스산업으로 이전 계속.
거주인구 고용의 감소로 기반시설 유지 어려움.
사무공간과 공장부지 수요 감소로 신규건설보다 리모델링이 많아짐.
대규모 건축 사업은 매우 드물게 됨.

사회 - 노동시장 불일치(고숙련 인력 수요, 저교육 인력 공급)로 실업문제 잔존.
실업은 수준 낮은 도심지역에 집중되며 이런 곳은 주류사회로부터 고립됨.
강도, 차량절도, 폭행, 마약 관련 범죄 증가.
빈민지역에는 외부인이 다닐 수 없고, 폭동과 소요 빈번 발생.
노인빈곤 심화

환경 - 자원절약 기술진보의 속도보다 소비증가세가 두드러짐.
자원소비가 많은 선진도시에서는 2015년까지 '생태적 족적' 증가

도시형태 - 핵가족 가구 증가, 일부계층의 생활수준 향상, 자신의 주택을 고집하는 고령층으로 인해 주거와 직장에 있어 분산 압력 증가.
부유한 퇴직자 수 증가로 퇴직자의 이전 거주지에서 멀리 떨어진 곳(남부 프랑스, 남부 스페인, 플로리다, 남부 캘리포니아 등)에서 소규모 도시 성장.

추세수정 시나리오(Hall & Pfeiffer, 2005; 187-206)는 적극적 개입을 전제로 한다. 개입의 구체적 내용은 책에 언급되어 있지 않다.

과도성장기 도시 2025년도

정책 - 필요한 곳에 효과적으로 자원 사용, 인구성장 둔화

인구 - 임신 연령을 늦추도록 여성 교육,
정부, 국제기관, 제약회사가 효과적 에이즈 대책 등 인류건강 위한 방안 협력

경제 - 외국인 투자와 국제협력으로 빠른 성장.
도시 정부는 비공식 부문 경제가 공식화 되도록 돕는 정책 개발해야 함.
국제기구 지원으로 저렴한 정보기술 이용한 대중교육 확산.
교육받은 노동력을 도시가 공급받으므로 외국인 직접투자 증대.
저임금 비공식 부문 경제 축소.

사회 - 비공식 부문 주택이 나아지도록 정책 실행.

주택 및 기반시설 - 상하수도 설비에 대한 민간 부문 공급 증대.

환경 - 건강과 환경이 보다 높은 우선순위 차지.

교통 - 도시빈민의 주요 교통수단으로 자전거 장려.
도시정부가 민간 사업자에게 낮은 요금의 간선버스 운행 지원.

도시형태 - 공식 부문의 급속발전

동적성장기 도시 2025년도

정책 - 학습도시가 되며 동시에 지속가능 개발을 선도

인구 - 고령화 우려가 대두. 개인 저축이 퇴직을 늦추고 고령화 부담을 감소시킴.

경제 - 중간 소득 도시가 성장을 다시 시작.
주요 도시는 선진 서비스 산업으로 전환.
유연하고 숙련된 노동력이 내부 투자 유치하고 지역기반 혁신 유도.
교육열과 저렴한 교육기회가 불평등 감소(특히 라틴아메리카).

정보기술이 교육혁명 일으킴.

사회 - 정규직 노동자가 자녀 교육에 더 관심을 가짐.

중소기업 진흥과 좋은 기업환경은 중산계층 가치관 강화.

중간계층 확대는 비공식 부문 근린 사회를 정규부문으로 전환.

주택 및 기반시설 - 광역도시 정부는 기반시설 제공과 기본 서비스 공급 담당.

근린지구 의회는 제한된 예산을 효과적 활용 담당.

비공식 지역 근린지구 주민은 지역조직을 만들어 환경과 도시 기능 관리.

자치 관리와 지방세 활용으로 비공식 부문 무허가 주택의 개량이 이루어 짐.

이 지역은 점차 중간계층의 교외로 변화.

환경 - 재활용, 대중교통, 지속가능한 개발에서 일부 도시가 세계적인 명성을 얻음.

교통 - 교통, 도시성장과 관련한 경쟁력을 도시정부가 가지게 됨.

도시형태 - 도시형태 자체는 다양하게 나타남.

일반적으로는 고밀도 대중교통 지원하고 교통약자 배려.

효율적 버스 시스템과 자전거 전용도로가 효과적임.

고령화를 맞아 쇠퇴기를 겪는 선진도시 2025년도

정책 - 고령화에 대해서 대책을 세움.

일부 도시는 다음과 같은 급진적 치유책을 시도

- 소득세와 사회보장세의 부담을 줄이기 위해 세금/연금 개혁
- 시장 규제 완화 및 공공 부문 개혁
- 일시 지불 연금제의 축소와 그에 따른 개인 저축 증가
- 퇴직 시기 연장으로 연금 재정 증대, 이는 평생학습도 유도
- 이주자 통합을 위한 노력 필요
- 노인의 공식 부문 의존을 줄이기 위한 비공식적 자구 방안 장려

인구 - 도시는 능력이 있는 젊은이 이주를 통해 젊어지려 함

- 이중국적이나 귀화에 대한 제한 사라짐
- 대학은 더 많은 외국인 유치하고 이들의 통합을 꾀함
- 선진 국가는 퇴직정책 수정
- 2025년에는 만족스럽지 못한 퇴직자 집단 발생(개인 저축에 더 의존)
- 이러한 정책은 재정부족 극복, 근무연한 연장, 평생학습 장려로 이어짐
- 소득세는 더 낮아지고 누진율도 더 낮아지게 됨

젊은 노인이 더 늙은 노인을 돌보는 협력적 생활이 대중운동화 됨.

경제 - 노동시장 변화

- 근로에 대한 강한 유인책
- 근로연령 연장으로 노동력 공급 증가
- 소득에 대한 세금 인하로 서비스 가격 인하

이러한 노동시장을 가진 도시는 매력적 투자처가 되고 세수기반 확대됨.

이러한 변화는 실업자/노인에 대한 사회적 비용 줄임.

재정확대로 기반시설 투자가 늘고 직업훈련 및 주택공급 증가.

사회 - 민관협력 사업에 많은 사람이 참여.

빈곤가 학교에 대한 자금지원으로 교육격차 줄고 도심의 낙후현상 개선.

중산층 전문가는 보조금 지원으로 주택구매 기회 확대.

이웃과 자원봉사 단체 사이가 전통적 가족관계를 서서히 대체.

환경 - 도시는 배출가스 없는 차량 보급에 적극적.

선진 교통관리 시스템 채택으로 교통 흐름 개선.

나아진 재정으로 기업과 주민을 위한 기반시설 개선.

물, 전기, 냉난방 에너지 절약을 가격 조절을 통해 유도.

쓰레기 재활용을 위해 도시정부와 민간이 협력.

태양/수소 시대로의 전환 유도.

에너지의 지능적 효율적 관리 및 분산화된 개별 생산 시작.

도시형태 - 부 확산에 따라 공간적 성장이 '추세연장 시나리오'보다 빠르게 진행.

고용 증가로 사무 공간 수요 증가.

노인 필요에 맞는 주택 개조로 노인은 인근 작은 주택/아파트로 이주

도심 공지는 주택으로 채워짐.

도시는 중밀도의 도시형태를 계속 유지하려 노력.

오래된 건물이나 광장과 같은 유산 보호가 가장 중요해짐.

현재의 추세가 지속되는 시나리오는, 앞서 언급한대로 단순화와 직선화를 그대로 보여준다. '추세 지속'이라는 표현 자체가 이를 의미한다.

이러한 단순화와 직선화는, 내용에 그대로 나타난다. 먼저 현재를 그대로 미래로 그리기 때문에 단순하다. 2000년도에 출간되어 추세 지속 2025년을 예측한 이 시나리오는, 사실 그냥 2000년도에 그대로 있다.

과도성장기 도시의 2025년 미래상을 예로 들어 보자. 사실 2000년 상태와 동일하다. 빈곤과 비공식부문은 2000년도의 모습이기도 하다.

동적성장기 도시의 미래상도 현재와 동일하기는 마찬가지이다. 인구유입, 환경오염, 천만에서 삼천만사이의 동아시아 거대도시지역 형성이라는 동적성장기 도시 2025년도 모습은, 연도를 2000년으로 바꾸어도 된다.

선진도시도 마찬가지이다. 고령화로 인한 쇠퇴는 2000년 2025년 두 시기 모두 마찬가지이다.

이러한 직선적이고 단순화된 분석의 문제점을 하나 더 추가해보자.

세 가지로 도시를 구분하고 있는데, 어떠한 도시가 위치를 바꿀 것인지도 설명되지 않는다. 예를 들자면, 어떠한 도시가 '과도성장기 도시'에서 '동적성장기 도시'로 전환될 것인지 설명되어 있지 않다.

적극적 개입을 전제로 한 추세수정 시나리오는 현재와 미래가 확연히 다르다.

하지만 적극적 개입 시나리오는 소망적 사고에 불과하다. Hall & Pfeiffer가 제시하는 두 가지 가능성 중 하나인 '추세수정 시나리오'는 "적극적 개입이 가능하고 또 바람직한 것이라는 생각에 바탕을 둔(Hall & Pfeiffer, 2005: 184)" 시나리오이다. 소망적 사고임을 스스로가 인정한 셈이다.

이렇듯 두 시나리오 모두에 문제가 있다. 현재에서 사람들이 내리는 선택이 어떤 것인가를 밝히지 않는다.

5.1.1 미래 통찰의 단서: 정보혁명

흥미롭게도 현재를 관통하는 통찰을 할 수 있는 단서는, 사실 Hall & Pfeiffer 책에 있다.

책의 앞부분에서는 기술 변화를 자세히 설명한다. 막상 자신이 강조한 '사람들의 선택'을 미래예측에는 제대로 적용하지 않은 셈이다.

21세기를 이끄는 힘은 정보혁명이다. "21세기의 거대한 변화의 힘을 예견해 볼 수 있는데, 이는 이전에는 분리되어 있던 기술들, 즉 컴퓨터, 원격통신, 텔레비전 등을 정보의 생산, 저장, 변환을 위해 한 매체로 묶는 정보혁명이다(Hall & Pfeiffer, 2005: 28).

세계적인 단위에서의 정보혁명에도 불구하고, 이와는 상충되는 동력 역시 작동한다. 거리의 중요성이 없어지는 것만 같은 시기에도 '집적경제의 법칙'은 여전히 작동한다(Hall & Pfeiffer, 2005: 28):

이와 같은 위계의 모든 도시들은 한 가지 공통적인 특성을 갖는다. 즉, 이 도시들은 세계적인 네트워크의 한 부분들이고 그 네트워크 안에서 정보와 재화들이 몇 백 킬로미터의 거리를 넘어 교환되지만, 동시에 지역적 차원에서는 집적경제의 법칙이 여전히 존재하고 있다.

거대도시들은 가상공간의 새로운 세계 안에 있으면서도 여전히 집적이익이라는 고전적 경제법칙 아래에 놓여 있다. 예를 들면, 사람들은 사업을 위해 여전히 대면접촉(face-to-face)을 필요로 하며, 의사소통은 거리가 멀 때보다 가까웠을 때 더 용이하고 비용이 적게 든다. 그리고 이런 현상은 수요가 공급을 낳기 때문에 더욱 더 절실해지게 된다. 그래서 이러한 지역의 거대도시들은 주요한 국제항공의 중심이 되고, 또한 급부상하고 있는 대륙간 고속철도망의 주요 결절점이 된다.

국제도시, 하위국제도시, 지역거점도시, 지방소도시라는 네 가지 구분을 가지는 체제로 미래 도시는 정립된다:

이미 이러한 맥락의 신 경제혁명이 진행됨에 따라 전 세계의 도시들은 세계적인 상호작용과 상호의존의 복잡한 체제 내에서 점차 네트워크화 되어 가고 있으며, 이는 도시 노동력의 새로운 국제적 분업을 낳고 있다.

즉, 선진 국가의 거대도시들은 고차 서비스 위주의 제조업과 상품관리를 담당하고, 신흥 산업 국가들의 대도시들은 제조업 기능을 담당하게 된다. 저개발 국가의 대도시는 여전히 전 세계적 네트워크에 긴밀히 연결되지 않고 있으며 기초서비스의 교환을 통해서

> 생존하고 있다. 우리는 네트워킹된 세계도시 속에서 정보와 통제의 이러한 국제교역에서 핵심 결절점 역할을 하는 소수의 '국제도시(global cities)', 그리고 특정 분야에서 서로 경쟁하면서 세계적인 차원의 서비스를 제공하는 40-50개 정도의 '하위 국제도시(sub-global cities)'라고 불리는 활기찬 대도시 그룹으로 도시를 크게 나누어 볼 수 있다. 이런 도시들의 밑에는 '지역 거점도시(regional cities)'가 있다.
>
> 도시들의 기능은 서로 중첩되기도 하는데, 예를 들면 작은 나라의 경우에는 대도시와 비슷한 기능을, 큰 나라의 경우에는 지역 거점 역할을 수행한다. 그리고 그 아래에 '지방 소도시(county towns)'라고 부를 수 있는 도시들이 있다. 이들은 도시 주위를 둘러싸고 있는 지역에 대한 서비스 중심으로 기능하거나 국가차원 혹은 세계차원의 특정분야(예컨대 의료, 고등교육 혹은 관광 등) 서비스를 제공하는 중소규모의 도시이다.

선진 거대도시들이 제공하는 서비스는 세계도시의 생산자서비스 뿐 아니라 다양한 고차서비스를 언급한다. 이러한 고차서비스는 다국적 기업본부의 입지나 첨단기술의 존재와 관련이 있다(Hall & Pfeiffer, 2005: 94-95):

> 오래된 많은 산업 중심지들이 쇠퇴하고 있다. 글래스고, 클리블랜드, 도르트문트와 같이 일찍 쇠퇴가 시작한 곳에서는 그 과정이 이미 마무리되었다. 이러한 도시들에서 서비스 부문 특히 생산자 지원 서비스(producer services) 부문은 낡은 굴뚝 산업을 대체해왔고, 또 성장하면서 점점 더 복잡해지고 분화되었다. 은행업과 같은 전통적인 서비스 산업은 금융수단들이 더욱 정교해지면서 다양한 범

주의 기능들로 나누어지게 되었다. 정보처리에 대한 소프트웨어 산업과 서비스 산업도 같은 길을 걸으며 전문화되고 있는데, 이것은 20년 전에는 어떤 도시에서도 찾기 힘든 것들이었다. 그밖에 높은 성장을 보이는 부문에는 법률 서비스, 경영 컨설팅, 회계, 방송, 광고 마케팅 등이 포함된다. 연구개발과 결합된 첨단기술 생산은 고유의 네트워크, 그들만의 노동시장에 대한 수요, 높은 질의 사회적 서비스와 주거에 대한 수요 등을 가진 세계적 복합체를 형성하고 있는 경우가 많이 있다. 이러한 서비스들은 그 특징이 높은 수준의 인적 자원, 빠르게 변하는 지식기반, 독특한 형태의 생산품 등으로 구별된다 …

선도하는 다국적 기업으로부터의 요구, 특히 다국적 기업 본부로부터의 요구가 복잡하면 할수록, 필요한 양만큼의 정교하고 복잡한 서비스를 독자적으로 제공할 수 있는 몇몇 주요 도시는 더욱 더 매력적인 도시가 된다. 분화된 네트워크의 전문화는 성공의 중요한 구성 요소가 된다.

인적자원, 본사기능, 자본, 경제적 힘, 현대 문화적인 기반시설, 높은 수준의 소비자 서비스(consumer services) 집중은 최고 수준의 도시를 만들어내며, 이렇게 형성된 도시는 다시 능력 있는 사람들을 끌어들이는 자석이 되어 전 세계의 두뇌들을 끌어 모으게 된다.

이런 환경은 세계화된 현대 도시에서 의욕적이고 재능 있는 젊은 사람들의 집단이 문화적 경제적 무대에서 새로운 아이디어를 창출해내는 치열한 경쟁풍토를 만들어내게 된다 …

사실 첨단기술과 '고감각적(high-tough)'이고 창의적인 서비스는 상호 공생 관계에 있다. 강한 경쟁체제의 세계는 문화시장이나 대중매체 시장을 부양하는데 필요한 재원과 소득을 만들어낸다.

앞서 언급한 대로이다. 현재에 나타난 사람 선택을 미래예측에는 적용하지 않는 셈이다.

추세가 지속된 각 단계 도시의 2025년 생활상(Hall & Pfeiffer, 2005: 187-206)은 이를 잘 보여준다. 자신이 앞서 언급한 내용이 크게 녹아들어 있지 않다.

추세지속 시나리오에서 언급되는 선진국에서의 대량생산 위축과 서비스업 산업전환 그리고 도심쇠퇴는 이미 과거이다. 미국의 경우 몇십 년 전부터 일어난 일이다.

5.2 기존 연구의 종합: 국토연구원

Hall & Pfeiffer의 현재 그대로의 미래 이론과 마찬가지로 단순하고 직선적인 접근이 기존 연구의 종합이다. 기존 다른 사람이 해 놓은 연구를 모아서 합치는 과정 자체가 통찰의 부재를 가져온다.

왜 그런지를 조금 더 살펴보자. 다른 연구자들이 이미 제시한 '기존 메가트렌드'를 기본으로 미래가 도출될 경우, 인과관계가 분명하지 않다.

트렌드로 제시되는 내용은 결과에 해당한다. 원인에 대한 인식이 결여된다.

국토연구원이 내놓은 2030년 한국 국토 미래상을 예로 들어 보자. 국토연구원(이용우 외, 2009)은 기존에 이루어진 미래 예측을 기반으로 10가지 국토트렌드를 제시한다.

연구방법론에 대해서는 다음과 같이 언급하고 있다(이용우 외, 2009: ix,39):

> 본 연구에서는 국내외 미래예측 사례를 참고하고 국토의 특성과

국토예측의 목적에 적합한 미래예측 과정과 기법을 종합하여 통합적 국토예측 방법론으로 정립하였다. 통합적 국토예측의 첫 단계인 메가트렌드 정리는 메타분석과 전문가 패널 등을 통해 수행하고, 메가트렌드가 국토에 미치는 영향은 퓨처스 휠(Futures Wheel) 등을 통해 도출하였다. 국토트렌드 및 이슈 도출은 퓨처스 휠과 리얼타임 델파이를 통해 수행하였다 … 본 연구에서는 메가트렌드 정리를 위하여 "미리 가본 2018년 - 유엔미래보고서"(박영숙 외, 2008), "글로벌 트렌드 2025"(미국국가정보위원회, 2008), "메가트렌드 코리아"(강홍렬 외, 2006)등 상대적으로 최근에 발간된 13권의 연구보고서와 서적을 메타분석 대상으로 선정하였다.

이러한 과정을 거쳐 나온 국토연구원 안으로서의 국토트렌드는 다음과 같이 정리된다(이용우 외, 2009: xiii-xv):

1. 국토가 아열대화 된다.
2. 해양 이용이 활성화된다.
3. 농지, 산지, 수변공간의 여가관광자원으로 활용이 증가한다.
4. 주택 등 건물이 녹색화, 지능화, 다양화된다.
5. 도시공간의 입체적, 복합적 이용이 증가한다.
6. 도시서비스가 다양화, 무장애화 된다.
7. 산업공간의 재활용 및 자원순환이 증가한다.
8. 녹색, 지능형, 초고속 교통수단이 보편화된다.
9. 대도시권 기능이 강화된다.
10. 한국-중국-러시아-일본 간 동북아 경제공동체가 형성된다.

5.2.1 기능의 강화 혹은 약화? 지방 대도시의 경우

이러한 예측이 왜 인과관계를 간과해서 단순화/직선화 오류를 가지게 되는지 알아보자. 아홉 번째에 나오는 '대도시권 기능 강화'를 먼저 살펴보자. 상세한 내용은 다음과 같다(이용우 외, 2009: xv)

> 미래 국토는 서울 부산 대구 광주 대전 등 대도시권을 중심으로 국제교류 업무 상업 문화 산업기능 등이 강화된다. 향후 세계경제는 핵심 도시권의 경쟁력이 국가의 경쟁력을 좌우하는 시대가 된다. 이러한 대내외적 여건변화에 따라, 우리나라도 대부분의 경제활동이 이루어지는 대도시권의 기능이 더욱 강화될 것이다.

저자가 이 책에서 그리고 있는 앞으로의 한국 도시체계 모습과는 정반대이다. 저자는 서울권 하나만의 독주를 예측한다.

따라서, 서울권을 제외한 다른 대도시의 기능강화는 현실화되지 않을 것이라고 저자는 주장한다.

그렇다면 국토연구원의 기존 연구 종합은 어떻게 인과관계를 간과했을까?

각각의 연구나 이론은 나름대로의 인과관계가 정립되어 있는데, 이를 한꺼번에 모아 어떠한 추세를 만들어 내다보니 논리적 오류가 발생하는 것이다.

예를 들어보자. 서울권으로 몰리는 힘은 보고서 작성자 역시 인식하고 있다(이용우 외, 2009: xv, xviii):

> 첨단 과학기술에 기반한 친환경 녹색산업은 고급 인력 유치가 가능하고 시장이 가까운 대도시권에 집적할 가능성이 높다. 이에 따라 수도권과 비수도권, 대도시와 중소도시, 도시와 농촌 간 산업입지의 격차는 더욱 확대될 수 있다.

여러 개의 주장을 모으다 보니, 이러한 '수도권과 비수도권 격차 확대'가 '대도시권 기능 강화'라는 다른 추세에 묻힌 것이다.

'대도시와 중소도시 격차 확대' 역시 비서울권 대도시의 침체 원인으로 작동한다. 비수도권의 대도시는 비수도권 중소도시의 쇠퇴에 영향을 받을 수밖에 없다.

국토연구원 역시 비수도권 중소도시의 쇠퇴에 대해서는 저자와 의견을 같이 하고 있다. 한데, 저자와는 달리, 이어지는 결론은 대도시 위주 발전이다.

논리적으로 보자면, 비수도권 중소도시의 쇠퇴는 비수도권 대도시의 쇠퇴로 이어져야 한다.

한데 국토연구원 보고서에서는 '비수도권 중소도시의 쇠퇴'는 '대도시 성장'으로 이어진다(이용우 외, 2009: xvii-xviii):

> 국토이슈 7. 도시의 미래: 성장하는 도시? 쇠퇴하는 도시?
>
> 경제의 글로벌화, 지식기반경제로의 이행, 글로벌 생산네트워크의 확장 등의 메가트렌드는 해양 이용의 활성화, 녹색 지능형 초고속 교통수단의 보편화, 대도시권 기능 강화 등의 국토트렌드와 함께 도시성장에 영향을 미친다. 지식기반산업의 대도시 입지 선호가 강화되면 산업도시를 제외한 비수도권 중소도시의 쇠퇴가 예상된다. 특히 초고속 광역교통망의 발달로 글로벌 시장과의 접근성이 높고 글로벌 인프라와 양호한 정주여건을 갖춘 대도시 위주의 발전이 두드러지고 상호 네트워킹 강화로 대도시가 성장할 것이다.

'대도시권 기능 강화'에 대한 또 다른 오류를 찾아보자. '해양 이용 활성화'라는 또 다른 추세와 연결시켜 보자. 저자가 보기에, 그 '해양 이용 활성화'는 그 자체가 원인으로 작동해서 '비서울권 내륙 대도시 기능 약화'라는 결과를 낳는다.

먼저 저자 역시 해양이용 활성화 주장에 동의한다는 것을 밝힌다. 해양에너지 이용, 해저자원 및 심층수 개발, 해상도시 건설, 초고속 초첨단 해상교통수단 발전이라는 추세(이용우 외, 2009: 96-99)는 모두 현실화 될 것이다.

하지만 여기서 놓치고 있는 것은 대형 항만의 중요성이다. 가장 주목할 점은 1만 TEU(20피트짜리 컨테이너 한 개) 컨테이너선과 같은 대형 선박을 수용할 수 있는 항만이다. 세계화로 인한 물동량 증가를 가정하면, 컨테이너선이 주도하는 선박대형화 추세는 무시할 수 없다.

대형항만은 관광업과도 관련이 있다. 대형 유람선의 존재가 그 대표적 예이다.

'대형 항만으로 대표되는 해양 이용 활성화'가 '비서울권 내륙 대도시 기능 약화'를 낳는 것이다. 대형 항만을 가지고 있는 부산만이 비서울권 대도시 중에서 어느 정도 버티어 갈 것이다.

'서울권 등장의 전제'를 다루는 7장에서 이에 관련한 내용은 다시 자세히 다루어진다.

6

분석의 두 번째 방법:
'현재에 있는 미래, 사람이 선택하는 미래'

'현재에 진행되는 그리고 사람에 의해 선택되는 미래'라는 접근법은 현재와 미래를 잇는 인과관계가 분명하다. 현재에 있어서 미래의 요소가 사람들에게 어떻게 수용되는지를 살펴본다.

다시 한 번 Cairncross(2001: ix)을 인용해보자!: "새로운 기술이 어떻게 작동하고, 사람들이 이를 어떻게 활용하며, 사람들의 삶에 어떠한 변화를 가지고 올 것인가가 가장 중요하다"

이러한 접근을 하고 있다고 저자가 생각하는 두 가지 미래 전망을 여기서는 다룬다.

하나는 성장동맹 이론(growth machine theory)이며, 다른 하나는 경영학자인 Peter Drucker의 미래전망이다. 주장하는 바는 다르지만, '현재 이루어지고 있는 사람의 선택으로 바라보는 미래'라는 맥락이 동일하다.

6.1 성장동맹과 미국도시 미래: John Logan, Harvey Molotch

Logan & Molotch의 책 "Urban Fortunes: The Political Economy of Place"를 여기서는 살펴본다. 미래도시를 통찰력있게 분류하고 있기 때문이다.

사실 이들이 미국도시 미래를 제시한 것은 오래전이다. 원래 1987년도에 출판되었기 때문이다.

현재의 기준에서 보았을 때도 이 책이 가지는 현실설명력이 그리 떨어지지 않는다고 저자는 생각한다. 2007년도에 발간된 20주년 기념판 서문에서 이들이 자신들의 이전 분석의 장단점을 다음과 같이 이야기한다(Logan & Molotch, 2007).

> 우리가 생각하기, 원문에 묘사된 추세는 거의 모든 경우에, 약화된 것이 아니라 강화되었다. 신자유주의 정책과 성장동맹 역학의 전 세계적 확산은 성장위주 제도가 어떻게 작동하는지에 대한 이해의 중요성을 더해준다 … 우리가 적절히 예측하지 못한 것은 신문사를 사들이고 있는 국제적 미디어 체인이다 …
>
> 몇 군데 우리가 틀린 곳도 있다. 런던의 호황이 전국적으로 퍼질 것이라는 것을 우리는 예측하지 못했다. 미국이 전 세계로부터 석유를 수입함에 따라 휴스턴이 쇠퇴하리라는 우리의 생각 역시 틀렸다.

이 두 명의 성장동맹론(growth machine theory)[36] 주창자는, 미국도시

36 흔히 사용하는 성장기제론이란 표현대신 '성장동맹론'이란 용어를 선택한 이유는 김준우(2010). 『공간이론과 한국도시의 현실』 전남대학교 출판부. 서문을 참조할 것.

들이 미래에는 다음 다섯 가지 역할 중 하나를 수행할 것이라고 전망한다.

> 본사도시
> 혁신중심지
> 모듈생산지 및 처리지
> 제삼세계 상업중심지
> 은퇴중심지

어떻게 사람들이 사용가치와 교환가치를 도시에서 선택하는지에 대한 이념형적 분석이다.

이들이 내리는 미래 전망은 어둡다. 현재 사람들이 내리는 선택은 처한 상황에 따라 다르지만, '이익추구'와 '이익추구가 만들어 낸 난장판'에서의 생존을 위한 어려운 선택으로 이루어져 있다.

6.1.1 본사도시

Logan & Molotch에 따르면, 본사도시는 '방향결정'과 '통제'라는 두 기능을 수행한다.

방향결정 기능은, 뉴욕으로 대표되는 대도시에 자리 잡는 경향을 보인다. 방향결정 기능을 지원해주는 생산자서비스와 함께 해야 하기 때문이다(Logan & Molotch, 2007: 341):

> 기업본사는 일반적으로 다른 사업체의 지원서비스에 의지하여 "방향결정"과 관련된 업무수행을 해낸다. 기업본사는 일반적으로, 다른 사업체의 지원서비스에 의지하여, "방향결정"과 관련된 업무수행을 해낸다.

과거의 마케팅과 비교했을 때, 특정 제품의 마케팅은 훨씬 더 다양한 전문화된 활동을 "처음부터" 해낸다. 금융, 인력관리, 라이선스 계약, 국제적 계약에 대해서 회계회사와 법률회사는 관리직에게 조언한다. 엔지니어-컨설팅 회사와 그래픽 디자인 스튜디오는 제품개발과 포장을 도와준다. 광고회사는 소비자 수요를 자극한다 …

제품개발, 생산, 수입, 유통을 촉진하는 생산자서비스로의 전환이, 미국 경제가 그토록 찬양해온 "서비스업"으로의 전환이다 …

가장 큰 장소에 군집하고 분산의 경향이 제일 작은 것이, 생산자서비스이다. Stephens & Holly(1980: 164)가 이야기하듯이 "방향결정과정은 극단적으로 접촉에 의존한다. 따라서 기업의 대면접촉 필요성을 충족시키는데 제일 적합한 지리적 환경은 크고 경제적으로 다분화한 도심이다" …

은행, 법률, 광고, 회계와 같이 주로 도심(주로 맨해튼)에서 볼 수 있는 분야는, 미국 전역과 국제수준에서 지배적 위치를 가진다.

이와는 달리, 생산효율 향상과 전혀 관계없이 이윤을 만드는 인수합병 활동이 바로 통제기능이다.

이러한 '통제기능'이 현실에서 어떠한 '선택'을 의미하는지 설명한다. 이러한 통제기능 역시 기존 본사도시를 선호한다(Logan & Molotch, 2007: 342-5):

통제와 효율간의 차이는 결정적이다. 다른 집단이 불리해지고 한 집단이 유리해진다면, 통제를 촉진하는 구성요소는 갖춰질 수 있다 …

신마르크스주의자들 역시, 노동과정과 관련해서 비슷한 구분을 해왔다. 예를 들면 노동자 궐기를 만들 노동환경을 만들기보다는, 관리자는 조금 효율성이 떨어지는 것을 감수할 수 있다 … 만약 자본주의적 효율성이 효율성이라면, 이는 '미친 효율성'이다. 생산을 희생하고 통제를 최대화시키는 것은, 생산체제 전체 합리성이 아니라 좁고 가까운 합리성만 충족시킨다.

본사도시의 도시체제에서의 역할을 유지하는 데에도, 기술적 효율성만큼이나 본사도시의 통제적 이점(혹은 자본주의적 효율성)도 중요하다고 생각할 여러 가지 이유가 있다. 하나의 증거는 모든 큰 기업들이 이런 기술적 효율성을 필요로 하지 않는다는 것이다. 규모가 크고 정규적으로 수입을 내는 기업은 도시에서 떨어진 작은 도시에 입지할 수 있다 … 존슨 왁스는 위스콘신 러신, 존디어는 일리노이 올린에 입지해 있다 … 이런 기업은 한 계열의 제품생산에 몰두하고 또 대출과 금융거래에 있어서 보수적인 것 같다. 변두리에 입지하고도 기업이 잘 운영되는 것은, 이 기업이 실제 생산에 치중하기 때문이다.

커가는 본사도시를 이끌어가는 힘은 기술적 관점에서 효율적 생산을 조율하는 것 이외의 어떤 것이라고, 그래서 우리는 생각한다. 생산결과와는 오직 느슨히 연결되어 있는, 기업 금융자산을 지원할 능력에, 본사도시의 실제 이점이 대신 있는 것 같다. … 금융부서 관리자는 회사의 자산을 이용해서 한 회사를 다른 회사와 합칠 수 있고, "적대적 인수" 위협에 대항해서 그러한 인수 시도를 무산시킬 수도 있다 … 망해가는 회사가 가지고 있는 세금 혜택을 얻거나 이익을 내는 회사 자산을 (세금 때문에) 평가절하 시키려고 인수가 이루어지기도 한다. 어떤 때는 "현금창출원"을 장악해서 또 다른 금융거래에 활용하려 한다. 인수하는 회사나 투자집단이 대금을 치르기

> 위해 돈을 빌리고 나서, 점점 더 인수당한 기업의 순익이나 자산을 가지고 대출금을 갚는다. 이는 피인수 기업을 아주 약하게 만들 수 있다(이를 불량채권 junk bond 현상이라 한다) … 현재 인수합병이 진행되는 과정에서는, 회사 안이나 밖에 있는 이들이 사기 칠 수 있는 기회가 많다 …
>
> 이러한 행태는 기존 본사도시를 강화시킨다. 법률, 은행업, 회계를 맡아 지원해주는 기업에게, 이러한 행태는 큰 수수료를 안겨준다. (변호사, 금융가, 중개인의 유용한 집중과 같이) 이러한 과정을 도와주는 지역자원이 생산을 더 효율적으로 만들지는 않는다. 이런 자원은 통제를 더욱 효율적으로 만든다. 얘기되고 있는 생산자서비스 성장이, 통제활동의 증가를 노동력에서 반영하고 있는 것일 수도 있다.

"통제와 조정기능의 비율이 어떻게 되든"(Logan & Molotch: 345), 앞으로도 본사도시의 역할은 계속 커질 것이다.

자유무역의 확대와 다국적 기업의 세계적 진출 뿐 아니라, 기업본사 자체가 부동산과 관련해 가지는 영향력이 크기 때문이다(Logan & Molotch, 2007: 346):

> 본사에게 세를 내어주는 계급은 가장 큰 자원을 가지고 있다. 그리고 (점점 더 지역 부동산 소유주가 되어가고 있는) 세 들어 있는 기업은 전국 단위에서 영향력을 가진다. 본사도시의 입지이점을 유지하려고, 의욕 있고 힘 있는 일련의 사람들이 국가 정책결정을 살피고 또 영향을 미친다는 것을, 이는 의미한다.

6.1.2 혁신중심지

Logan & Molotch의 미래도시 논의는 생산주기에 기초해 있다. 생산주기라는 과정에서, 본사도시와 마찬가지로 높은 위치를 차지하는 도시가 혁신중심지이다.

이러한 생산주기에서의 위치가 혁신중심지와 다음에 다룰 모듈생산지를 구분시킨다.

Logan & Molotch(2007: 347)는 이에 대해 명확하다:

> 사기업, 정부, 비영리 기관에 의해 이루어지는 연구개발은 생산주기에서 꼭대기를 차지한다. 이런 기술적 그리고 조직적 혁신은, 더 반복적 업무를 수행하는 다른 곳에서 적용된다.

혁신중심지는 여러 유형을 가진다(Logan & Molotch, 2007: 347):

> 어떤 의미에서 "생산자서비스"이기도 한 혁신활동은, 생산지나 본사가 입지한 곳에서만 이루어지는 것은 아니다.
>
> Malecki(1980)는 여러 다른 연구개발 입지유형을 정리한다. 기업 의사결정을 직접적으로 지원하는 어떤 연구개발 활동은, 본사도시 내 다른 방향 결정 기능과 인접하여 입지하는 경향을 보인다. 또 다른 경우로는, (제철소의 원자재 실험실과 같이) 기업의 각 공장 인근에 자체 연구개발 시설을 가져야 한다. 낮은 수준 연구개발의 경우, 시설이 넓게 분산된다. 하지만 이들은 기업생산기지 근처에 위치한다.
>
> 마지막으로, 어떤 연구개발 활동은 이러한 제한으로부터 자유롭다. 그래서 큰 대학과 같이 전문노동력과 연구관련 자산 근처에 입

> 지하는 경향을 보인다. 이는 "순수한" 형태의 연구개발이다. 여기서는 혁신이 가지는 고유한 집중효과가 있을 수 있다. 텍사스 오스틴, 매사추세츠 케임브리지, 북부 캘리포니아 실리콘 밸리의 마을들, 노스캐롤라이나 리서치트라이앵글 지역이 이러한 혁신중심지이다.

본사도시와 마찬가지로 자본가와 성장엘리트가 만들고 또 발전시켜나가려고 하는 도시유형이 '혁신중심지'이다(Logan & Molotch, 2007: 347):

> 본사도시의 경우처럼, 이러한 지역들은 그 자체로 '자연적'이지 않다. 자본가와 성장엘리트가, 쓸모 있다고 여겨서, 도움을 준 것이다.

> 우리는 이미 지역성장계획의 중요한 부분으로서 대학촌 발전을 이야기했다. MCC(Microelectronics and Computer Technology Corporation)을 유치하려는 최근의 치열한 경쟁에 대해서도 이야기했다. 고등교육 중심지에 의지하려는 것과 마찬가지로 흔한 것이 (종종 고등교육과 연결되기도 하지만), 성장과 발전을 자극하기 위한 수단으로서 군대와의 계약을 이용하는 것이다. 우리가 여태까지 혁신중심지라고 부르는 것도, 상당한 정도, 전쟁준비 중심지이다 … 군부는 도시성장 배분에 있어서 독특한 영향을 미쳐왔다. 지역 엘리트는 이를 잘 알고 있다. 1차 세계대전과 2차 세계대전의 군사시설에 의존해온 남부의 성장추구 지도자들은, 언제나 큰 규모의 국방비 지출을 선호했다 … 남부 캘리포니아 군수시설과 정부지원 첨단기술단지는 군비지출에 생존을 기대고 있다.

6.1.3 모듈생산지

혁신중심지에서 일어난 기술적 조직적 혁신이 반복적으로 적용되는 곳이 바로 모듈생산지이다.

생산주기에서 하위 과정을 차지하는 이러한 곳에는 혁신이 없는 곳이 가지는 부정적 측면이 있다.

이러한 어두운 면은 현실에서 극단적으로 나타나기도 한다(Logan & Molotch, 2007: 349,353):

> 반복적 경제활동의 장소가 되어가는 도시들은 두 가지 좋지 않은 특성이 있다.
>
> 다른 어딘가 있는 통제하는 곳에, 이 도시들은 종속되어 있다.
>
> 또 도시체제에서 대체가능하다. 세계 각지에서 온 부품을 조립해 차를 만들거나, 전국 각지에서 오는 잡지 구독 신청을 처리하거나, 주변 지역 패스트푸드 체인점에 비밀소스를 배달한다.
>
> 통제센터나 혁신중심지를 구성하는 독특한 조직적 분포가 이런 기업들을 유지시켜 주지는 않는다. 인간생태학 이론에서 이야기할 수 있는 최소한 기준을 충족하기 때문에, 각 장소는 선택받는 것이다.
>
> 유통 중심지는 시장에서 어느 정도는 가까워야 한다. 해군보급기지는 바다를 접하고 있어야 한다. 하지만 이런 조건을 만족시키는 장소는 많다. 그래서 선택된 지역이 협상에서 유리한 고지를 장악하기 힘들다.

(광산업 중심지와 같이) 자연자원과의 접근성이나 (볼티모어에 위치한 사회보장 본부와 같이) 지역이 정부기능을 유치할 수 있는 능력을 통해, 어떠한 모듈 도시는 자신의 유용성을 갖춘다. 전국 무료번호인 "800" 번호 콜센터가 네브래스카 오마하에 입지한 것은, 싼 부동산 가격과 싼 임금과도 관련이 있다(전화 회선이 남아돌고 중서부 억양이 전국적으로 문제가 없다는 점도 도움이 되었다) … 유순하고 저렴한 노동력(Storper & Walker, 1983)과 현대 대량생산 시설을 짓는데 있어 선호되는 넓은 땅 때문에(Beale & Fuguitt, 1978: 157-80:Sassen-Koob, 1984: 146), 대도시 주변의 작은 도시나 농촌 같은 도시도 역시 선호된다.

모듈장소 중에서 가장 낮은 층은, 다른 곳에서 이루어진 생산의 결과로 나오는 사회적 혹은 물리적 폐기처인 장소들이 차지한다. 아베날, 아델랜토, 블라이스라는 캘리포니아 세 도시의 지도자들은 유입되는 돈과 일자리 때문에, 주 교도소를 유치하려 하고 있다 … 워싱턴 핸포드는 발전전략으로서 핵처리장 유치를 반긴다.

6.1.4 제삼세계 상업중심지

'제삼세계 상업중심지'는 '미국의 국경도시'로 이해하는 것이 쉬울 것 같다. 미국 도시의 미래에 대해, 이 두 사람은 언급하고 있다는 것을 다시 한 번 기억할 필요가 있다.

신제국주의라는 표현으로 글은 시작된다(Logan & Molotch, 2007: 353-4):

떠오르는 미국생활의 국제화와 더 투명하게 연결된 또 다른 도시 형태는, 국경에 있는 대도시이다. 미국에서 이런 장소들은 라틴아메리카 나라들과, 구체적으로 미국이 그 나라들의 신제국주의 중심으로 남아있는, 주(州)로 연결되어 있다 …

> 이 도시들에서 상당한 숫자의 중남미 출신 주민들이 있다. 마이애미에는 쿠바 출신 인구가 많다. 텍사스에 있는 엘파소와 브라운스빌은 각각 1980년도에 중남미 출신이 60퍼센트와 70퍼센트였다. 현재 미국에서 열 번째로 큰 도시인 샌안토니오에서, 인구 절반은 스페인어를 쓴다. 다양한 의미에서 샌디애고와 심지어 로스앤젤레스도 (다른 중요한 역할에 추가적으로) 상업중심지 성격을 가진다.

'현재 선택'이 가지는 복잡성을 여기서 볼 수 있다. 저임금 외국인 노동자 집결지로서의 역할이 국경도시의 기본 성격인 것은 분명하다. 하지만 많은 변형을 볼 수 있다(Logan & Molotch, 2007: 353-4):

> 많은 수의 저임금 외국인 노동자 때문에, 국경도시는 주요한 노동력 결집지이다 … 세계 다른 나라를 다 합친 것보다, 미국의 외국 출신 이주민 숫자가 더 많다. 이들 중 많은 노동자들은 불법체류자이다. 이런 불법체류자들은 주로 중남미 출신이기도 하다. 이러한 불확실한 법적 지위 때문에, 불법체류자들은 저임금과 열악한 근무 조건을 잘 감내한다 … 이러한 노동력 공급은 여러 분야에서 중요하다.
>
> 남부도시 중 일부는 (그릇 치우는 사람, 설거지 하는 사람, 방 청소하는 사람과 같이) 직업군 제일 하층에 있는 서비스 노동자를 필요로 한다. 이런 도시들은 저임금 공장에서 일할 노동력도 필요하다. 디자이너와 마케팅 전문가와 제조시설이 가까이 있을 때 가장 잘 운영되는 직종의 경우에는, 특히 이런 저임금 노동력을 필요로 한다. 번성하는 LA 지역 의류산업 종업원의 80퍼센트는 중앙아메리카에

서 온 불법이민자이다 …

첨단기술 분야에서조차, 많은 작은 미국 기업들은 저임금 조립공을 필요로 한다 …

또 다른 변형으로서, 틀에 박힌 제조업은 멕시코 쪽에 그리고 본사와 혁신 활동은 미국 측에 둠으로써, 첨단 기업의 문제를 해결해 주는 경계도시도 있다. 샌디애고-티후아나 만큼 양쪽의 장점을 자본에게 잘 제공하는 입지는 없다. 여기에서는, (인포매그와 같은) 전자산업계가 점점 이런 식으로 입지하고 있다.

국경도시는 금융과 무역중심지로도 작동한다. '상업중심지'라는 표현이 나오는 이유이다.

멕시코와 국경을 맞대고 있는 샌디애고와 중남미 지역과 연계지점인 마이애미가, 대표적인 제삼세계 상업중심지이다(Logan & Molotch, 2007: 355-6):

수입, 마케팅, 수입품 물류를 위한 금융과 무역중심지로서도 경계도시는 작동한다. 수입품 중에는, 마약과 가짜 명품도 있다. 이 도시들은 수출을 하는 곳이기도 하다.

55개 미국 다국적 기업의 중남미 지역 사무소가 입지한 곳이 마이애미이다. 돈은 세탁되거나, 성장하는 마이애미 금융 산업에 의해 흩어진다.

이윤은 달러 환율에 따라 변동하지만, 샌디애고는 멕시코에서 살고 있는 멕시코인 들이 물건을 사러 오는 곳이다.

‘좀 더 높은 사람들’이 선택하는 ‘좀 더 높은 기능’도 이러한 국경도시에서 찾아 볼 수 있다. 미국이 아닌 라틴 아메리카 엘리트가 이러한 도시를 활용하기도 하는 것이다(Logan & Molotch, 2007: 356):

> 라틴 아메리카 엘리트는 이런 도시들을 전문지식의 집결지, 안전한 투자처, 개인 휴양과 문화생활을 위한 공간으로 사용한다.
>
> 물론 이 모든 것은 가능하다. 이민정책, 국외무역, 은행 그리고 제품저작권과 같은 미국 법률과 행정절차에 의해 이는 가능하다. 이러한 법률과 행정절차는, 상품과 사람의 엄청난 흐름을, 특화된 규제와 완화의 관문을 통하게 한다.
>
> 반구(半球) 활동의 상당한 범위에 대한 통제중심지가, 국경대도시이다. 세계급 도시는 아니더라도, 최소한 제삼세계급 도시인 것이, 이러한 도시이다.

6.1.5 은퇴중심지

‘은퇴중심지’ 역시 사람들이 만들어내는 선택의 다양함을 잘 보여준다. ‘은퇴중심지’라는 곳의 등장부터가 그러하다.

노령화가 만들어내는 새로운 미국의 현재도시가 ‘은퇴중심지’이다(Logan & Molotch, 2007: 356):

> 미국 본토 인구의 노령화와 달라지는 노령화의 양상은, 다른 종류의 이주를 만들어낸다. 사람들은 더 작은 수의 자녀를 두고는 더 일찍 퇴직한다. 그리고 장성한 딸 아들과의 관계도 더 악화된다. 이는 많은 수의 노인들이, 특히 날씨가 좋은 미국 남부와 서부에, 지리적으로 집중되게 만든다. 번성하는 많은 남부도시의 성장비결 중

하나가, 60대에서 70대 퇴직인구의 이주이다.

역시 성장을 위한 다양한 선택이 이루어진다(Logan & Molotch, 2007: 356-7)

> 은퇴도시의 성장전략은 다양하다. 어떤 도시의 엘리트는 은퇴자들만 대상으로 하려한다.
>
> 플로리다에 위치한 탬파와 세인트피터즈버그는 은퇴 산업 뿐 아니라 다른 산업도 보태려 한다(Mormino, 1973).
>
> 애틀랜틱시티를 도박휴양지로 만들어낸 성장동맹의 능력은, 은퇴한 노인 뿐 아니라 저소득층의 삶도 무너뜨렸다(Sternlieb & Hughes, 1983).
>
> 플로리다 사우스마이애미비치의 사업가는, '아르데코' 건축 지구를 노인들의 거주지에서 임대료 높은 호텔과 아파트로 바꾸려고 준비하고 있다(O'conner, 1984).

'은퇴중심지'와는 달리 보통의 노인 거주지의 미래는 어둡다. 전형적 노인 근교의 현재와 미래에 대한 (Logan & Molotch, 2007: 357)의 설명은 다음과 같다:

> 전형적 노인 근교는 상대적으로 낮은 평균 임금, 열악한 주택, 그리고 높은 세금으로 대표된다는 것을 우리는 알고 있다(Fitzpatric & Logan, 1985). 직장연금, 사회보장, 기초연금 그리고 지역경제를 지원하는 연방 및 주의 지원에, 이러한 그리 부유하지 않은 환경에서는 기대게 된다. 사회보장국과 개인이 가입한 연금의 미래와, 부가 아

주 연결되어 있다. 초고령자 비율이 늘어남에 따라, 이런 곳들은 의료, 재가간호, 사회서비스에 드는 비용이 지역에서 감당할 수 있는 정도를 넘어가는 문제를 안게 된다. 노령자를 위한 의료보장과 사회서비스 지원을, 만약 연방정부가 민간이나 지방정부의 몫으로 넘긴다면, 이런 지역과 (이 지역에 살고 있는 주민들은) 위기에 처할 것이다.

기대수명이 높은 여성이, 노령 도시인구의 대부분을 차지할 것이다. 이러한 여성들은 별 혜택이 없는 저임금 노동자로 일해 왔을 가능성이 높다. 높은 이혼율과, 이혼 후 소득이 현저히 낮아지는 것 역시(Weitzman, 1981) 문제를 심각하게 만든다. "공간적인 죄수(Rowles, 1980)"가 되어, 사회적 재정적으로 미약한 지역의 지원망으로 인해 노인들은 고통 받을 것이다. 여성이 많고, 자립적이지 않고, 자원이 고갈된, 노인들의 빈민촌이 되어갈지도 모른다.

6.2 대도시 쇠퇴론: Peter Drucker

미래 대도시는 텅텅 빈다고 Drucker(2009)는 주장한다. 일이 있는 곳으로 사람이 이동하는 현상을 그는 주목한다.

텅텅 빈다는 것이 기존 대도시 기능의 소멸을 의미하지는 않는다. 하지만 달라진 기능이 그러한 결과를 가져온다.

정보 중심지로서의 기능하는 미래 대도시를 예상하며, Drucker는 미래 대도시를 중세 대성당에 비유한다:

> 사람이 일이 있는 곳으로 이동하는 것이 아니라, 일이 사람이 있는 곳으로 이동하는 현상은 이미 시작되었다. 특히 신용카드 청구

업무, 건축 설계 작업, 보험 업무와 같은 분야의 일에서 그런 현상이 두드러지고 있다. 앞으로는 많은 사람들이 자택이나 교외의 사무소에서 일하게 될 것이다. 팩시밀리, 화상전화, 화상회의시스템이 철도, 자동차, 항공기 등이 하던 역할을 대신하는 것이다. 1970-1980년대에 일어났던 부동산 붐과 고층빌딩 건설 붐은 대도시의 성공을 나타내는 것이 아니었다. 그것은 대도시의 쇠퇴를 알리는 신호탄이었다. 대도시의 쇠퇴는 비교적 느리게 진행될 것이다.

그러나 우리가 오늘날과 같은 대도시를 더 이상 필요로 하지 않는다는 것은 분명하다. 적어도 현재와 같은 형태와 기능을 하는 도시는 필요하지 않게 될 것이다. 앞으로 도시는 일하는 장소라기보다는 정보의 중심이 될 가능성이 높다. 뉴스나 데이터, 음악의 발신지가 될 것이다.

앞으로의 대도시는 중세의 대성당을 닮을 가능성이 높다. 당시 시골에 살았던 농민들은 1년에 한두 번씩 큰 축제가 있을 때마다 도시의 대성당으로 모여들었다. 평소의 대성당은 학식 있는 성직자나 부속학교의 교사들 외에는 거의 오가는 사람 없이 비어 있을 것이다(Drucker, 2009: 311-2).

이 장에 나오는 내용은 '현재의 선택'이라는 측면에서 참조하면 유익하다. 이러한 참조점은 다음 장에서 나오는 '서울권 등장의 전제'와 연결된다.

7

'현재에 나타나는 선택받는 미래': 서울권 등장의 전제

여기서는 사람들이 미래를 현재에서 어떻게 받아들이는지를 미래 추정의 기준으로 삼는다.

기술을 예로 들어 보자. 기술을 사람들은 미래와 동일시한다. 잘못된 접근법이다.

기술 자체가 가지고 있는 가능성만을 보아서는 안 된다. 현재 사람들이 그 기술을 받아들이는 방식을 살펴보아야 한다는 것이다.

'선택'과 '현재'라는 두 개가 있어야, 미래를 조망할 수 있다. 이러한 기준으로, 서울권 등장의 전제를 제시한다.

7.1 기존 기반시설의 새 중요성: '초대형' 항만과 공항

6장에서 언급한 모듈생산지 개념은, 내륙 지방도시가 쇠퇴할 것이라는 것을 알려준다.

본사도시나 혁신중심지처럼 생산주기 과정에서 높은 위치를 차지하지 못하는 도시가 모듈생산지이다. 이러한 곳이 환경적 이점까지 갖추지 못하였을 경우, 어려움은 쉽게 예측할 수 있다.

유리한 환경을 사람들이 현재 선택한다면, 미래에도 선택할 것이다. 대표적인 이러한 유리함으로서는, 큰 항만과 큰 공항을 들 수 있다.

세계화의 진전은 전통적 기반시설인 항만의 대형화를 요구한다. 에너지 절감, 이산화타소 배출량 감소, 비용절감 등의 이유로 선박 대형화는 급속히 진행 중이다.

경제성이 큰 거대한 규모의 배는, 거대한 항구를 필요로 한다. 1만 TEU급 선박은 같은 양의 컨테이너를 수송할 때 4,000 TEU 선박보다 비용이 37.4% 절감되고 6,000 TEU보다는 26.4% 줄일 수 있다. 이렇다 보니 1만 TEU 이상 선박의 부산항 입항은 2008년에는 4척에 불과했으나, 2012년에는 329척에 이른다(국제신문, 2013).

이렇게 컨테이너를 만개이상 싣는 선박이 접안하기 위해서는 수심이 17m가 되어야 한다. 부산 신항의 경우 평균 수심은 15m이지만 항로입구는 17m를 확보한 상태이다(연합뉴스, 2014).

초대형규모를 갖춘 항만이 중요해지면서, 상대적 혜택을 보는 도시는 제한적이다. 자연적 조건이 현재와 미래에도 얼마나 영향을 미치는지 실감할 수 있는 부분이다. 부산, 광양과 같이 손에 꼽을 수 있는 바닷가 도시만이 현재 초대형 선박 접안이 가능하다.

현재의 '정치적' 선택도 중요하다. 이러한 기반시설의 경우, 자연조건만이 아니라 정책적 요인 역시 중요하다. 한국에서 부산과 광양이라는 두 개의 대표적 항만을 키울 것이냐 아니면 부산 하나로 집중해야 하느냐는 단순한 기술적 문제가 아니다. 정치적 현안으로서 불씨를 유지해온지 오래이다. 준설을 통한 수심 늘이기나 배후시설 확충 등은 대부분 국비로 이루어진다. 애초부터 정치적일 수밖에 없다.

현재의 정치는 서울권에서의 항만 시설 확충을 선호한다. 서울 강남과 도로로 쉽게 연결되는 매립지 송도 신도시 남쪽에 건립되는 인천

신항이 그 대표적인 사례이다.

송도 국제도시 남쪽에 컨테이너선 전용 부도인 인천신항이 2015년 개장했다. 130년 전 처음 개항한 인천항의 '제2의 개항'인 셈이다. 배후 물류 기반시설도 현재 계속 확충해 가고 있다.

기반시설인 공항 역시 서울권에의 정책적 선호가 계속되고 있다. 인천공항 역시 정책적으로 지속적인 투자가 이루어지고 있다.

2001년 개항 이후 2007년에는 제3활주로를 건설하는 2단계 사업을 마친다. 제2여객터미널 건설을 골자로 한 3단계 사업은 2017년 완공된다. 2023년 '연 1억명 시대'를 대비한다면서, 2018년에는 제4활주로를 착공한다. 4단계 사업에는 총 4조2,000억 원이 투입된다. 제2여객터미널 확장, 제4활주로 신설, 계류장 및 연결교통망 등을 확충하게 된다(뉴스1, 2018).

점점 더 국제적 공항과 항만을 갖추게 되는 서울권은 다른 도시에 비해 큰 우위에 서게 될 것이다.

고부가가치 화물의 운송과 고급인력의 왕래에 필수적인 국제공항의 기능 강화는 여러 고차서비스들이 서울권역에 더 손쉽게 입지할 수 있게 만들 것이다.

국제공항과 관련해서는 세계도시론을 주장하는 Sassen과 Friedmann의 이러한 세계도시에 대한 가설 중 하나를 한번 되짚어 보는 것도 유익하다(Hill & Kim, 2000):

> 세계화의 진전과 소유권의 집중은 초국적 기업의 세계적 영업을 통제하는 세계적 통제기능을 더 많이 필요하게 한다. 이러한 기능은 교통이나 통신과 같은 기반시설을 갖춘 몇 개의 도시에 입지한다.

서울권역에서 벗어난 나머지 도시들은 공항과 항만이라는 기반시설의 조합에서 그 위치가 매겨질 것이다.

인천공항과는 비교되지 않지만 그래도 실질적으로 작동하는 국제공항인 김포공항과 세계적 항구를 가진 부산은 다른 도시들에 비해 훨씬 유리하다.

어느 정도의 항구나 공항을 가진 도시가 그 다음에 서 있을 것이다. 사실 기능을 하고 있는 국제 공항을 모든 도시가 가지고 있지는 않다. 도심 공항과 무안 국제공항을 가진 광주광역시와 공항 접근성이 떨어지는 전주는, 큰 차이를 보인다. 전남 여수와 같이 대형 크루즈 접안이 가능한 곳은 다른 전남 바닷가 도시와는 비교할 수 없는 이점을 가진다.

가장 불리하고 또 불리해질 도시는, 이러한 국제 공항과 항만을 갖추지 못한 내륙도시이다.

현재 가장 불리하고 또 앞으로 더 불리해질 도시는, 이러한 미래형이 아닌 현재형 기반시설도 없는 내륙도시이다.

김천과 같이 고속도로와 철도 접근이 용이한 곳은 '현재'와 '미래'가 모두 없는 내륙도시보다는 이점을 가진다.

7.2 계약기반 다국적 기업

세계화의 미래 주역으로, Drucker(2007)는 다국적기업을 꼽는다. 하지만 20세기 다국적 기업과는 그 조직적 성격이 다를 것이라 지적한다. 앞으로의 다국적 기업은 계약을 기반으로 한 전 지구적 조직이다:

> 통계적으로 보면 다국적 기업들이 세계경제에서 차지하는 비중은 1913년 수준과 매우 유사하다. 그러나 그때와는 매우 다른 역할을 하고 있다. 1913년 다국적 기업들은 해외에 지사를 갖고 있는 국내기업들이었다. 해외지사는 자급자족이었고, 정치적으로 구획된 국경 내에서만 영업활동을 했으며, 고도로 자율적이었다. 오늘날 다국적 기업들은 제품 또는 서비스를 중심으로 전지구적으로 조직을 구성하는 경향이 있다. 그렇지만 1913년의 다국적 기업과 마찬가지로, 오늘날의 다국적 기업들도 동일한 소유주 아래 통합되어 있으며 또한 통제받고 있다.
>
> 그러나 이와는 달리, 2025년경의 다국적 기업은 틀림없이 전략을 따라 통합되고 또 통제될 것이다. 물론 소유권은 여전히 존재할 것이다. 그러나 전략적 제휴, 조인트벤처, 소수주주권, 기술계약, 그리고 각종 계약을 바탕으로 차츰 연합조직을 만들어 블록을 형성하게 될 것이다(Drucker, 2007: 23).

계약의 중요성에 대해서는, Toffler(1995) 역시 동의한다. '제2물결' 조직이 수직적 통합으로 더 많은 기능을 축적하여 비대하다면, '제3물결' 조직은 수직적인 아닌 실질적 조직이다.

기능을 빼거나 하청을 줌으로써 날씬한 상태이며, 조직 자체가 '계약들의 집합체'이다(Toffler, 1995: 163-164):

> 제2물결 조직체들은 수직적 통합의 충동을 억제하기가 힘들다 - 그렇기 때문에 자동차를 생산하고자 할 때는 철광석을 캐서 제철소로 운송하여 강철을 만들고 이를 자동차공장에 운반까지 해야 직성이 풀린다.

이에 반해 제3물결 회사들은 가능한 여러 가지 일을 외주 처리하고 더 빨리 싼 값으로 일을 처리할 수 있는 소규모의 전문화 한 하이테크 업체나 심지어 개인들에게까지 하청을 주는 경우가 많다.

한계에 이르게 되면 기업체는 의도적으로 감량을 단행하여 직원을 최소한으로 줄이고 영업지역을 분산함으로써 조직 자체가 버클리 대학의 윌리엄슨(Oliver Williamson)이 말하는 이른바 '계약들의 집합체(nexus of contracts)'로 변하게 되는 것이다.

세계화는 기업들의 변화하는 생산방식과도 연관이 있다.

기존의 대량생산은 고도로 주문화한 제품의 단기적 생산방식으로 바뀌어 나간다.

대량유통은 시장분할과 소량유통으로 바뀐다(Toffler, 1995: 57-58). 소비시장에서의 탈대량화가 일어나는 방식은 다음과 같다(Toffler, 1995: 57-58):

소비자 요구의 다기화(多岐化)와 양질의 정보 제공으로 기업이 소규모시장을 파악하여 서비스를 제공할 수 있게 되면서 대량시장 자체가 차별화한 틈새시장으로 분할되고 있다. 각종 전문점, 부티크, 슈퍼마켓, TV 가정쇼핑 시스템, 컴퓨터를 이용한 구매 등 여러 가지 제도는 생산자들이 갈수록 탈대량화하는 시장에서 고객들에게 상품을 유통시킬 수 있는 더욱 다양한 채널을 제공해 주고 있다.

새로운 생산방식이 어떻게 세계화를 심화시키는지에 대해서는 Drucker (2007)의 설명을 참조할 수 있다.

자급자족적 통합이라는 기존의 기업 생산 방식으로부터의 변화에 대해, Drucker(2007)는 세 가지 이유를 제시한다.

그 중 한 가지는 정보혁명이 일어나기 훨씬 전부터 생겨난 재무제표 독해력의 증가와 확산이다.

나머지 둘은 다음 절에서 다룰 정보화 사회의 도래와 지식 자본주의와 관련이 있다. 단순한 생산과 상품의 지리적 확대가 아닌 기업 활동이 세계적 수준에서 계약관계로 형성되어 가는 것이다:

> 포드가 추구한 자급자족적인 포드자동차는 운영하기 어렵다는 것이 증명되었고, 결국 재난으로 끝났다. 기업은 최대한 통합을 추구해야 한다는 오래 된 경영격언은 지금 거의 완벽하게 파기되었다. 그 한 가지 이유는 어떤 활동에 필요한 지식이 고도로 전문화되었기 때문이다.
>
> 따라서 지식은 점점 더 비싸게 매겨지고, 한 기업 내의 모든 주요한 과업을 수행하기에 충분한 정도의 많은 지식을 보유하는 것 역시 차츰 더 어려워지고 있다. 그리고 지식은 끊임없이 사용되지 않으면 급속히 쓸모가 없어지고 말기 때문에, 기껏 간헐적으로만 사용되는 지식을 조직 내에 보유하는 것은 비효과적인 기업이 되는 지름길이다.
>
> 최대한 통합이라는 개념이 더 이상 필요 없게 된 두 번째 이유는 커뮤니케이션 비용이 너무도 빠르게 하락해 무시할 정도로 되었다는 점이다. 커뮤니케이션 비용이 하락하기 시작한 시기는 정보혁명이 이어나기 훨씬 전이었다. 아마도 가장 큰 이유는 재무제표 독해력(business literacy)의 증가와 확산이라고 보는 것이 옳을 것이다. 록펠러가 스탠더드 오일 트러스트를 설립했을 때, 그는 가장 초보적인 수준의 장부기장 능력을 갖고 있는 사람 또는 회사에서 가장 자주 사용되는 용어를 들어본 적이라도 있는 사람들을 구하는 데 큰

어려움을 겪었다 …

> 오늘날에는 새로운 정보혁명 - 인터넷과 전자우편 - 이 커뮤니케이션에 드는 물리적 비용을 사실상 없애버렸다. 이것은 가장 생산적이고도 가장 수지맞는 조직방법이 분리해체되는 것임을 의미한다. 이런 관점은 점점 더 많은 조직 활동들에 적용된다.
>
> 조직의 정보기술 관리, 데이터 프로세싱, 그리고 컴퓨터 시스템의 아웃소싱 등은 일반화 되었다. 1990년대 초, 대부분의 미국 컴퓨터 회사, 예컨대 애플은 심지어 하드웨어 생산마저도 일본과 싱가포르의 제조업체에 아웃소싱 했다(Drucker, 2007: 67-68).

이러한 계약을 이어주는 주체로서 다국적 기업의 중요성은, John Friedmann과 Saskia Sassen이 주도적으로 이끌어간 세계도시론이 조금은 다른 맥락에서이지만 앞으로도 유효하다는 것을 보여준다.

계약을 이어주는 장소로서의 세계도시의 중요성은, 기업의 탈통합화와 더불어 발생하는 계약관계의 양적 질적 확장으로 인해 더욱 강화될 가능성이 많다.

여기서도 Sassen과 Friedmann의 세계도시에 대한 가설 일부를 살펴보자(Hill & Kim, 2000):

> 세계적 통제기능은 금융과 생산자서비스로 대표되고, 초국가 자본가 계급이 세계도시를 움직인다.

이러한 세계화의 계속되는 진전은, Friedmann의 예측대로 서울을 다른 한국 도시와는 더욱 더 구분되게 만들 것이다. 세계도시는 그 도시가 속한 국가의 다른 도시들과는 점점 더 달라지고 여타 다른 세계도시들과 유사해진다는 세계도시의 또 다른 명제가 현실화되는 것이다.

과거의 서울은 국가주도 산업화 과정에서 탄생한 대기업의 본사가 위치한 곳이다. 현재의 서울에서는 점점 더 비슷해지는 다국적 기업들의 계약활동 중심지로서의 모습이 늘어나고 있다.

대면접촉의 중요성 역시 계약활동 중심지 서울의 입지를 굳혀주는 요인이다. 생산자서비스(producer services)가 뉴욕과 런던과 같은 도시에서 자리 잡는 이유는 바로 정보통신기술이 대면접촉을 대신해주지 못하기 때문이다. 6장 성장동맹론에서 본사도시의 기능을 통제로 보는 것도 비슷한 맥락이다. 성장동맹론에서는 이 과정을 자세히 설명하지 않는다. 하지만, 저자는 통제가 대면접촉 없이 이루어지기 어렵다고 생각한다.

이러한 계약과 더불어 본사도시의 강세를 짐작할 수 있는 또 다른 요인이 부동산 투기이다. 앞서 6장 본사도시에서 언급된 바 있다.

세계도시론과는 부동산을 연관시킨 본사도시에 대한 통찰은, 서울에도 적용가능하다. 최근 몇 년 동안 국내 대기업들의 서울 부동산 개발은 활발했다.

가장 논란을 불러일으킨 예가 2014년 현대자동차의 강남 한전부지 매입이다. 도시정책에 영향을 미칠 수 있는 강자인 다국적기업이, 서울 도심에서 대규모 부동산의 소유주로서 존재하는 것은 큰 의미를 가진다.

7.3 지역공동체 안정성을 파괴하는 지식자본주의

지식사회 역시 조직사회이다. 아무리 특수한 전문지식이라 하더라도 어떤 과업과 연결되었을 때에만 생산적이기 때문이다(Drucker, 2000:

188).

따라서, 지식근로자 역시 조직을 필요로 한다. 물론 이들이 조직과 맺는 관계는 이전보다 수평적이다:

> 효과가 있는 지식은 전문화된 지식이다. 즉 지식근로자는 조직에 접근할 필요가 있다는 의미다.
>
> 이 경우 조직은 여러 종류의 지식근로자들을 한데 묶고 또 그들의 전문성을 공동의 목적, 즉 제품생산에 적용하는 집합체인 셈이다 … 그러나 반대로 학교는 수학교사를, 회사는 제품개발 전문가를, 그리고 PC 제조업자는 소프트웨어 프로그래머를 필요로 한다. 그러므로 지식근로자들은 자신들의 서비스를 구입하고 있는 고용주들과 동등한 사람으로, 다시 말해 스스로를 '종업원들'이 아니라 '전문가들'로 인식하고 있다.
>
> 지식사회는 상사와 부하의 사회가 아니라 고참자와 신참자로 구성된 사회다(Drucker, 2007: 42-43).

이러한 지식사회는 기존 사회에 여러 측면에서 불안정성을 불러들인다. 먼저 지식사회는 지식사회 일원들의 직장생활 양식을 바꾼다. 조직원에게 이전보다 훨씬 더 빠른 변화를 요구한다:

> 조직은 끊임없는 변화를 전제로 만들어지지 않으면 안 된다. 조직의 기능은 지식을 작업도구에, 제품에, 그리고 제조공정에 적용하는 것이며, 작업 디자인에 활용하는 것이며, 지식 그 자체에 응용하는 것이다.

지식은 빨리 변하며, 오늘 확실했던 것이 내일은 언제나 어리석은 것이 된다는 것이 지식의 본질이다.

개인이 가진 자질은 천천히, 그리고 가끔 변한다. 만약 고대 그리스 시대의 석공이 오늘 다시 환생해 채석장에 가보았다고 가정하자. 그가 느낀 단 하나의 중요한 변화란 묘비에 대한 디자인의 차이뿐일 것이다. 사용하는 도구도 같다. 다만, 손잡이에 전기배터리가 달려있을 뿐이다. 인류의 역사를 통틀어 보아도, 장인들은 도제로서 배우고 닦아야 할 기술과 자질을 5년 또는 7년 정도 배운 후 나이가 18~19세에 이르면 남은 생애동안 필요한 모든 것을 갖추게 된다.

그러나 조직사회에서는 어떤 분야의 지식을 갖추고 있는 지식인은 4~5년마다 새로운 지식을 습득해야 하며 그렇지 않으면 그의 지식은 진부해지고 만다고 가정해야 한다(Drucker, 2000: 189-190).

이렇게 변화를 요구하는 지식에 기반한 조직사회는, 기존 사회 기관이 유지하고 있던 안정성 역시 깨뜨린다.

사회, 지역사회, 그리고 가족은 모두 보존기관이다. 이들은 안정을 유지하려고 하며, 변화를 막으려 애쓰고 적어도 변화를 더디게 하려고 노력한다.

그러나 현대의 조직은 하나의 안정파괴자다. 현대의 조직은 혁신을 위해 조직되어 있으며, 그리고 혁신은 위대한 오스트리아계 미국 경제학자 요제프 슘페터에 따르면 「창조적 파괴」다. 그리고 조직이란 기존의 구조와 관습적인 것, 친숙하고 따뜻하게 느껴지는 것 - 제품이든 서비스든 제조공정이든, 기술군이든, 개인과 개인의 사회적 관계든, 또는 조직 그 자체든 간에 - 이라면 무엇이든 체계적 폐기를 하는 것을 전제로 형성되어 있다(Drucker, 2000: 89).

이러한 파괴적 속성은 지역격차에 영향을 미친다. 지식사회의 안정성 파괴 특성은 지식사회에서 낮은 수준에 머물러 있는 지역의 서비스 제공기관(예를 들어 병원)이 여태까지 가져온 안정성을 무너뜨린다. 다음의 지문은 이러한 점을 설명해준다:

「자본주의 이후 사회」의 모든 조직들은 끊임없이 지역사회를 뒤집고, 해체하고, 그리고 불안정하게 만든다는 것을 의미한다. 조직은 기술과 지식에 대한 요구를 바꾸어야만 한다. 모든 공과대학이 물리학을 가르치기 시작할 바로 그 시점에, 조직은 유전 공학자를 필요로 한다. 은행이 대출 분야에서 가장 큰 이익을 올릴 바로 그 때, 투자전문 종업원이 가장 중요한 상담요원이 되고 있다.

또한 기업은 지역사회의 많은 사람들이 일하고 있는 공장을 자유스럽게 폐쇄할 수 있어야 한다. 그리고 장인기술을 배우기 위해 몇 년간 애를 먹은, 나이가 지긋한 모형기술자를 컴퓨터 시뮬레이션을 할 줄 아는 25세 젊은 재주꾼으로 갈아치워야 한다. 이와 마찬가지로 산과에 대한 지식과 기술이 변하게 되면, 병원들은 신생아 출산 업무를 독자적인 출산센터에 맡길 수 있어야 한다.

그리고 의학지식의 변화, 기술의 변화, 그리고 관습의 변화 때문에 200병상 이하의 병원이 비경제적일뿐더러 1급의 치료서비스를 제공하지 못하게 될 경우에는 우리는 그 병원을 폐쇄할 수 있어야만 한다. 어떤 병원 - 또는 학교나 어떤 지역사회의 기관 - 이 사회적으로 제 기능을 못하게 되면, 우리는 그 병원을 폐쇄해야 한다.

> 만약 인구구조의 변화, 기술의 변화, 또는 성과향상을 위해 필요한 지식이 달라지면, 그 병원이 아무리 지역사회에 깊이 뿌리박고 있고 사랑을 받아도 마찬가지이다(Drucker, 2000: 193-194).

한국의 일반 시민들 역시 이러한 안정성 파괴의 양상을 인식하고 있다. 수도권 지역의 몇몇 병원에 전국 각지로부터 환자들이 쇄도하는 현실은 이를 그대로 보여준다.

말 그대로 "1급의 치료서비스"를 제공하지 못하는 지방의 종합병원들은 지역민으로부터 점점 외면 받고 있고 이러한 양상은 앞으로 가속화될 것이다.

세계적 수준의 종합병원을 가지고 있는 도시와 가지고 있지 못한 도시의 구분은 한국에서 점점 두드러질 것이다.

'빅5' 병원을 가지고 있는 서울권은 더 독점적 지위를 형성해 갈 것으로 예상된다. 여타 대도시 종합병원 진료수준과 서울권 진료수준 격차는 더 벌어질 것이다.

비서울권 도시는 서울 접근성으로 위치가 매겨진다. KTX가 잘 연결되는 도시는 어느 정도 버틸 수 있다.

7.4 전자상거래의 확산

6장에서는 텅 빈 대도시를 언급하였다. 저자는 이 주장 일부에 동의한다.

도시가 가지고 있는 이전의 기능과 이에 따른 물리적 형태는 필요하지 않을 것이다.

하지만 이유에 관해서는 생각이 다르다. 저자는 전자상거래의 확산을 더 큰 이유로 제시한다.

양상에 있어서도 생각이 다르다. 쇠퇴는 모든 도시에 공통적으로 일어난다. 단지 정도가 다를 뿐이다.

전자상거래의 혁명적 중요성을 잘 인식하는 이 중 하나는 사실 Drucker 자신이다. 단지 그는 이러한 현상이 도시의 여러 상업활동에 미칠 영향에 대해 생각해보지 않았을 뿐이다.

그는 경제 전반에 미치는 전자상거래의 중요성에 대해서는 잘 인식하고 있다(2009: 86):

> 새로운 유통채널은 고객과 그들의 구매 방법뿐만 아니라 구매 상품 자체를 바꾸고 있다. 전자상거래는 소비자의 행동을 바꾸고, 저축성향을 바꾸며, 산업구조까지 바꾸고 있다. 한마디로 말해 전자상거래가 경제 전체를 바꾸고 있다.

바꾸어진 소비자의 구매행태는 도시에 자리잡은 전통적 도소매 매장들을 철수시키거나 축소시킨다. 가게에 들어가서 물건을 살펴보지만, 흥정을 하는 것이 벌써 현재의 일상이다.

다시 말하지만, 전자상거래의 확산은 모든 도시에 공통적으로 도소매업을 쇠퇴시키고 있다. 이는 미래에 더욱 가속화될 것이다.

인구수에 따른 산업 분화에 기반한 기존 중심지이론은 일대 수정을 요할 것이다.

공통적인 도소매업 쇠퇴에도 불구하고, 전자상거래는 그 나름대로 도시를 서열화하는 요인으로 작동할 것이다.

서열화는 6장에 나오는 5개 도시유형별 서열을 더욱 분명하게 할 것이다.

전자상거래를 주도하는 기업의 경우, 본사도시나 혁신중신지에 자리를 잡는다. 전통적인 기존의 본사도시나 정보통신 연구 활동 기반을 갖춘 혁신지를 선택할 것이다.

이공계 고급인력 유치에서의 장점과 본사도시로서의 기존 입지성이 결합한 서울권은 독보적인 이점을 점한다.

그 다음의 도시는 앞서 언급한 기존 기반시설인 공항과 항만을 갖춘 도시이다. 물류중심지로서 창고기능을 수행할 수 있기 때문이다.

내륙 소비도시는 가장 큰 타격을 입을 것이다. 가장 직관적으로 이해가 쉬운 사례는 대구의 롯데백화점 대구역점이다. 이른바 역세권 백화점으로서 고객의 27%는 외지이며, 이들이 일으키는 매출 비중 역시 25%이다(영남일보, 2012). 전자상거래의 일상화는 이러한 기존 소비의 중심지를 공동화시킬 것이다.

그나마 상대적으로는 대도시가 중소도시보다는 덜 쇠퇴할 것이다. 따라서 쇠퇴는 도시의 성격에 따라 상이할 것이다.

대도시권 인근 아울렛은 단순한 도소매 성격을 뛰어 넘는다. 그 자체가 집객효과를 가진다. 대도시보다 중소도시에서 도시쇠퇴가 더 두드러질 것으로 예상된다.

대도시 주변의 물류창고로 대변되는 현지 배송기능 역시 그 규모를 늘여간다. 물론 기존 도소매업의 쇠퇴를 경제적으로 만회할 정도는 되지 않을 것이다.

중소도시는 경험해보지 못한 상업활동 침체가 기다리고 있다. 4장 도시소멸론에서의 대처 전술은 남의 일이 아니다. 특히나 공공서비스 제공이 한국에도 현재에도 절실하다. 앞으로는 더 절실해질 것이다.

물론 상업활동은 단순하지 않다. 상품을 살펴보아야 하는지, 전문지식을 가진 영업사원과 의사소통하지 않아도 구매가 용이한지, 대량생산이 용이한지, 배송비용이 저렴한지, 세금을 내야하는 공식 경제 부문에 속하는지의 등의 여부 역시 함께 작동할 것이다.

7.5 복지 서비스 제공자로서 국가 역할 존속

복지 서비스 제공자로서 국가는 현재에도 역할을 이어가고 있으며, 이는 미래에도 계속될 것이다. 일부 미래학자들의 대규모 조직 붕괴 예측은 현대사회의 광범위한 복지서비스 제공이라는 현실을 무시하고 있다.

세계화의 진전에도 불구하고, Drucker는 민족국가의 끈질긴 생명력을 강조한다:

> 적어도 지금까지는 세계의 정치공동체에서 정치적으로 통합을 이루고 또 효과적으로 구성원을 형성할 수 있는 능력을 가진 조직은 민족국가 말고는 달리 없다.
>
> 그러므로 여러 가지를 종합해볼 때, 민족국가는 경제의 글로벌화, 그리고 그에 동반한 정보혁명에도 불구하고 살아남을 것이 분명하다. 하지만 그것은 매우 변화된 민족국가가 될 것으로 보이는데, 특히 국내 재정 정책과 화폐정책, 대외 경제정책, 국제경영에 대한 규제, 그리고 아마도 전쟁행위에 대해 큰 변화를 겪을 것이다.(Drucker, 2007: 306)

이는 행정중심지의 지속적인 중요성을 의미한다. 미래에도 행정기관이 입지한 곳이 그렇지 않은 곳보다는 상대적으로 유리할 것이다.

대구, 대전, 광주와 같은 도시들은 기존 행정조직의 잔존으로 같은 조건의 다른 도시보다는 유리하다. 같은 내륙 소비도시라도, 행정중심지가 아닌 곳은 앞으로 더 큰 어려움에 직면할 가능성이 크다.

7.6 삶의 질에 대한 강조

삶의 질은 6장에서 언급한 '은퇴중심지'와 직결되어 있다. 따뜻한 곳으로 나이들어 몰려가는 사람들은 분명한 현실을 이루고 있기 때문이다.

물론 한국도시에서도 부상하고 있는 존재이다. 제주도의 성장세를 은퇴중심지와 관련해서 생각해 볼 수 있다. "사람들은 더 작은 수의 자녀를 두고는 더 일찍 퇴직한다 … 장성한 딸 아들과의 관계도 더 악화된다(Logan & Molotch, 2007: 356)"는 당시 미국의 사정 역시 현재 한국과 유사한 면이 있다.

물론 삶의 질에 대한 강조는 과장된 면이 많다. 일이 아니라 삶의 질을 보고 사람들이 살 곳을 정한다는 것은 일부에 불과하다.

하지만 삶의 질에 대한 관심이 커진 것은 사실이다. 이는 세계화와 지식자본주의의 주역인 지식노동자가 가지는 일자리 선택의 폭이 커졌다는 것과 관련 있다. 원한다면 바닷가에 있는 외국 도시를 직장터로 삼을 수 있는 것이 현실이다.

역설적으로 삶의 질이 중요해지는 것은, 잘 나가는 도시가 되기가 점점 더 어려워진다는 것을 의미한다. 성장동맹론에서 나오는 본사도시나 혁신도시를 인위적으로 만들기가 점점 힘들어진다는 의미이다.

노력으로 되지 않는 부분이 커지기 때문이다. 애를 키우기 좋고, 안전하면서도 자유분방하며, 병원 걱정이 없고, 공해로부터 자유로운 도시라는 어려운 조건이 따라붙는 것이다.

이러한 구체적인 요구사항은 사회적이며 동시에 자연적이다. 예를 들어, 중국 베이징의 대기오염은 세계적 본사도시나 혁신도시로서의 도약을 방해할 정도로 심각하다. 미국 실리콘 벨리의 역사를 살펴볼 때 온화한 기후가 과학자의 이주에 영향을 크게 미쳤다. 이는 널리 알려진 사실이니, 생각해 볼 필요가 있다.

삶의 질은 첫 번째는 아니어도 두 번째나 세 번째 고려사항은 될 수 있다. 생계의 수단으로서의 일자리에 급급하지 않은 전문지식인은 여러 가지를 고려할 여유를 가지고 있다.

또 삶의 질 강조는 역설적으로 가진 자에게 유리해 질 수 있다. 기본적으로 삶의 질은 가진 자의 편에서 요구하기 쉽기 때문이다.

다음은 John Friedmann의 7가지 세계도시 가설 중 하나이다. 기업과 기업에 고용된 전문가들의 입장에서 어떻게 삶의 질을 추구하는지를 보여주고 있다(Friedmann, 1986: 69-83):

> 외국에서부터이건 자국 내로부터이건, 가난한 노동자의 급격한 세계도시 유입은, 사회적 재생산을 위한 대규모 요구사항을 만들어 낸다. 주택, 교육, 의료, 교통, 복지 등이 이에 해당한다. 초국적 자본을 위한 경제적 기반시설과 지배엘리트의 자신만의 사회적 재생산을 위한 요구사항과, 이러한 수요는 대치점에 점점 놓이게 된다.
>
> 이러한 경쟁적 투쟁에서, 가난한 이 특히나 새로 온 이민자 집단은 밀리게 된다. 국가 예산은 정치권력의 전반적 균형점을 반영한다. 기업들은 세금면제가 될 뿐 아니라, 이런 저런 방식으로 후하게 보조금이 주어진다. 초국적 기업에 관련해 먹고 사는 사회계급들은, 보통 성공적으로, 자신들을 위한 도시쾌적성이나 서비스를 요구한다. 자본축적의 부담이 정치적 최약자와 가장 비조직화된 집단에게 체계적으로 전가되는 재정적 사회적인 지속적 위기가, 이의 전반적 결과물이다.
>
> 이들 자신들의 정당한 요구를, 기업과 국가에 맞서 주장하는 것은, 어느 곳에나 있는 경찰 탄압 때문에 더욱 더 제한된다.

삶의 질을 추구하는 전문가들이 몰려오는 곳에 보통 사람들은 살 곳을 찾지 못하고 먼 외곽으로 밀려난다. 밀려나지 않은 이들은 높은 물가와 고급차 물결에 시달린다.

외국 이야기이기도 하지만, 제주도의 현재이기도 하다. 마지막 장에서 주거를 비롯한 공공서비스 제공을 강조하는 이유이기도 하다.

7.7 생산과 혁신의 근접화

생산과 혁신의 근접화는 어쩔 수 없는 '밀려드는 밀물'과 같은 추세이다. 이 책이 시점이 '현재에서의 미래'인 이유를 잘 보여주는 사례이기도 하다.

생산과 혁신의 근접화는 몇 가지 요인으로 급속히 진전된다. 수도권에 공장이 계속 집중되는 현실은 앞으로 더 가속화 될 것이다. 첫 번째로는 정보통신 기술의 생산과정 적용과 고도화되는 자동화로 인해 인건비 부담이 감소된다는 점이다. 비수도권의 낮은 임금이 큰 이점으로 작동하기 어려워진다는 것이다.

두 번째로는 새로운 기술의 상용화(3D printer 등)로 따로 대량생산을 위한 공간을 멀리 마련할 필요 없이 혁신활동 근처에 생산시설을 입지시키기 용이해지기 때문이다. 이는 비서울권 단순생산지의 쇠퇴 및 서울권으로의 생산시설 집중을 의미한다.

사회과학자들은 지속적으로 혁신과 생산의 상호 근접에 대해 이야기하고 있다.

지역혁신이론(regional innovation theory)이 좋은 예이다. 지역의 대학, 연구기관, 정부부처, 기업 간의 공식적 그리고 비공식적 연결망을 강조한다.

유연생산(flexible production)에 대한 강조 역시 혁신과 생산의 지리적 결합을 의미한다. Scott(1988)는 유연생산이 일자리의 형태와 질과 같은 사회적 파장에 집중해서 대량생산에서 유연생산으로의 전환을 설명한다.

'역동적이고 수직적인 해체'라는 표현으로 그는 기존 대량생산 체제가 재편되는 과정을 설명한다.

사실 그 자신이 강조하지는 않지만 그가 언급하는 여러 사례들은 혁신과 생산의 지리적 근접을 의미한다. 그는 새로운 자본주의가 혁신과 생산을 가까이 만드는 역학을 정확히 이해하고 있다.

> 구조에 있어 다소 경직되어 있는 대량생산과는 달리, 새로운 형태의 생산은 과정과 생산형태를 바꿀 수 능력이 있는 것으로 정의된다. 흔히 정보기술 사용으로 이러한 능력은 향상된다. 새 생산형태는 기존에 기업 자체적으로 조달한 물품이나 서비스를 외부로부터 가능하면 조달하려한다(9쪽) …
>
> 대량생산 분야도 이러한 압박을 피해가지 못한다. 설비의 로봇화, 생산직의 품질관리 조별활동, 즉시배달체제가 유연성의 도구이다(16쪽).

Scott이 제시하는 "새 산업 공간(new industrial space)"은 다르게 표현하면, 혁신과 생산이 한 곳에 있는 장소이다. 혁신은 제품개발을 의미한다.

서울권도 이러한 혁신과 생산의 근접화의 산물이다. 정보통신 기술의 생산과정 적용과 고도화되는 자동화로 인해 서울권 인건비 부담은 감소한다.

더 근원적인 서울권 형성의 원인은 생산과 혁신의 경계가 흐려지기 때문이다. 새로운 생산과정은 단순한 기술자가 아닌 창조적 지식인을 필요로 한다. 이러한 인적자원을 쉽게 충원할 수 있는 곳이 서울에서 인접한 서울권이다.

다른 추세와 마찬가지로, 생산 혁신 근접은 서울권의 작동에 관련되어 있다. 작동을 살펴보기 이전에, 다음 장에서는 먼저 서울권의 형태를 알아본다.

8

서울권의 작동, 그리고 서울권의 계속되는 남하

서울권의 작동을 언급하기 전에, 먼저 이 장에서는 서울권의 현재 형태와 현재와 미래에 계속되는 남하를 다룬다.

'어떻게'라는 이야기를 하기 전에 '무엇'이라는 이야기를 마저 마무리하고 싶기 때문이다.

형태에 대한 이해가 작동의 원리 이해에도 도움이 된다.

먼저 남쪽으로 서울권 확장이 지속되는 맥락을 먼저 설명한다. 권용우의 1980년대 서울권은 서울 중심 기준 50km 반경이다. 그림 1.2를 다시 가져와 본다. 살펴보면 원에 가까운 형태를 살펴볼 수 있다.

'수도권 + 천안 + 아산 + 당진'이라는 저자의 서울권 형태는 수도권에서 남쪽으로 더 뻗어나서 뾰족한 형태로 진격을 계속한 형국이다. 숫자 1,2,3을 더하면 된다. 그림 3.24를 다시 가져온다.

'대전, 세종'이 합쳐진 넓게 보는 거대도시권으로서의 서울권을 가정한다면, 더 동남쪽을 찌르게 될 것이다. 숫자 1에서 9까지를 모두 포함한다.

그림 1.2와 그림 3.24를 비교해보면 형태에 대한 이해가 가능하다.

출처: 권용우, 1998, 「한국도시의 순위규모분포, 1900-1995」. 지리학연구, 32(1), 한국지리교육학회, p.68.

그림 1.2 1980년대 전국의 대도시 권역

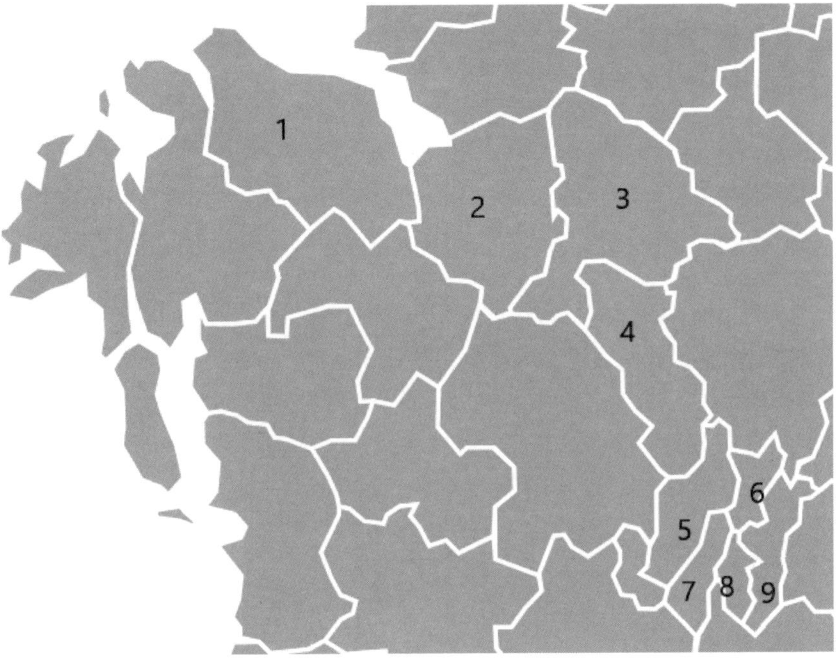

1 = 당진시	**4** = 세종시	**7** = 대전 서구
2 = 아산시	**5** = 대전 유성구	**8** = 대전 중구
3 = 천안시	**6** = 대전 대덕구	**9** = 대전 동구

출처: https://en.wikipedia.org/wiki/Administrative_divisions_of_South_Korea
"South Korea second level divisions" 5 June 2010 ASDFGHJ - Dmthoth

그림 3.24 거대도시권으로서 서울권: 확장형

이러한 형태를 이루게 되는 과정을 이제부터는 설명한다.

8.1 서울권의 남하와 삼성반도체의 남하

서울권의 형태는 상당 부분 삼성반도체의 진로에 의해 만들어진다. 그림 8.1은 이를 잘 보여준다. 수원에 본사를 둔 삼성반도체는 순차적으로 공장을 남하시켜왔다. 이러한 진로는 대규모 아파트 단지 조성과 도 연결된다.

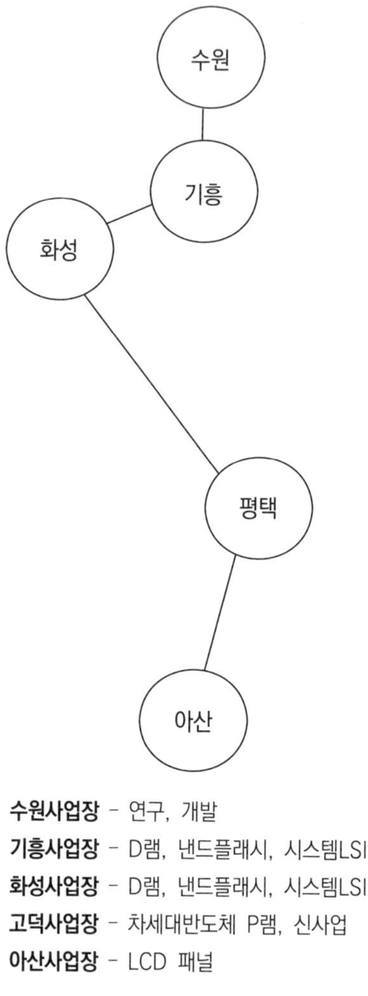

출처: 한국경제. 2010. "평택에 차세대 P램 생산기지…글로벌 최대 IT벨트 만든다" 12월 17일에 나오는 그림을 기초로 저자가 그림. 설명은 기사 그대로 원용함.

그림 8.1 삼성 정보기술 벨트

그림 8.2는 삼성의 남하와 연결되어 조성되는 신도시 크기를 보여준다. 평택의 고덕 신도시는 하나의 좋은 예이다.

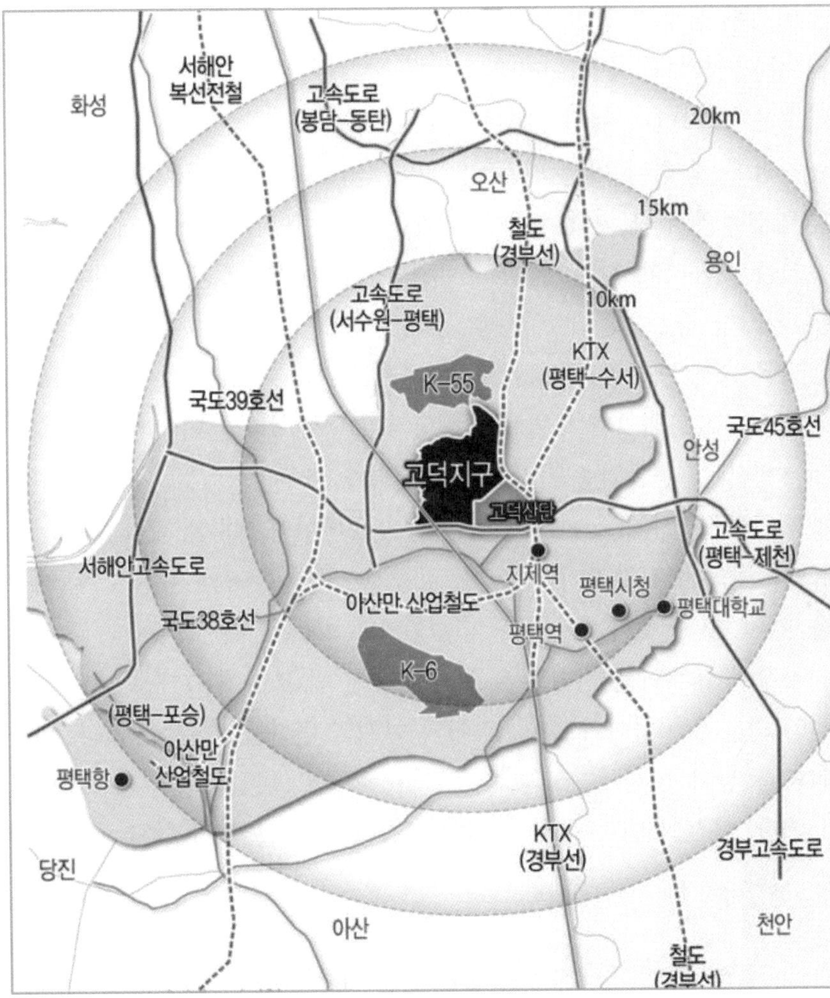

출처: "국제교류단지가 들어설 평택 고덕국제신도시 위치도. 경기도 제공"
한국경제, 2018. "경기도와 LH, 평택 고덕신도시에 '국제교류단지' 조성" 8월 30일.

그림 8.2 평택시 고덕 신도시 위치도

삼성전자의 경우 본사는 일부 공장이 있는 수원에 자리 잡고 있다. 삼성전자는 평택과 아산과 같이 새롭게 서울권에 편입된 지역에 대한 투자를 늘리고 있다.

이러한 삼성 공장의 서울권 입지에는, 계속되는 서울중심주의가 자리 잡고 있다. 공장만은 지방에 두게 하겠다는 1960년대부터의 사회적 약속은 1990년대부터는 무너진다.

지방에 뭘 하나 더 주지는 않으면서, 가지고 있는 것을 뺏은 셈이다. '산업집적 활성화 및 공장설립에 관한 법률'에 나오는 '수도권 공장 신증설을 가능하게 한다. 삼성의 수원-평택-아산 반도체 공장지대 건설은 이러한 규제완화에 의해 가능해졌다.

법률 조항 에 '별표'라는 표현과 '첨단'이라는 표현이 추가된다. 26조, 27조, 27조의 2에는 별표에 해당하는 업종이라고 이야기한다. 27조의 3에서는 '첨단업종'이라고 표현한다.

'별표'는 정부가 정하는 첨단업종의 목록이다. 화학, 제철, 기계, 컴퓨터, 반도체, 전자전기, 자동차, 항공기 등 당시 99개이다. 이후 개정을 거쳐 계속 숫자가 늘어난다(경인일보, 2006년 9월 12일).

공장이 규제되는 지역은 일부러 다음의 법 조항에 그대로 놔두었다. 지역 명을 읽어나다가 보면, 과거와 현재의 변화를 느낄 수 있다. 서울권의 등장이 느껴지기도 한다.

한편, 이전의 법령에서는 이러한 '첨단업종' 완화가 없다는 것을 알 수 있다.

공업배치 및 공장설립에 관한 법률 시행령

일부개정 1995.12.7 대통령령 제14822호

제1조(목적)

이 영은 공업배치및공장설립에관한법율(이하 "법"이라 한다)에서 위임된 사항과 그 시행에 관하여 필요한 사항을 규정함을 목적으로 한다.

제3조(과밀억제지역)

법 제2조제2호에서 "대통령령이 정하는 지역"이라 함은 다음 각 호의 지역을 말한다.

1. 서울특별시
2. 인천직할시(남동유치지역을 제외한다.)
3. 경기도 의정부시, 구리시, 미금시, 하남시, 고양시, 수원시, 성남시, 안양시, 부천시, 광명시, 과천시, 의왕시, 군포시, 시흥시(반월특수지역을 제외한다)

[전문개정 1994·7·4]

제4조(성장관리지역)

법 제2조제3호에서 "대통령령이 정하는 지역"이라 함은 다음 각 호의 지역을 말한다.<개정 1995·12·7>

1. 경기도 동두천시, 안산시, 오산시, 송탄시, 평택시, 연천군, 파주군, 강화군, 옹진군, 포천군, 양주군, 김포군, 화성군, 평택군, 남양주군(와부읍·진접읍·별내면·퇴계원면·진건면에 한한다), 용인군(기흥읍·구성면·수지면·남사면·이동면과 원삼면 목신리·죽릉리·학일리·독성리에 한한다), 안성군(안성읍·대덕면·미양면·공도면·원곡면·보개면·금광면·서운면·양성면·고삼면과 죽산면 두교리·당목리·칠장리 및 삼죽면 마전리·미장리·진촌리·기솔리에 한한다)
2. 인천직할시중 남동유치지역
3. 경기도 시흥시중 반월특수지역
4. 부산직할시(강서구 명지동·녹산동·천가동·가락동, 사하구 신평동·장림동·다대동·구평동·감천1동, 영도구 봉래동·청학동

및 서구 암남동을 제외한다)

[전문개정 1994·7·4]

제4조의2(자연보전지역)

법 제2조제4호에서 "대통령령이 정하는 지역"이라 함은 다음의 지역을 말한다.

경기도 가평군, 양평군, 여주군, 이천군, 광주군, 남양주군 (화도읍·수동면·조안면에 한한다), 용인군 (용인읍·포곡면·모현면·외사면·내사면과 원삼면 가재월리·사암리·미평리·좌항리·맹리·두창리·고당리·문촌리에 한한다), 안성군 (일죽면과 죽산면 죽산리·용설리·장계리·매산리·장릉리·장원리·두현리 및 삼죽면 용월리·덕산리·율곡리·내 장리· 배태리· 내강리에 한한다)

[본조신설 1994·7·4]

제26조(과밀억제지역안에서의 행위제한의 완화)

법 제20조제1항 단서의 규정에 의하여 과밀억제지역안에서 허용될 수 있는 행위는 다음과 같다.<개정 1995·12·7>

1. 별표 1에 해당하는 공장의 신설·증설 또는 이전
2. 다음 각목의 1에 해당하는 아파트형공장의 신설·증설 및 당해 아파트형공장안에 입주할 수 있는 업종의 공장의 신설 또는 증설
   가. 법 제28조의 규정에 의한 도시형업종(이하 "도시형업종"이라 한다)의 공장을 유치하기 위한 아파트형공장
   나. 중소기업진흥및제품구매촉진에관한법율 제19조의 규정에 의한 협동화사업실천계획의 승인을 얻은 아파트형공장
   다. 공업단지안의 아파트형공장
3. 공장의 부대시설의 증설(사무실의 경우에는 건축면적 500제곱미터이내, 창고의 경우에는 건축면적 1천제곱미터이내의 증설

에 한한다)

4. 다른 법령에 의하여 의무화된 설치기준에 따른 공장의 증설
5. 도시계획법 제16조의 규정에 의한 도시계획시설로 결정된 공항안에서의 곡물조리식품제조업 또는 항공기제조업(부품제조업을 제외한다)을 위한 공장의 신설 또는 증설
6. 도시계획법 제21조의 규정에 의한 개발제한구역안에 있는 공장으로서 동법시행령 제20조의 규정에 의하여 허용이 되는 공장의 신설·증설 또는 이전

[전문개정 1994·7·4]

제27조(성장관리지역안에서의 행위제한의 완화)

법 제20조제1항 단서의 규정에 의하여 성장관리지역안에서 허용될 수 있는 행위는 다음과 같다.

1. 별표2에 해당하는 공장의 신설·증설 또는 이전
2. 제26조제2호 내지 제6호에 규정된 행위

[전문개정 1994·7·4]

제27조의2(자연보전지역안에서의 행위제한의 완화)

법 제20조제1항 단서의 규정에 의하여 자연보전지역안에서 허용될 수 있는 행위는 다음과 같다.<개정 1995·12·7>

1. 별표3에 해당하는 공장의 신설·증설 또는 이전
2. 다음 각목의 1에 해당하는 아파트형공장의 신설·증설 및 당해 아파트형공장안에 입주할 수 있는 공장의 신설·증설
   가. 환경정책기본법 제22조제1항의 규정에 의한 상수원수질보전특별대책지역 및 수도법 제5조의 규정에 의한 상수원보호구역외의 지역에서 제 34조의 규정에 의한 도시형업종을 영위하는 공장(폐수배출시설을 설치하지 아니하는 공장에 한한다)을 유치하기 위한 아파트형공장

나. 공업단지 및 공업지역안의 아파트형공장
3. 제26조제3호 내지 제6호에 규정된 행위
[본조신설 1994·7·4]

제27조의3(업종변경)

법 제20조제1항 단서의 규정에 의하여 과밀억제지역·성장관리지역 또는 자연보전지역안에서 업종변경을 할 수 있는 경우는 다음과 같다.<개정 1995·12·7>

1. 기존공장(대통령령 제14315호 공업배치및공장설립에관한법률시행령중개정령의 시행당시 이미 법 제16조의 규정에 의한 등록이 되어 있는 공장을 말한다. 이하 같다)으로서 첨단업종 또는 도시형업종으로 변경하거나 당해 지역에서 신설이 허용되는 업종으로 변경하는 경우
2. 기존공장의 최종제품 생산에 필요한 공정의 업종을 추가하는 경우로서 당해 공정이 차지하는 건축면적이 공장건축면적의 50퍼센트이내인 경우
3. 대통령령 제14315호 공업배치및공장설립에관한법률시행령중개정령의 시행일 이후에 법 제16조의 규정에 의한 등록을 한 공장으로서 당해 지역에서 신설이 허용되는 업종으로 변경하는 경우
4. 도시계획법 제21조의 규정에 의한 개발제한구역안에 있는 공장으로서 동법시행령 제20조의 규정에 의하여 허용이 되는 업종으로 변경하는 경우

[본조신설 1994·7·4]

규제 이전 바로 이전의 '산업집적 활성화 및 공장설립에 관한 법률'을 살펴보자.

공장의 신증설이 실제로는 불가능하다는 것을 알 수 있다.

제26조(이전촉진지역안에서 행위제한의 완화)

법 제20조제1항 단서의 규정에 의하여 이전촉진지역안에서 할 수 있는 행위는 다음 각호와 같다.<개정 1993·7·1>

1. 공장의 부대시설의 증설. 다만, 사무실 및 창고는 건축연면적 500제곱미터이내의 증설에 한한다.
2. 다른 법령에 의한 공장의 설치기준을 충족하기 위한 공장의 증설
3. 공업단지안에서의 공장의 증설
4. 별표1에 해당하는 업종의 공장의 이전
5. 도시계획법 제17조의 규정에 의한 공업지역안에 있는 공장의 공업지역 상호간의 이전
6. 도시계획법 제17조의 규정에 의한 공업지역안에서의 별표2에 해당하는 업종의 공장의 증설
7. 별표2에 해당하는 업종의 공장의 아파트형공장 및 도시계획법 제17조의 규정에 의한 공업지역으로의 이전
8. 제7호의 규정에 의하여 이전하는 공장을 유치하기 위하여 상공자원부장관이 관계 행정기관의 장과 협의하여 지정하는 지역안에서의 아파트형 공장의 신설 및 증설

제27조(제한정비지역안에서 행위제한의 완화)

법 제20조제1항 단서의 규정에 의하여 제한정비지역안에서 할 수 있는 행위는 다음 각호와 같다.<개정 1992·9·26, 1993·3·6>

1. 제26조제1호 내지 제8호에 해당하는 행위
2. 도시계획법 제17조의 규정에 의한 공업지역 및 국토이용관리법 제14조의2의 규정에 의한 공업지역 또는 개발촉진지역중 시설용지지구안에서의 공장 및 아파트형공장의 신설 또는 증설

3. 제2호의 규정에 의한 지역안으로의 공장의 이전
4. 공장건축면적 1천제곱미터 이내의 공장을 유치하기 위하여 상공자원부장관이 관계 행정기관의 장과 협의하여 지정하는 지역안에서의 아파트형공장의 신설 및 증설
5. 별표3에 해당하는 업종의 공장중 상공자원부장관이 관계 행정기관의 장과 협의하여 지정하는 지역안에서의 공장의 건축연면적 3천제곱미터이내의 증설
6. 도시계획법 제16조의 규정에 의한 도시계획시설로 결정된 공항안에서 별표4에 해당하는 업종의 공장의 신설 또는 증설

8.2 서울권의 남하와 두 개의 교통축

서울권의 남하는 서울-천안이 연결되는 교통축과 인천-당진이 연결되는 두 개의 교통축을 기반으로 남하해오고 있다.

서울-천안 축은 앞서 언급한 삼성반도체의 진로와 상당부분 일치한다. 고속철도는 이 축의 핵심이다.

그림 8.2을 보라. 고덕지구 바로 아래에 있는 지제에서 수서까지는, 19분 걸린다. 동탄 무정차 SRT의 경우이다. 서울권 남단인 천안아산역에서 수서역까지는, 26분만이 소요된다.

수도권 전철과 KTX를 이용한 통근/통학을 보면 고속철도의 존재감이 두드러진다. KTX 정기권 이용이 가장 많은 구간이 '서울-천안아산' 이다.

다음에 나오는 기사 자료 수치를 재분석해자. 71,770 × 0.238 = 17,081. 천안아산에서 서울로의 KTX 정기권 이용자는 2014년 기준 17,081명이다.

기사 내용은 이 책의 주장과 비슷하다:

> 수도권과 지방간의 시간거리를 단축해 KTX를 이용한 통근족이 계속 늘고 있다.
>
> KTX 개통 전 수원까지가 생활권이었다면, KTX는 대전까지 확장했다.
>
> 특히 천안아산, 오송은 서울생활권으로 묶였다. KTX 정기권 발매 매수를 보면 2004년 8,202매(연간누적)에서 2013년 71,770매(연간누적)로 10년 만에 약 9배 증가했다. 2014년 3월(3월 한 달간 판매수치) 현재 약 7천명이 매일 KTX로 출퇴근(통학)하고 있다. 주요 이용구간은 '서울~천안아산'이 23.8%로 1위를 차지했으며, '서울~대전'(11.3%), '대전~천안아산'(10.5%), '광명~천안아산'(8.3%), '서울~오송'(8.2%), '광명~오송'(3.6%)이 뒤를 이었다.
>
> 특히 KTX를 타면 서울역에서 30분 만에 도착하는 천안·아산은 '서울시 천안구'라는 신조어가 나올 정도로 KTX 혜택을 가장 많이 받은 것으로 분석됐다(충청탑뉴스, 2014).

그림 8.3은 이 축의 현재와 미래를 잘 보여준다. 경부고속도로에 의해 그 위세를 더하고 있는 현재의 서울-천안 축은, 서울-세종 고속도로에 의해 더 강화되고 확장 될 것이다. 두 고속도로의 상승작용 역시 앞으로 주목할 만하다.

현재에도 대전과 세종이 서울권에 포함되어 있을 수도 있다고 거듭 강조해왔다. 가까운 미래에는 대전과 세종이 분명히 서울권으로 확장될 것이다. 이러한 판단에 있어 교통망도 하나의 근거이다.

좋던 나쁘던 간에, 고속철도의 세종시 접근성 역시 향후 당연히 강화될 것이다.

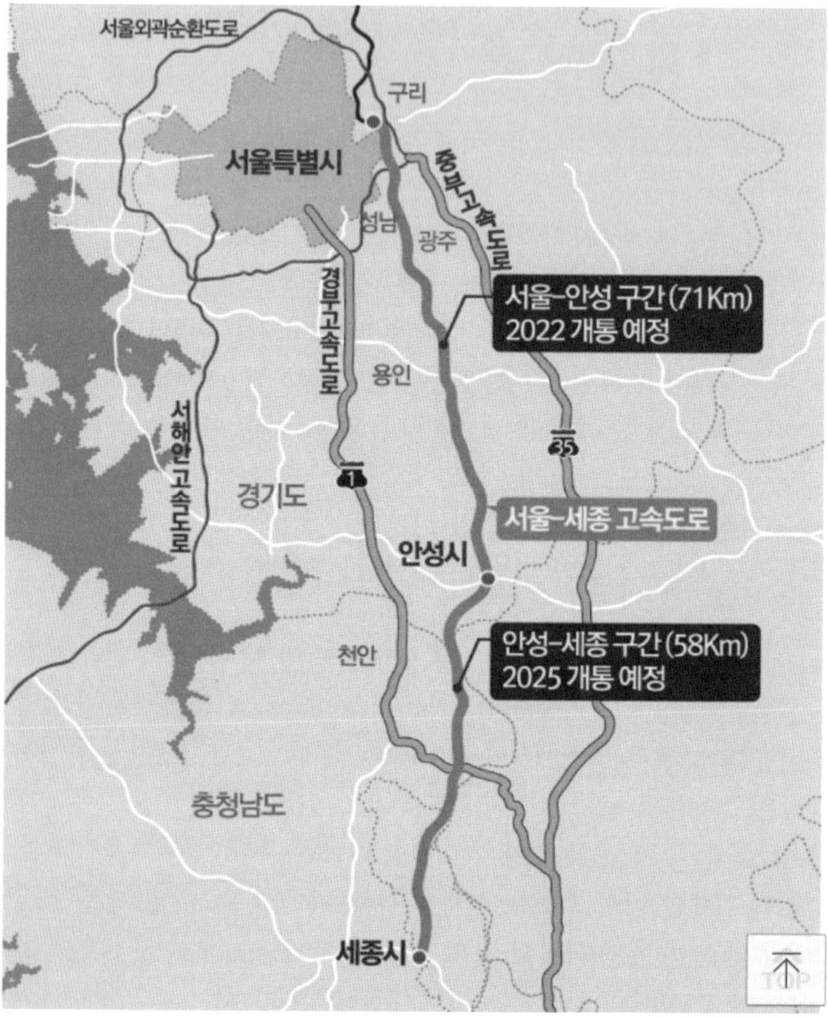

그림 8.3 서울-세종 고속도로

다른 축의 핵심은 서해안 고속도로이다. 그림 8.3에서는 서해안 고속도로가 평택항을 통해 당진 서산 방면으로 진행하는 것을 알 수 있다.

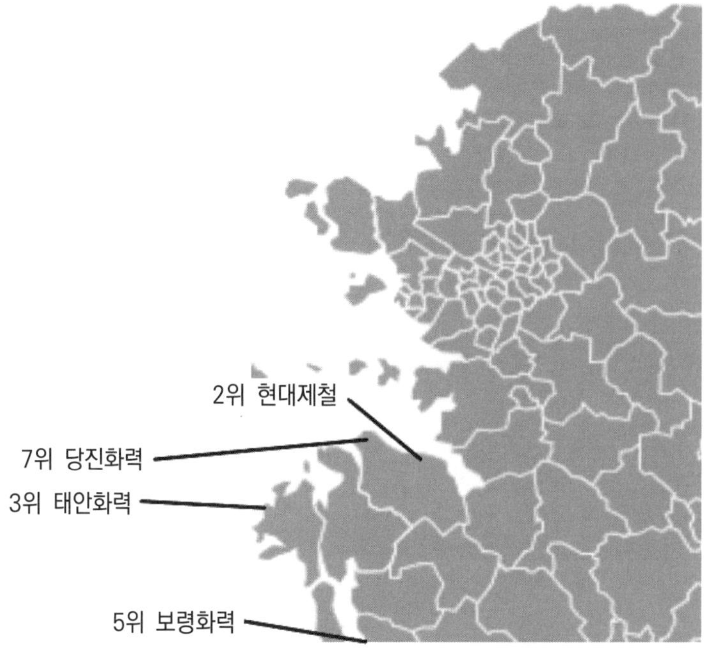

그림 8.4 서해안 고속도로 축과 대기오염물질 배출

2017년 대기오염물질 다량배출사업장[37]

1. 남동발전 삼천포 본부
2. **현대제철**
3. **태안화력본부**
4. 포스코 광양제철소
5. **보령화력발전본부**
6. 남부발전 하동화력
7. **당진화력본부**
8. 쌍용양화공업 동해공장
9. 포스코
10. 삼표시멘트 삼척공장

37 출처: 환경부 2018.7.4일자 보도자료; 오마이뉴스. 2019.1.28 "송영길 의원님, 미세먼지 문제의 '진짜 해결책'은 이겁니다"

서울-천안 축이 첨단산업과 고속철도의 조합이라면, 인천-당진 축은 고속도로와 굴뚝의 조합이라고 할 수 있다. 그림 8.4는 이를 잘 보여준다.

8.3 세계도시의 중심으로서 강남과 비서울권의 쇠퇴

서울권의 작동은 먼저 강남에 대한 이해로 시작해야 한다. 세계도시의 중심으로 특화된 특별한 강남이 서울권 전체를 작동시키고 있다.

많은 이가 서울을 아직 한국의 도시로서만 이해한다. 하지만 현실은 언제나 변화한다. '한국의 서울'로서 서울의 의미는 계속 줄어들어 왔다.

세계화의 계속되는 진전은, 서울을 다른 한국 도시와는 더욱 더 구분되게 만든다. 일반인뿐만 아니라 전문가 역시 이러한 사실을 체감하지 못하는 경우가 많다. '한국의 서울'이라고 생각하는 방식이 익숙하기 때문이다.

어떠한 세계도시이던 간에, 세계도시는 그 도시가 속한 국가의 다른 도시들과는 점점 더 달라진다. 동시에, 여타 다른 세계도시들과 점점 더 유사해진다. 이것이 John Friedmann이 내세우는 세계도시 정의 중 하나이다. 뉴욕, 파리, 런던과 같은 도시들과 닮아진다는 것이다. 한국에서 이 명제는 분명한 현실이 되어 가고 있다.

서울 역시 한국의 다른 도시와는 다른 존재가 되어가고 있다.

쉬운 예를 하나 생각해보자. 초고층 건물이다. 세계도시로 근접해가고 있는 도시에 이러한 초고층 건물이 솟아오른다. 가까운 곳으로 타이베이와 쿠알라룸푸르를 들 수 있다.

출처: www.wikipedia.org /Petronas Twin Towers/
Description: The atrium of the Suria KLCC Shopping Centre, housed in the Petronas Towers building complex.
Date: 30 December 2011
Source: Own work by uploader, http://bjornfree.com/galleries.html
Author: Bjørn Christian Tørrissen

그림 8.5 쿠알라룸푸르 페트로나스 트윈 타워

이 두 도시로의 일정을 시각화해보자. 화려하고 깔끔한 국제공항에 도착한다. 이 나라에는 드물다 싶은 쾌적한 공항철도가 도심과 연결된다.

초고층 건물은 세계 어느 세계도시와 비슷하다. 전망대로 올라가는

데 돈을 내는 것도 동일하다. 이탈리아 콜로세움을 연상하게 하는 개방형 상가가 있다<그림 8.5>.

상가 구성도 비슷하다. 보석, 시계, 옷 등의 고가품을 파는 가게는 대부분 외국에 본사를 두고 있다. 날씬하고 잘 차려 입은 현지인과 관광객이 섞여 있는 모습이 동일하다. 무엇을 사도 현지 물가와는 현저하게 차이나게 비싸다는 점도 같다. 청소와 같은 화려하지 않은 일을 하는 많은 인력이 같은 공간에 공존한다는 사실도 동일하다.

서울이 다른 한국의 도시와는 다른 존재인 동시에, 강남은 나머지 서울과는 또 구분된다. 세계도시 이론 역시 세계도시 안에서의 분화에 대해서는 충분히 설명하지 않아 왔다.

하지만 이러한 세계도시 내부의 구분은 어느 세계도시에서나 분명히 나타난다. 뉴욕시에서 중심은 분명히 맨해튼이다.

이러한 중심적 역할은 중심적 위치와도 연결된다. 공항과의 연결 역시 중심적 위치의 일부분이다. 그림 8.6은 맨해튼과 주변 공항과의 연결을 직관적으로 잘 보여준다.

그림 8.6 뉴욕 맨해튼과 공항

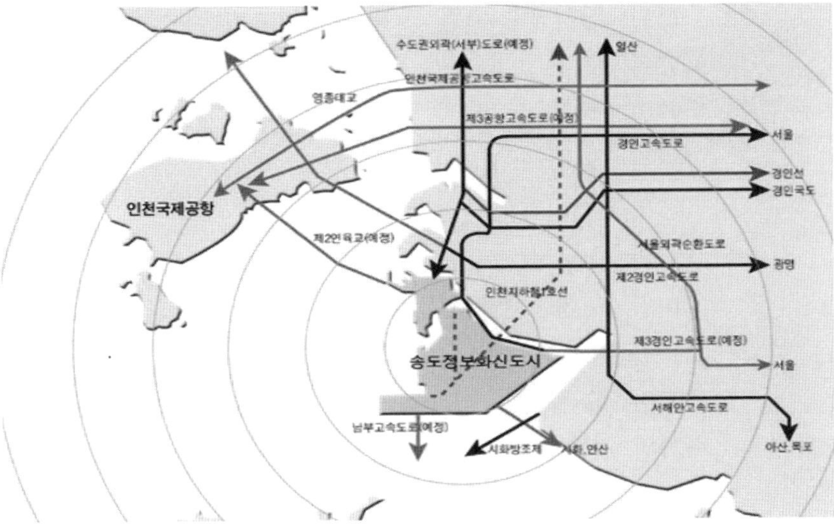

출처: 연수구청. 2004. http://www.yeonsu.go.kr/korea/econo/songdo_index.html 7월 27일 접근

그림 8.7 인천공항, 송도신도시, 그리고 강남

물론 이는 단순히 물리적 거리의 문제가 아니다. 앞서 언급한 도심철도와 같은 기반시설이 어떻게 연결되는가의 문제이다. 공항과 도심을 연결하는 깔끔한 도심철도를 이 절의 처음에 언급하였다.

세계도시의 중심으로서 강남의 출현도 이러한 공항과의 연결망과도 관련이 있다. 그림 8.7은 송도신도시와 강남의 자동차 도로 연결을 보여준다. 지하철 9호선의 신설 및 노선연장 역시 접근성을 크게 높인다.

이러한 기반시설에도 힘입어, 세계도시의 경제활동을 좌우하는 대규모 기업 본사는 현재 강남 혹은 강남 인근에 집중되어 있다. 한국의 2015년 Fortune 세계기업 순위(http://fortune.com/global500/)는 이를 잘 보여준다.

13위 삼성전자 수원
57위 SK
99위 현대자동차
162위 posco 포항
175위 LG전자
193위 한국전력 나주
210위 현대중공업 울산
242위 기아자동차
302위 GS칼텍스
329위 한화
332위 한국가스공사 대구
347위 현대모비스
439위 S-Oil
441위 삼성물산
445위 롯데쇼핑
456위 삼성생명
473위 LG디스플레이

이러한 17개 회사 가운데 공식적으로 서울에 본사가 입지하지 않은 곳은 5곳이다. 2개의 공기업은 지방 혁신도시로 본사가 옮겨갔다. 한국가스공사는 대구로, 한국전력은 나주로 본사를 옮겼다. 현대중공업이 작업장이 위치한 울산에 본사를 가지고 있다. 삼성전자 본사 역시 공장이 있는 수원에 있다. posco 역시 마찬가지로 포항에 본사건물이 있다.

하지만 실제와 맥락을 살펴보면, 서울로의 쏠림을 확인할 수 있다. posco의 서울사무소 건물은 삼성동에 위치해 있다. 현대중공업은 현대

미포조선, 현대삼호중공업과 함께 영업조직을 서울사무소로 통합 이전한다(머니투데이, 2014년 10월 21일).

혁신도시로 이전한 공기업 역시 서울 사무소의 역할이 시간이 지나면 더 커질 것으로 보인다. 한국가스공사는 대구로의 본사 이전에도 불구하고 강서구 지점에 기관장 업무시설을 별도로 만들었다(이데일리, 2015년 9월 11일).

한편 대기업은 강남에 자신의 동네를 만들어간다. 롯데는 잠실에 자신만의 동네를 가지고 있다. 그림 8.8은 잠실 역 인근을 여러 '롯데'가 차지하고 있는 것을 보여준다.

555m 높이의 롯데월드타워는 그 중 가장 눈에 띈다. 현재 14층부터 38층까지 오피스 공간 2만3870.23㎡ 에 롯데지주(17~18층), 롯데케미칼(14~16층), 롯데물산(19층), 데상트코리아(32~34층) 등 주로 롯데 계열사가 입주해 있다(the bell, 2018).

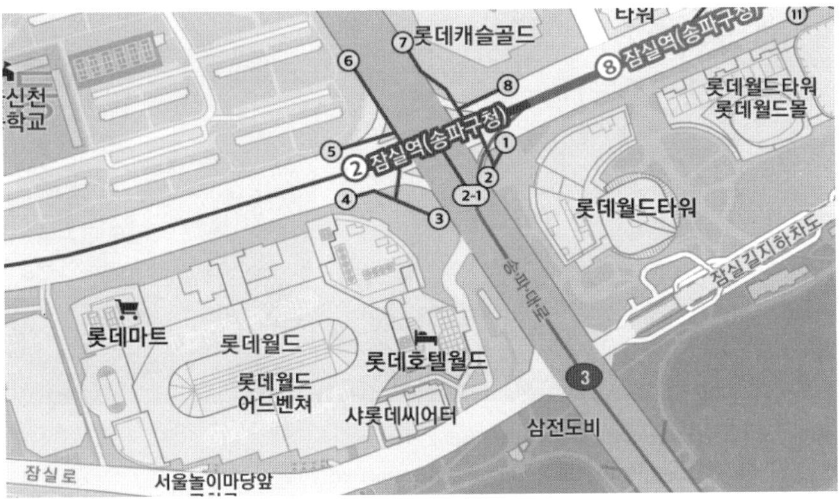

그림 8.8 자신만의 동네: 잠실의 롯데

삼성은 강남 서초에 자신만의 동네를 만든다. 실제로 '삼성타운'이라고 불린다. 삼성생명, 삼성화재, 삼성전자가 하나씩의 건물을 짓는다. 각각 38층, 32층, 44층이다. 2007년부터 입주가 시작된다. '상주인구 2만 명, 유동인구 6만 명'이라는 표현으로 알려지기도 한다(서울경제, 2007).

현대 역시 이러한 강남에 자리 잡기에 동참한다. 서울 남쪽 끝 양재동에 자리 잡은 현대기아자동차는 강남 한복판인 삼성동 옛 한국전력 본사 부지에 초고층 건물을 짓고 본사를 옮길 계획이다.

'글로벌 비즈니스 센터'라는 이름이 붙어있다. 569m 높이에 105층 규모이다.

출처: https://en.wikipedia.org/wiki/Samsung_Town
Oskar Alexanderson The Samsung headquarters
File: Samsung headquarters.jpg Created: 22 June 2009

그림 8.9 자신만의 동네: 서초의 삼성

여기서 주목할 점은 이러한 입지가 가지는 다양한 성격이다. 첫 번째는 부동산으로서의 성격이다. 대기업이 강남에 땅을 가지려는 것은 궁극적으로는 차익실현을 생각하기 때문이다.

당연히 실제로 매각하기도 한다. 2018년 삼성물산은 서울 서초사옥을 7,484억 원에 코람코자산신탁과 NH투자증권 컨소시엄에 매각한다. 삼성물산 서초사옥은 2007년 12월에 준공됐다. 지하 7층~지상 32층, 연면적 8만1,117㎡로 서울지하철 2호선 강남역과 연결된 국내 대표급 빌딩으로 꼽힌다(businesspost, 2018).

두 번째는 통제기능이다. 6장에서는 본사도시 통제기능을 언급한 바 있다. 삼성동에 들어서는 '글로벌 비즈니스 센터'는 말 그대로 통제기능의 집결이라 할 수 있다.

여기서 흥미로운 점은 양재에 있는 현재 본사 건물의 활용법이다. 현대기아차 그룹은 이 건물을 연구개발 중심으로 활용할 계획이다.

같은 강남에 본사도시와 혁신중심지라는 두 가지 성격이 동일한 기업집단에 의해 나타나는 셈이다. 생산주기 과정의 최상위에 있는 두 가지를 대표하는 도시유형이 강남에 집결되는 셈이다.

이제 다음과 같은 위계질서를 제시할 수 있다.

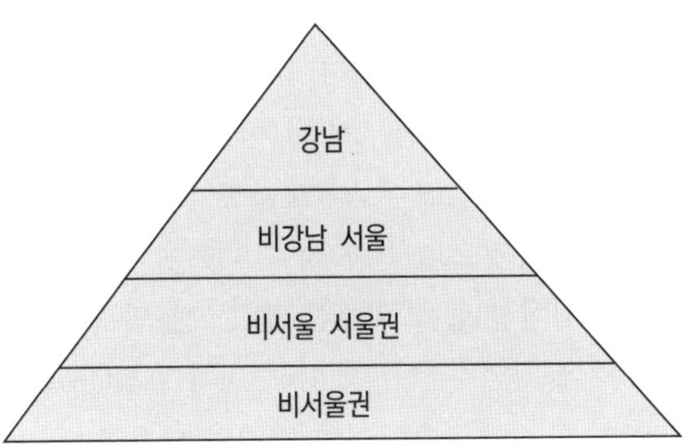

그림 8.10 한국의 공간적 위계질서

다음 절에서는, 혁심중심지로서 강남을 설명한다.

8.4 혁신중심지 강남과 비서울권의 쇠퇴

"한국에서의 유일한 혁신지는 서울뿐이다.(Castells, 1994)" 이 말은 이제 점점 옳은 것처럼 보인다. 참고로 말하자면, 그는 대전 과학단지에 대해 부정적이다.

연구개발에서도 서울은 다른 곳과의 거리를 넓히고 있다. 이러한 서울의 부상은, 혁신중심지 강남의 탄생과 궤를 같이 한다.

이제 강남은 연구개발 중심지 성격을 띠기 시작한다. 거리 수준에서 이를 잘 느낄 수 있는 곳은 양재역 인근이다. 가슴에 보안카드를 늘어뜨리고 있는 젊은이들이 쏟아져 나오는 한 건물은, 'LG 서초캠퍼스'라고 불리는 곳이다.

바로 맞은편에는 spc 본사가 자리 잡고 있다. 한국 식품업계의 기술력은 일반인들이 생각하는 것 보다 앞서 있다. spc 그룹의 연구개발 기능이 이 건물에 자리 잡고 있다(서울경제, 2015년 12월 10일):

> SPC 그룹은 2014년 11월 그룹 출범 이래 처음으로 파리크라상, 비알코리아, 삼립식품 등 계열사의 사무실을 양재동 신축 사옥에 집결시키며 연구개발 전담부서인 '이노베이션 랩(innovation lab)'을 신설했다. '이노베이션 랩'은 각 계열사별로 나누어져 있던 연구개발 조직을 통합한 것으로 신규 사옥 30%에 달하는 공간을 차지하고 있다. 이노베이션 랩을 위시한 SPC 그룹의 연간 연구개발 투자비용은 500억에 달한다. 이노베이션 랩이 개발하고 있는 신제품은 월평균 500여종. 이 중 수차례의 검증과 테스트를 거쳐 엄선된 제품만이 파리바게뜨, 베스킨라빈스, 던킨도너츠 등 전국 매장에 공

급된다.

물론 강남의 연구개발은 양재에 제한되지 않는다. 강남 전체가 들썩인다. 2015년 삼성은 우면동에 '삼성 서울 R&D 캠퍼스'를 완공한다. 이곳에 소프트웨어와 디자인 연구역량을 집중시킨다(조선일보, 2015년 9월 9일).

> 지금까지 경기도 수원·화성·기흥 등의 각 사업부별로 디자인·소프트웨어 연구 인력이 흩어져 있었다. 삼성전자는 이 가운데 디자인경영센터, 소프트웨어센터, DMC(디지털미디어센터) 연구소의 인력 7,000여 명이 서울 R&D 캠퍼스로 옮겨와 근무하게 된다고 밝혔다. 이는 전체 R&D 인력 7만398명(2014년 기준)의 10%에 달한다. 삼성은 "사물인터넷(IoT) 시대를 맞아 스마트폰·TV·생활가전 제품들이 하나로 연결되는 상황에서 디자인·소프트웨어 역량을 서울로 집결시켜 시너지를 내고 창의적인 제품을 개발할 계획"이라고 밝혔다.

이 삼성의 연구기지 바로 옆에는 'LG 우면 R&D 캠퍼스'가 자리 잡고 있다. 차로 10분 거리인 앞서 언급한 '서초 R&D 캠퍼스'와는 다른 곳이다. 역시 바로 옆에 'KT R&D 센터'가 자리 잡고 있다.

그림 8.11은 양재 IC 인근에 연구개발 기능이 얼마나 집결되어 있는지를 보여준다.

강남의 혁신기능 강세와 판교와도 연결되어 있다. 김종훈 한국산업기술진흥협회 본부장은 "최근 연구 인력들 사이에서는 '근무할 수 있는 남방한계선은 판교'라는 인식이 공공연하다(동아일보, 2014년 7월 23일)"고 언급한다.

참고: 각 연구시설에 원을 그려 놓았음. 현대기아 자동차 본사는 현재 연구개발기능이 있음.

그림 8.11 양재 IC 인근 연구개발 역량

이러한 '혁신중신지 강남'이라는 현상은 '혁신중심지 서울'이라는 현상과 동시에 일어나고 있다. 강남이 떠오르는 것과 동시에 서울 역시 혁신중심지로 떠오르고 있다.

서울로의 전체적인 집결 현상이 나타난다. 마곡지구가 하나의 좋은 예이다(매경이코노미, 2018년 5월 8일):

> LG그룹이 총 4조원을 투자해 만든 LG사이언스파크는 축구장 24개 크기인 17만여㎡(약 5만3,000평) 부지에 건설된 20개 연구동으로 이뤄졌다. 연구동 연면적은 111만여㎡(약 33만7,000평)로 여의도 총면적의 3분의 1이 넘는 규모다. LG전자와 LG디스플레이, LG이노텍, LG화학, LG하우시스, LG생활건강, LG유플러스, LG CNS 등 8개 계열사 연구 인력 1만7,000여명이 입주해 연구 중이다. 앞으로

추가 공사가 이어져 2020년 모든 공사가 완료되면 거주 인력은 2만 2,000명으로 늘어난다.

현재 마곡지구에는 LG사이언스파크 외에도 코오롱그룹의 '원앤온리(One&Only)타워'도 입주했다. LG사이언스파크 대각선 맞은편에 위치한 원앤온리타워는 LG그룹보다 나흘 빠른 4월 16일 입주식을 갖고 본격적으로 업무를 시작했다. 코오롱그룹은 코오롱인더스트리, 코오롱생명과학, 코오롱글로텍 등 코오롱 계열사들의 R&D 인력과 본사 인력까지 약 1,000명을 입주시켰다.

원앤온리타워 바로 옆에는 현재 에쓰오일 기술개발센터(TS&D) 건립이 한창 진행 중이다. 에쓰오일이 종합에너지회사로 도약할 수 있도록 R&D를 담당하는 장소다.

출처: 2018년 10월 7일 저자 촬영

그림 8.12 마곡지구 LG Science Park

그림 8.12는 마곡지구 LG Science Park 전경이다. 다른 대기업 캠퍼스와 마찬가지로 담장이 없고, 층수가 그리 높지 않다. 포항에 있는 포항공과대학교 교내에 와 있는 느낌이 든다. 말 그대로 대학교정 느낌이다. 기업체에서는 창의력 극대화를 위해 이러한 형태를 선호한다.

이러한 공간형태는 건물과 정원에서의 채광을 극대화하고 동선을 자유롭게 하는 특징이 있다. 그림 8.12에서처럼 2층에는 건물과 건물이 서로 연결되어 있어, 나쁜 날씨에는 밖을 나가지 않고 다른 건물로 이동할 수 있는 편의성을 가진다.

혁신중심지로서의 서울의 부상은, 이에 따른 지방 연구개발 역량의 축소를 의미하기도 한다.

현장이 중요할 것 같은 조선산업에서도, 이러한 흐름은 뚜렷하다(뉴스토마토, 2015년 7월 29일).

> 현대중공업은 지난 3월 서울 상암동의 한 빌딩으로 플랜트 설계 인력을 결집시켰다. 해양을 비롯한 각 분야의 설계 인력을 한 자리에 모아 노하우를 공유하는 등 시너지 효과를 극대화하겠다는 전략이다. 이에 따라 울산 본사의 플랜트 설계인력과 해양엔지니어링센터 설계인력 그리고 화공 플랜트 설계인력까지 총 600여명의 설계 인력이 한 자리에 모이게 됐다. 삼성중공업은 지난해 말 거제조선소와 서울 서초사옥에 나눠 근무하던 해양플랜트 분야 설계 및 연구개발(R&D) 인력 800여명을 판교 R&D센터로 불러 모았다. 판교 R&D센터에 입주하는 연구 인력은 삼성 엔지니어링 연구 인력과 함께 해양플랜트 톱사이드(원유 및 가스 처리설비) 공정 및 엔지니어링 연구를 중점적으로 수행할 예정이다. 대우조선해양은 오는 2018년 새로 완공되는 마곡지구 R&D센터로 관련 인력을 끌어 모을 계획이다. 현재는 서울 본사의 중앙연구소와 영등포 당산동의 로봇연구소, 거제 옥포조선소 등에 설계 및 R&D 인력이 흩어져 있다.

구미로부터의 연구개발 인력의 유출은 지역사회에 큰 파장을 일으키기도 했다(동아일보, 2014년 7월 23일).

> 삼성전자는 2009년 경북 구미공단에 있던 구미 모바일 연구소 인력 2,000여 명 중 절반가량을 수원 사업장으로 이동시켰다. 당시 삼성전자 측은 "유사 기능을 통폐합해 시너지를 높이기 위한 것"이라고 설명했다. 그러나 구미에서 근무를 꺼리는 연구원이 많아 인력 수급 문제가 컸던 것도 이유가 된 것으로 알려졌다. LG전자도 TV와 모니터 제품을 개발하는 구미연구소 인력 500여 명을 경기 평택시로 이전하며 디자인센터와 연구소 인력을 서울 서초구 양재동으로 통합한다고 발표했다.

본사도시와 혁신중심지로서의 서울을 설명한 지금, 이러한 현상이 기업 기능의 연결에 어떠한 영향을 주는지를 좀 더 섬세하게 살펴보려 한다.

첫 번째, 서울에 가까운 서울권에는 여러 가지 기능이 혼재할 수 있다. 예를 들어 본사기능이나 혁신기능이 서울권에 입지할 수도 있다. 서초 삼성타운에 입주했던 삼성전자는 2016년 수원으로 옮긴다. 통제, 혁신, 생산이라는 많은 기능이 서울권인 수원에서 이루어지는 것이다. 물론 수원에서만 이루어지는 것은 아니다.

두 번째, 공간적 위계질서는 점점 더 기점으로 몰린다. 역시 삼성전자가 좋은 예이다. 그림 8.13은 저자가 구조화한 삼성 기업연결망의 구조이다.

삼성의 경우 흥미로운 점은 앞서 언급한 기능의 혼재도 이 위계질서에서 같이 나타난다는 것이다. 디자인과 소프트웨어 연구개발 기능은 서울 R&D 캠퍼스에 있으며, 나머지 연구개발 기능은 본사도 입지한 수원 디지털시티에 있다.

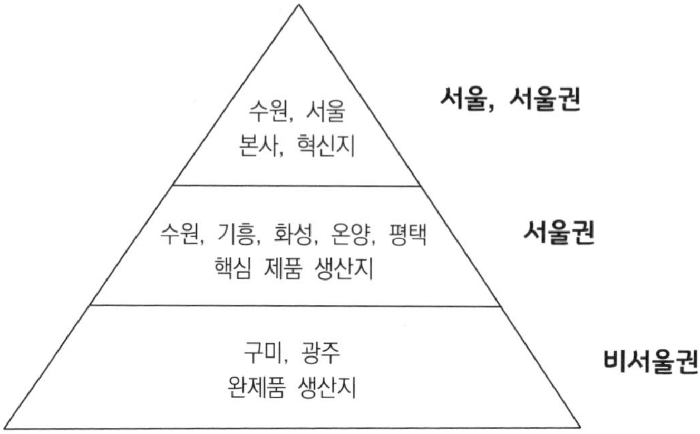

그림 8.13 삼성 사업장의 기능 및 공간 구조

하지만 서울권과 비서울권의 차이는 명확하다.

세 번째는 기업연결망의 범위 역시 서울권으로 한정되는 경향을 보인다는 점이다.

서울권 작동을 단적으로 가장 잘 보여주는 것은 기업의 활동망이다. 이 책에서 연결망도시 개념을 서울권 정의에 활용하는 이유이기도 하다.

기업의 연결망이 서울권에 제한된다. 만도의 경우, 본사 기능과 연구는 분당에서 이루어진다. 주행장은 평택에 위치해있다.

현대기아자동차 본사는 강남 양재에 있다. 연구와 주행은 경기도 남양에서 대부분 이루어진다. 서산에도 대규모 주행장을 지을 계획이다.

한국타이어 본사는 강남에 있다. 한국타이어의 기업 활동망은 이 책에서 언급하는 서울권을 살짝 더 벗어나 이루어져 있다. 주행장은 금산과 태안에 위치해있다. 연구개발 활동은 대전에서 이루어진다.

받아들이기 불편하더라도, 이러한 추세가 현실이고 또 미래이다.

추세와 서울중심주의가 합쳐진 결과이다. 세계도시화는 추세이다. 혁신과 생산의 근접 역시 추세이다.

하지만 서울 중심 기반시설 확충은 정책이다. 수도권 공장 신증설 허용도 마찬가지이다.

벌써 아주 오래전에 미래는 결정된 것이다.

출처: https://ko.wikipedia.org/wiki/삼성디지털시티
The headquarters(Digital City) of Samsung Electronics in Paldal-gu, Suwon, South Korea File:Samsung HQ in suwon.jpg 2013년 5월 22일

그림 8.14 수원에 위치한 삼성 디지털 시티

8.5 전자상거래 도시 강남과 비서울권의 쇠퇴

비서울권은 유통 혁명의 직격탄을 맞고 있다. 이는 제조업 붕괴 현상만큼이나 심각하다.

전자상거래의 확산은 모든 도시에 공통적으로 도소매업의 급격한 쇠퇴라는 현실을 만들어내고 있다. 정도에서 차이가 날 뿐이다.

전통적 도소매업을 무너뜨리는 한편, 전자상거래는 새롭게 도시를 줄 세운다.

전자상거래를 주도하는 기업은 한적한 곳을 본사를 선택하지 않는다. 이공계 고급인력 유치에서의 장점과 본사도시로서의 기존 입지성이 결합한 곳이 독보적 이점을 가진다.

전자상거래라는 피라미드의 정점에는 강남이 있다. PC 부문 강자는 세 개의 업체이다. 2015년 12월 월간이용자 기준 순위에서 다음과 같다. 모바일 부문은 아직 이용자 수가 PC에 비해 작다. 1위인 11번가가 790만 명을 기록한다. 쿠팡(746만 명), 위메프(700만 명), 티몬(655만 명), 옥션(461만 명)이 뒤를 잇는다. PC와 모바일 부문에서 공통적으로 10위에 들어있는 업체숫자는 7개이다. 모바일 분야에서 새로이 들어온 3개 업체는 홈&쇼핑, CJ몰, 현대H몰이다(outstanding, 2016년 1월 8일).

1위	G마켓	1,310
2위	11번가	1,246
3위	옥션	1,116
4위	인터파크	815
5위	위메프	753
6위	쿠팡	707

7위	티몬	671
8위	GS샵	650
9위	신세계	560
10위	롯데	461

G마켓과 옥션을 운영하는 이베이코리아는 역삼동 강남파이낸스센터에 본사를 두고 있다. 인터파크, 위메프, 쿠팡, 티몬은 모두 강남구에 입지해있다. 강남에서 지휘하는 상거래가 전체의 대부분을 차지하고 있다.

물론 모든 업체가 강남에 있지는 않는다. 원래 전자상거래 업체로 시작하지 않은 기업의 경우는 다른 모습을 보인다. 기존 모기업 입지나 사업과 연관되면서 탈강남 성향을 보인다.

GS샵은 영등포구 GS강서타워에 입주해있다. 신세계몰은 신세계그룹이 있는 중구에 자리 잡고 있다. 롯데닷컴은 롯데그룹 한국 본사입지와 동일한 중구이다. 11번가를 운영하는 SK플래닛은 판교에 입지해있다. SK케미칼 그리고 같은 계열인 SK가스의 본사는, 판교에 있다. SK C&C는 연구시설인 판교캠퍼스를 가지고 있다.

강남을 정점으로 하는 전자상거래 피라미드의 중간단계는 광역 물류시설로 불리는 창고가 있는 거점이다. 물류센터 입지론은 대체로 대도시 인근 교통 요충지로 한정된다.

이 것이 부동산 업계의 판단이다. 세계적 부동산 기업 Savills의 입장을, 세빌스코리아 전경돈 대표은 말한다(서울경제, 2015년 8월 2일).

> 물류센터 투자시 고려해야 할 점은 무엇일까. 먼저 입지조건이다. 좋은 입지는 부동산 자산의 가장 기본적인 조건이다. 입지는 주요 고속도로 IC와의 거리(보통 5㎞ 이내), 생산지 접근성(공항과 항

만 철도 등과 물류센터의 거리), 소비지 접근성(서울 도심에서 물류센터의 거리), 그리고 배후지에서의 인력수급이 쉬운 지 등을 고려해야 한다. 주목할 부문은 소비지 접근성이다.

시설조건도 중요하다. 당일 배송 서비스를 위해서는 물류센터 내부에서 화물을 취급하는 시스템이 갖춰져야 한다. 얼마나 빠르고 효율적으로 화물을 입출할 수 있는지가 관건이다.

마지막은 모든 부동산의 핵심인 가격 및 임대조건이다. 투자자는 신용도가 높은 우량한 화주가 장기 임차 중인 물류센터를 제일 선호한다.

그래서 피라미드의 중간단계는 대부분은 서울권에 입지한다. 일부는 광역대도시와 광역대도시 인근 교통요충 중소도시 몫으로 돌아간다.

대도시 인근, 생산지 접근성, 소비지 접근성이라는 조건은 기본적으로 유통센터 입지로서도 서울권을 선호하게 된다. 각 전자상거래 업체의 유통센터를 다룬 다음의 기사는 이러한 점을 잘 보여준다(한국경제, 2015년 9월 4일).

최근 대규모 투자금을 유치한 쿠팡이 돈을 풀기 시작했다. 지난해 시작한 로켓배송을 중심으로 배송 서비스 강화에 더욱 집중하며 본격적인 차별화에 나선 것이다. 4일 쿠팡은 광주[광역]시와 투자협약을 맺고 진곡산단부지에 5만3531㎡ 규모의 물류센터를 건립한다고 밝혔다. 2017년까지 공사에 600억 원이 투입된다. 쿠팡은 지난달에도 김천시와 협약을 맺고 6만6120㎡ 부지에 1,000억 원을 들여 물류센터를 설립하기로 했다. 한 달 새 1,600억 원을 물류센터

> 건립에 배정한 것이다. 쿠팡은 현재 수도권을 중심으로 8곳이 있는 물류 센터를 16개까지 늘릴 예정이다. 경쟁사인 티몬과 위메프가 각각 [서울] 장지동과 경기도 광주에 1~2개를 운영하는 것과 비교되는 수치다.

전자상거래 유통 피라미드의 제일 아래 단계는 배송의 하부 단위인 지역별 지점이다. 지점의 분포는 인구나 소비력에 비례한다는 것을 감안할 때, 비서울권 도시는 크기에 상관없이 크게 기대할 점이 없다.

본사가 입지한 강남, 유통센터가 다수 있는 서울권과 비교하면 전자상거래라는 새로운 피라미드에서 얻는 경제적 효과는 거의 없다고 볼 수 있다.

비서울권 도시는 도소매업의 황폐화라는 상처만이 남게 될 것이다. 전자상거래는 음료수와 신선식품과 같은 길거리 소매업에도 큰 영향을 미칠 수 있다.

부가적인 피해도 있다. 전자상거래 도시 강남의 독점적 존재감은 나머지의 부재로 이어진다. 고소득 고급인력을 위한 각종 소매업과 서비스업 역시 비서울권에서 발붙이기 어려울 것이다.

8.6 '순수' 부동산 투기와 커지는 서울권

'순수' 부동산 투기도 서울권이 커지는 데 한 몫 한다. 부동산 투기는 사회기반 시설에 대한 대규모 사회기반시설 투자를 수반한다. 가장 좋은 예는 다리나 도로이다. 이는 서울권이 더 연결되고 더 조밀해지는 데 기여한다.

그림 8.7을 여기서 다시 가져온다.

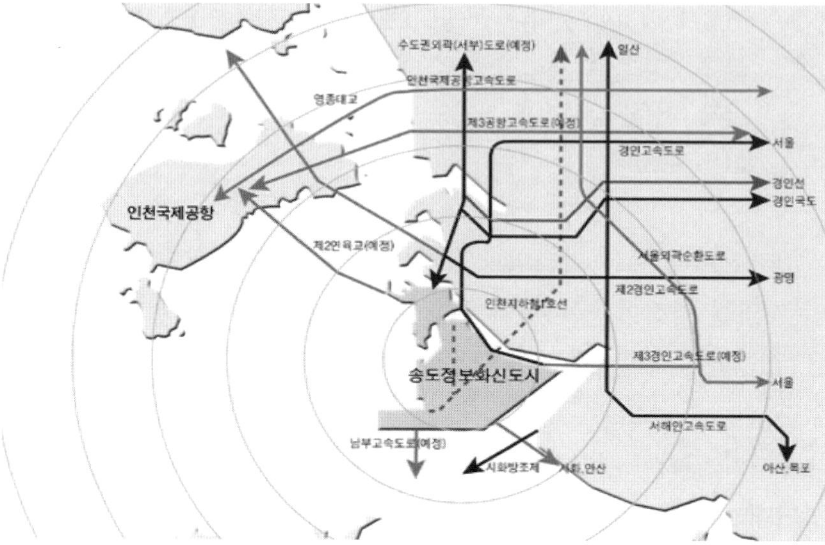

출처: 연수구청. 2004. http://www.yeonsu.go.kr/korea/econo/songdo_index.html 7월 27일 접근

그림 8.7 인천공항, 송도신도시, 그리고 강남

부동산 투기는 서울권 비서울권 어느 곳에서도 일어난다. 단지 서울권이 더 큰 영향력을 가질 뿐이다. 더 큰 규모로 지어지고, 더 큰 액수의 시세 차익이 일어난다.

여기서는 가장 좋은 예로 그림 8.1에 나오는 인천 송도의 예를 든다. 서울권에 일어나는 부동산 투기의 규모를 보여 준다. 투입되는 자원의 양이 엄청나고, 또 부동산 거래의 규모 역시 엄청나다.

송도는 일종의 반면교사이다. 마지막 장에 저자가 언급하는 정책 제언과는 정반대의 사례이다.

서울 도심에 대규모 공공주택을 공급하라는 것이 저자의 서울권 처방이다.

출처: https://en.wikipedia.org/wiki/Songdo_International_Business_District
Fleetham 31 December 2014. Songdo from 29th floor observation deck of G-Tower

그림 8.15 인천 송도 전경

서울과 한참 떨어진 곳에, 흙을 바다에 부어 인공섬을 만들고, 집을 팔아 수익을 남기는 송도 국제지구와는 정말 정반대의 이야기이다.

중산층과 부유층을 위한, 전혀 공공적이지 않은 주택이 송도에는 대거 공급되어 왔다.

다음은 2019년 2월 21일 기준 송도동 경제자유구역 내 아파트에 대한 정보이다. 소형이 없고 또 그럼으로 인해 가격이 높다는 것을 알 수 있다.

KB 국민은행 시세 (인천 연수구 송도동 경제자유구역 내 아파트)

아파트(유형, 준공연도, 세대, 동, 공급면적)	시세(일반평균가)
e편한세상 송도 아파트·2018·총 2,708세대·총 15개동·95~114㎡	41,000 ∽ 51,500
글로벌캠퍼스푸르지오 주상복합·2013·1,703세대·10개동·117~302㎡	49,000 ∽ 71,500
더샵그린스퀘어 아파트·2014·총 1,516세대·총 12개동·85~165㎡	42,000 ∽ 74,000
더샵그린워크1차 아파트·2014·총 736세대·총 6개동·85~132㎡	44,500 ∽ 60,500
더샵그린워크2차 아파트·2014·총 665세대·총 6개동·101~154㎡	47,250 ∽ 80,750
더샵센트럴파크2 주상복합·2011·총 632세대·총 3개동·98~400㎡	42,500 ∽ 121,000
더샵센트럴파크 I 주상복합·2010·총 729세대·총 3개동·104~378㎡	43,000 ∽ 133,000
더샵엑스포(10단지) 아파트·2009·461세대·6개동·106~213㎡	49,500 ∽ 177,000
더샵엑스포(6단지) 아파트·2009·총 356세대·총 6개동·121~179㎡	53,500 ∽ 70,000
더샵엑스포(9단지) 아파트·2009·총 520세대·총 6개동·105~211㎡	49,000 ∽ 177,000
롯데캐슬 아파트·2012·총 643세대·총 6개동·113~162㎡	51,750 ∽ 67,500
롯데캐슬캠퍼스타운 주상복합·2016·총 1,230세대·총 6개동·91~141㎡	43,500 ∽ 67,750
베르디움더퍼스트 아파트·2017·총 1,834세대·총 15개동·86~153m	41,000 ∽ 51,000
송도국제도시호반베르디움 아파트·2017·1,153세대·9개동·88~116㎡	44,250 ∽ 55,500
송도금호어울림 아파트·2005·총 510세대·총 11개동·107~182㎡	40,750 ∽ 58,500
송도더샵그린애비뉴7단지 아파트·2012·474세대·10개동·114~174㎡	50,500 ∽ 70,000
송도더샵그린애비뉴8단지 아파트·2012·540세대·11개동·114~174㎡	50,500 ∽ 69,500
송도더샵그린워크3(D-17) 아파트·2015·358세대·3개동·94~139㎡	45,000 ∽ 67,000
송도더샵그린워크3(D-18) 아파트·2015·780세대·6개동·111~154㎡	55,500 ∽ 81,500
송도더샵마스터뷰(F21) 아파트·2015·692세대·6개동·96~245㎡	49,000 ∽ 115,000
송도더샵마스터뷰(F22) 아파트·2015·691세대·6개동·96~245㎡	49,000 ∽ 115,000
송도더샵마스터뷰(F23-1) 아파트·2015·478세대·5개동·96~244㎡	49,000 ∽ 115,000
송도더샵센트럴시티 주상복합·2018·2,610세대·15개동·84~242㎡	44,000 ∽ 73,000
송도더샵퍼스트월드 주상복합·2008·1,596세대·6개동·113~412㎡	48,000 ∽ 111,000
송도더샵퍼스트파크(F13-1BL) 아파트·2017·856세대·5개동·98~145㎡	56,000 ∽ 77,000
송도더샵퍼스트파크(F14BL) 아파트·2017·869세대·5개동·87~144㎡	52,000 ∽ 77,000
송도더샵퍼스트파크(F15BL) 아파트·2017·872세대·5개동·87~144㎡	52,000 ∽ 77,000
송도더샵하버뷰(13단지) 아파트·2011·553세대·8개동·115~297㎡	48,250 ∽ 56,500
송도더샵하버뷰(14단지) 아파트·2011·292세대·4개동·110~244㎡	47,500 ∽ 55,000

송도더샵하버뷰2(15단지) 아파트·2012·548세대·8개동·110~200m^2 47,000 ∽ 87,000

송도더프라우2(3단지) 주상복합·2012·180세대·3개동·154~261m^2 52,000 ∽ 57,500

송도성지리벨루스 아파트·2006·총 626세대·총 12개동·109~165m^2 40,750 ∽ 51,500

송도센트럴파크푸르지오 주상복합·2015·551세대·3개동·116~291m^2 70,500 ∽ 135,000

송도아메리칸타운IPARK 주상복합·2018·830세대·3개동·91~226m^2 38,250 ∽ 85,500

송도아트윈푸르지오 주상복합·2015·총 999세대·총 2개동·120~302m^2 53,500 ∽ 90,000

송도에듀포레푸르지오(Rc2) 아파트 2016·1,406세대·8개동·82~143m^2 42,750 ∽ 56,500

송도웰카운티1단지 아파트·2008·총 980세대·총 25개동·107~213m^2 48,000 ∽ 78,000

송도웰카운티2단지 아파트·2007·총 798세대·총 20개동·107~214m^2 48,000 ∽ 78,000

송도웰카운티3단지 아파트·2010·총 515세대·총 9개동·97~152m^2 47,000 ∽ 59,000

송도웰카운티4단지 아파트·2010·총 465세대·총 8개동·110~215m^2 49,000 ∽ 84,000

송도이안 주상복합·2006·총 108세대·총 2개동·156~156m^2 43,000

송도자이하버뷰2단지 아파트·2011·총 523세대·총 9개동·112~366m 48,500 ∽ 95,000

송도캐슬앤해모로 아파트·2013·총 1,439세대·총 13개동·111~215m^2 47,500 ∽ 71,000

송도코오롱더프라우1단지 주상복합·2009·120세대·2개동·165~279m^2 50,500 ∽ 55,000

송도코오롱더프라우2단지 주상복합·2009·104세대·2개동·165~279m^2 50,500 ∽ 55,000

송도푸르지오월드마크1단지 주상복합 2010 100세대·2개동·154~248m^2 50,000 ∽ 60,000

송도푸르지오월드마크2단지 주상복합 2010 97세대 2개동·154~249m^2 50,000 ∽ 60,000

송도푸르지오월드마크7단지 주상복합·2010 95세대 2개동·154~249m^2 50,500 ∽ 60,500

송도푸르지오월드마크8단지 주상복합·2010·116세대·2개동·152~246m^2 50,500 ∽ 60,500

송도푸르지오하버뷰 아파트·2011.02·총 593세대·총 7개동·127~342m^2 60,000 ∽ 93,500

송도풍림아이원(1단지) 아파트·2005·총 1,024세대·총 18개동·110~145m^2 38,500 ∽ 46,250

송도풍림아이원(2단지) 아파트·2005·총 958세대·총 14개동·110~117m^2 ‘38,500 ∽ 39,250

송도풍림아이원(3단지) 아파트 2005·총 504세대·총 7개동·110~118m^2 37,500 ∽ 37,750

송도풍림아이원(4단지) 아파트·2005·총 504세대·총 13개동·110~142m^2 38,500 ∽ 45,000

송도풍림아이원(6단지) 아파트·2005·총 344세대·총 10개동·153~215m^2 50,250 ∽ 79,500

송도해모로 아파트·2006·총 661세대·총 15개동·106~222m^2 43,250 ∽ 75,500

송도해모로 월드뷰 아파트·2012·총 638세대·총 5개동·112~213m^2 48,750 ∽ 61,500

아이파크송도 아파트·2005·총 616세대·총 13개동·111~303m^2 45,000 ∽ 77,500

인천송도힐스테이트 주상복합·2010·총 118세대·총 2개동·154~282m^2 55,000 ∽ 73,500

송도는 순수한 부동산 투기이자 동시에 서울집중주의 정책의 산물이기도 하다. 싱가포르나 홍콩과 같은 세계도시를 만든다고 송도 국제지구 개발을 시작했다.

서울집중주의가 바로 이러한 것이다. 이러한 이야기가 실질적인 정책 목표인지 아니면 이념적 수사인지를 떠나, 다른 도시를 세계도시로 만들 생각은 없는 것이다.

세계도시 송도 이야기가 나온 지가 벌써 20년이 되어 간다. 만약 세계도시 부산 이야기가 이때부터 나왔다면, 부산의 공항기능에 대해 좀 더 정책적 고민을 일찍 시작했을 것이다. 동남권 신공항을 둘러싼 소모적 갈등과 천문학적 비용은 지금의 현실에서 없었을 수도 있다.

다음의 송도경제자유구역 연혁은 원래의 성격을 잘 보여준다.

구분	제도내용
2002. 1. 14.	대통령 연두기자회견「동북아 비즈니스 중심국가」육성 기본구상발표
2002. 4. 4.	국가경제자문회의 겸 경제정책조정회의, 동북아 비즈니스 중심국가 실현을 위한 기본계획(Master Plan) 확정
2002. 7. 29.	경제 간담회를 개최하여 관련 부처 간 협의를 통해 마련한 세부 실행계획(Action Plan)을 확정
2002. 11. 14.	「경제자유구역의 지정 및 운영에 관한 법률」 의결 (2003.7.1 시행) - 인천광역시는 2003년 7월 1일 법 시행과 동시에 송도정보화신도시, 영종·용유·무의지역, 서북부김포매립지를 '인천경제자유구역'으로 지정·신청
2003. 8. 11.	재정경제부「경제자유구역위원회」, 인천의 '송도·영종·청라지구'를 우리나라 최초로 경제자유구역으로 지정·고시
2003. 10. 15.	인천경제자유구역청 출범 (정원 286명)
2004. 11. 11.	최초 경제자유구역 사업인 송도 국제도시 착공

출처: 인천광역시. 2005. p.41.

수도권 공장 설립 허가라는 성격도 서울중심주의를 보여준다. 외국 자본에게만 공장을 허용한다고 했다가, 이후에 법을 바꾸어 국내 기업의 공장 설립을 허가해 준 경우이기 때문이다. 대표적인 예가 삼성바이오로직스 공장이다.

외국인 투자 유치가 쉽지 않자, 국내 기업이 투자할 수 있도록 '경제자유구역 지정 및 운영에 관한 법률'을 2011년 개정한다.

사실 서울집중주의 정책의 문제는 2002년 처음의 법률로 거슬러 올라간다. 기존 수도권 규제를 '외국인 투자'라는 표현 하나로 무력화시키는 법이기 때문이다.

각종 규제를 우회하는 존재로서의 2002년 원래의 법은 부록 1에서 살펴볼 수 있다. '경제자유구역의 지정 및 운영에 관한 법률'이다.

9 약자를 위한 정책

'서울권의 등장과 나머지의 쇠퇴' 현상에 대한 정책은 세 가지로 정리할 수 있다.

첫 번째는 지역발전유발 지식서비스의 전국적 확충이다. 두 번째는 사회적 약자를 위한 서울권 만들기이다. 세 번째는 비서울권 도시 연결망 구축이다.

9.1 지역발전유발 지식서비스의 전국적 확충과 공공성 강화

지역발전유발 지식서비스 논의는 이 책에서 처음 이루어지는 것이 아니다. 김준우·안영진 저, 2017.『새로운 지역격차와 새로운 처방: 철근/콘크리트에서 지역발전유발 지식서비스로』에서 제시되었다.

지역발전유발 지식서비스는 '지역발전유발 지식서비스'는 '지역의 지속적 고부가가치 창출과 삶의 질 향상을 가능하게 하는 지식관련 고차서비스'이다.

지역발전의 방향과 방법을 제시하는 두뇌기능, 종합병원급 의료서비스, 공과대학이나 이공계 연구소에 의한 연구개발이라는 세 가지를 현실에서의 예로 들 수 있다(김준우·안영진, 2017: 3).

'어리석은 철근/콘크리트'를 그만두자는 것으로 책은 시작한다. 거창한 이름을 내세우고 누가 집권하던 상관없이 이루어지는 대규모 건설 사업을, 이제는 그만두자는 것이다. 물론 '똑똑한 철근/콘크리트'는 필요하다.

지역 정책기능, 의료, 연구기능이라는 세 가지는 어느 지역에도 더 확충되어야 하고 공공성이 더 확보되어야 한다. 서울권과 비서울권 모두에게 적용된다는 의미이다.

9.1.1 지역정책 역량

지역 정책기능은 분명히 서울권과 비서울권 모두에게 더 많아져야 하고 더 공공적이어야 한다.

여기서 먼저 정책이 어떤 식으로 준비되어야 하는지에 대해 독자 모두가 공감할 수 있는 몇 가지를 살펴보자.

먼저 큰 좋은 뜻으로 이루어져야 한다. 사적 이익이 아니어야 한다는 의미이다. 선거 결과, 조직 확대, 금전적 이익 추구가 사적 영역이나 공적 영역에서 추구되어서는 안 된다는 것이다.

그리고 체계적으로 접근되어야 한다. 무엇 하나만 해결되면 모든 것이 해결 될 것이라는 접근이 횡횡한다. 실제는 그렇지 않다. 예를 들어보자. 교통은 교통만의 문제가 아니다. 교통은 복지의 핵심적 부분이다. 도시 계획에 있어 가난한 사람일수록 교통이 편리한 도심 한 복판에 살 수 있도록 정책적 역량을 기울여야 한다. 병원에 가는 것이 더 필요하고, 일자리에 접근하는 것이 더 절실한 사람들이기 때문이다.

마지막으로 일찌감치 (그것도 아주 일찌감치 부터) 준비되어야 한다. 아무 생각 없이 단기적 경기 부양효과만 생각해왔기 때문에, 서울 시내에는 가난한 사람들을 위한 공공택지가 절대 부족하다. 제주도와 부산에서 공항부지로 몸살을 겪는 것도 마찬가지이다. 미리 준비하면, 덤으로 비용도 절감할 수 있고 자연파괴도 줄일 수 있다.

이런 맥락에서 지역 정책 역량을 생각해보자. 지역 정책 역량은 아직도 현실적으로 보면 시도연구원에 한정되어 있다. 부산연구원(구 부산발전연구원), 경남발전연구원, 서울연구원과 같이 광역시나 도 단위에 대체로 하나씩 있는 조직이다.

여러 사람이 모든 체계적으로 한 지역 정책을 꾸준히 연구하는 조직을 한국에서는 찾아보기 힘들다. 그렇게 하는 것처럼 이름을 붙인 조직은 거의 다 정치 조직에 불과하다. 지역 대학에도 이러한 조직이 없는 것은 안타까운 일이다. 앞서 얘기한 좋은 뜻이 부족한 것이다.

최소한 형식적 역량은 갖추고 있는 시도연구원도 자기 역할을 못하고 있다. 이는 서울권과 비서울권 모두에 해당한다.

시도연구원이 활용되지 않기 때문이다. 시장이나 도지사는 임기 내 자신의 치적을 쌓고 얼굴을 알리기에 급급하다. 자기 자신의 좁은 경험이나 주변 인물의 전문성이 부족한 조언에 따라, 크고 중요한 정책을 갑자기 내놓는다. 좌우로 단순화되는 정당 어느 곳에 속하던 지간에 상관없이 이러한 일이 늘 생겨나는 것은 신기할 정도이다.

시장이나 도지사가 어느 외국 도시를 가서 우연히 본 사업을 '자신의' 도시에도 그대로 갑자기 시작하려는 일은, 놀라울 정도로 흔하다.

이러한 정책 대부분이 '어리석은 철근/콘크리트'이다. 집값이 오르는 것만큼, 안타깝게도 지지도는 올라간다.

규모와 성격에 상관없이, 어느 곳이던 지역 정책을 고민할 필요가 있다. 어려운 곳일수록 더 현명한 대처가 필요하다. 서울과 같은 곳은 어리석은 정책을 감내할 여유가 있다. 돈과 사람이 넘치는 곳이기 때문이다. 하지만 대부분의 지자체는 그럴 여유가 없다.

9.1.2 의료 서비스 확충과 공공성 강화

'빅5' 병원이라는 표현이 대변하듯, 의료서비스는 서울권이 압도적으로 우월하다. 따라서 의료서비스 확충은 비서울권에 더 절실한 과제이다.

4장에 나오는 지방소멸론에서 지방중핵도시 의료기능 강화 주장을 심각하게 받아들여야 한다. 저자도 비서울권 대도시 종합병원 수준을 서울권 최고 병원 수준으로 올려야 한다고 주장한다. 전반적인 수준을 끌어올리고, 각 거점 병원마다 현재 잘하고 있는 부문을 특화시키는 것이 현실적이다.

공공성 강화는 서울권과 비서울권 모두에 해당한다. 많은 환자를 받아야 많은 수익을 올릴 수 있는 대량생산 식의 의료체제를 바꿀 필요가 있다. 환자 수가 작더라도 작은 병원 운영이 가능하도록, 의료생태계를 살려나가야 한다.

오지에서는 애 낳을 병원이 없는 것이, 국민 소득 3만 불이라고 자랑하는 한국의 현 주소이다. 애가 큰 병이 걸리면, 가정이 산산조각 나는 것도 마찬가지로 엄연한 현실이다.

9.1.3 연구개발 기능

비서울권의 미래는 '공부'에 달려있다. 공과대학과 이공계 연구소가 핵심이다.

이유는 단순하다. 6장에서 설명한 생산주기 과정에서 상위를 차지하는 곳은, 본사도시와 혁신중심지이다.

본사도시의 위치를 노려볼만한 비서울권 도시는 부산뿐이다. 나머지 도시는 불가능하다는 것이 저자의 판단이다.

그렇다면 남은 것은 혁신중심지 뿐이다. 혁신중심지는 입지조건에서 자유롭다. 쉽게 말해서 공과대학은 어디든 설립될 수 있다. 세금을 투입할 의지만 있으면 가능하다.

다른 곳에는 미래가 없다. 땅을 파는 것은 분명히 대안이 아니다. 이 장에서도 '어리석은 철근/콘크리트'를 언급한 바 있다.

아직 많은 이가 공장에 집착한다. 공장을 세워서 지방 경기를 활성화시키겠다는 것은, 개별 지자체에게는 분명히 맞는 전략이다. 한국은 아직까지도 공장으로 경제가 돌아가는 곳이다.

하지만 두 가지 문제가 있다. 첫 번째는 세울 공장이 얼마나 있느냐는 것이다. GM의 군산 자동차 공장 폐쇄는 많은 것을 시사한다. 당장은 부산 르노 자동차 공장의 앞날도 밝지 않다는 것을 보여준다. 6장에서는 모듈 생산지의 운명이 어떠한지 자세히 설명한바 있다.

두 번째는 내가 사는 곳에 공장을 가져올 수 있느냐는 것이다. 7장에서 언급한 생산과 혁신의 근접화는 거스르기 힘든 밀물과 같은 존재이다. 기업 입장에서는 첨단 분야일수록 더 서울권에 입지하려고 기를 쓴다. 지을 큰 공장이 반도체 공장 밖에 없는 현실에서 이는 쉽지 않은 문제이다. 한 곳이 '정치력'을 발휘해 기업의 팔을 잘 비틀었다고 해서, 나도 할 수 있는 것은 아니다. 이러한 관행이 정당화될 수 있는 것인지도 생각해보아야 한다.

관광과 같은 지식서비스가 아닌 분야를 언급하는 이도 있다. 물론 가능성은 있다. 하지만 가능성이 모두에게 열린 것은 아니다. 제주도와 같은 자연조건을 어디나 가지고 있는 것은 아니다. 관광 시장은 생각보다 경쟁이 치열한 곳이다. 제조업이 무너진다고 마구 달려들 곳은 아니다.

미국의 대표적 자동차 제조회사 플린트(Flint, Michigan)가 야심차게 만든 자동차 박물관 Auto World를 예로 들 수 있다. 디트로이트 북서쪽 106km 떨어진 곳에 위치한 플린트는 디트로이트와 마찬가지로 대표적 자동차 도시이다. GM은 1908년에 이곳에 자동차 공장을 세웠다. 1980년대 불황 이전까지는 "vehicle city"라는 애칭이 어울리는 자동차 생산 중심지였다. GM은 고용인원을 1978년 80,000명에서 2010년에는 8,000명으로 줄였다(https://en.wikipedia.org/wiki/Flint,_Michigan, 2019.1.31. 접근).

플린트를 살릴 회심의 카드로 관광을 택한다. 1984년 Sig Flags AutoWorld라는 자동차를 주제로 한 테마파크를 연다. 모금, 투자, 정부 지원금이 투입되었다(https://en.wikipedia.org/wiki/AutoWorld_(theme_park), 2019.1.31. 접근). 관람객은 많지 않았고, 열고 닫기를 반복하다 1994년에 완전히 폐쇄되었다. 총 소요금액을 팔천만 달러로 추정된다[38]. 당시 조그마한 지자체가 진행한 사업으로는 상당히 큰 금액이다.

다시 연구개발 기능으로 돌아가 보자. '공부'라는 의미에서 꼭 공과 대학이나 이공계 연구소이어야 할 필요는 없다. 입지에서 자유로울 수 있는 교육시설을 비수도권 도시에 두는 것도 가능하다.

지자체 차원에서 '교육'에 신경 쓰는 것도 하나의 방법이다. 직업교육과 같은 형태도 체계적으로 특화해서 이루어지면 나쁘지 않다. 지역 출신 사람들이 다른 곳에서라도 직장을 구하는데 도움이 되기 때문이다.

도서관을 필요한 곳에 늘려나가고 내실 있게 운영하는 것도 좋은 전략이다.

38 NPR. 2011. "Listen to NPR report on AutoWorld as failed magic bullet for Flint" Oct 18.

9.2 약자를 위한 서울권

서울권 정책은 사회적 약자에 대한 것이어야 한다. 전 세계적으로 거대도시권은 강자의 공간이 되어가고 있다. 세계에서 가장 크고 화려한 도시는 점점 비슷해지고 있다. 중산층 소득으로는 살 수 없는 도심 주택 가격은 생활을 물리적으로 불가능하게 하는 통근시간으로 이어진다.

강자중의 강자만이 도심 한복판에 자리를 잡는다. 평범한 강자는 도시 안에 자신의 보금자리를 가지는 것에 급급하다.

강자 위주의 외국 거대도시권과는 다른 뚜렷한 길을, 서울권은 가야 한다. 외국 다른 곳이 겪는 고달픔을 꼭 서울권이 따라 해야 할 이유는 없다.

뉴욕에서 집 사기는 불가능에 가까워진다.

도쿄에서는 여전히 많은 이가 살인적 출퇴근 시간을 감내한다.

부자 도시 홍콩에서는, 많은 이가 옥상에 불법구조물을 짓고 생활하고 있다.

약자를 위한 첫 번째 우선순위는 생활의 보금자리를 제공하는 것이다. 서울 한복판에 대규모 서민주택 공급이 이루어져야 한다.

앞서 언급한바와 같이, 사회적 약자일수록 더 교통의 요지에 보금자리를 잡아야 한다. 가진 자는 도심에서 떨어지더라도, 도심 접근할 수 있는 여력이 있다.

반환이 예정된 용산 미군 기지를 서민임대주택으로 조성하자는 의견은, 보통 사람의 생각이 훨씬 현명할 수 있다는 것을 보여주는 좋은 예이다.

한 시대의 보통 사람들의 주거 형태는, 한 시대의 역사이다. 이 역사가 옛날 역사의 상징성보다 소중할 수 있다.

뉴욕 맨해튼 섬 한 가운데 있는 공원(central park)처럼 용산 미군기지터 전체를 조성하자는 이는, 막상 이 미국의 공원에 대해 잘 모를 가능성이 크다.

현재는 조금 나아졌다고 하지만, 그래도 악명 높은 범죄의 집결지이다. 생태 통로를 만들고 주변 녹지와의 연결에 신경 쓰면, 대규모 고층 아파트가 들어선다고 해도 충분히 공원 기능은 작동이 가능하다. 오히려 안전한 공원 유지가 용이하다.

공원에 집착하는 입장은, 공원으로 인해 생겨나는 부동산 이익에 관심이 있을 수도 있다. 공원이 내려다보이는 맨해튼 부동산은, 미국에서 가장 비싼 주거 지역 중 하나이다. 서울에 부동산을 소유하고 있는 이는, 서울에서의 물량 공급 자체를 반대할 수도 있다.

개인적으로는 합리적이지만, 다수의 비극으로 이어진다.

9.2.1 싱가포르에서 배우기: 공공주택 공급

용산 미군기지 반환지에 공공주택을 짓는 것에 멈추어서는 않된다. 단순히 이 곳 한 군데가 아니라, 주택 정책을 총체적으로 바꾸어 한다. 많은 돈과 큰 정성이 들어가야 한다.

싱가포르 사회에 대해 저자는 비판적이지만, 주택정책만은 따라 해야 한다고 주장한다.

싱가포르에서는 교통이 편리한 곳에 꾸준히 미리 계획된 공공 주택을 임대 내지 소유 형태로 공급해오고 있다.

다시 한 번 말하지만, 중요한 것은 의지이다. 1960년대부터 한국에서 5년짜리 경제개발 계획을 세우면서 성장에 우선순위를 두었다면, 싱가포르는 주택공급에 우선순위를 둔다. 물론 싱가포르도 계획된 경제성장을 해왔다. 여기서는 최우선 순위가 어디에 있는가 문제이다.

한국 60년대와 70년대처럼, 싱가포르는 계획을 세워 주택정책을 펴왔다. '20년 계획(The Concept Plan)'과 '5년 계획(The Master Plan)'이다.

20년 계획 관련부서(Planning Department, Ministry of National Development)는 교통을 포함한 미래의 물리적 발전을 포함하는 토지이용을 계획한다(Loh, 1987; 김준우, 2007 4장에서 인용).

1971년에 만들어진 첫 번째 계획<그림 9.1 참조>은 직선과 원으로 이루어진 도심 형태를 설정하였다. 기반시설로는 창이국제공항(Changi International Airport), 고속도로망, 경전철(MRT, Mass Rapid Transit)체제를 구상하였다.

이러한 교통통로 주위에 고밀도의 공공주택단지가 계획된다. 섬의 남쪽에 위치한 중심업무지역은 도심재개발을 통해 국제적 금융, 상업, 관광 중심지로 발전하게끔 계획되었다(Perry, Kong, and Yeoh, 1997; 김준우, 2007 4장에서 인용).

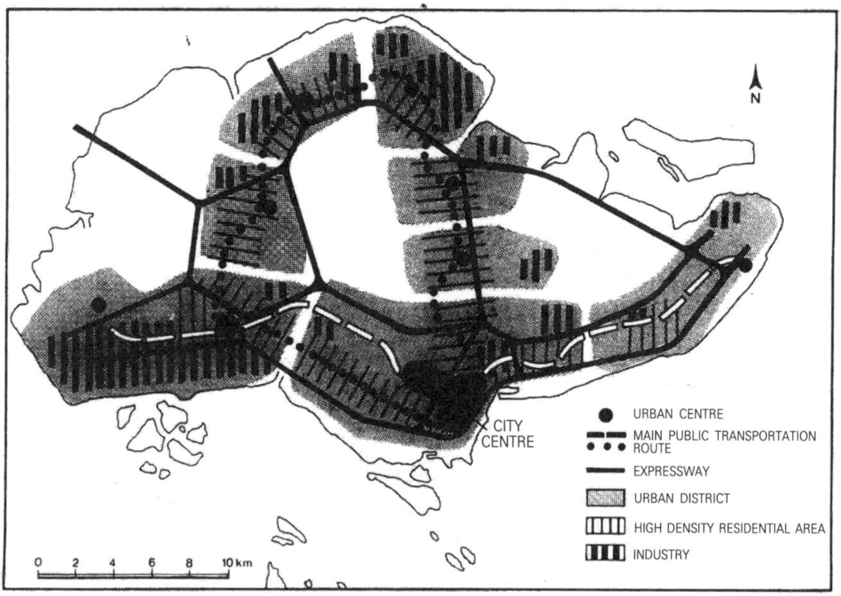

자료: Perry, Kong, Yeoh, 1997: 197

그림 9.1 1971년도 concept plan

싱가포르는 심각한 주거난을 겪은 나라이다. 2차 세계대전 이전부터 시작된 주거난이 전쟁 피해로 더 심각해졌다. 1960년대 초반만 해도 빈민가가 넘쳐나던 곳이었다.

다음의 숫자만 보면, 의지의 정도를 알 수 있다. 여기서 수요는 신청자 숫자이다. 자가 소유는 기한이 99년으로 제한된다. 대체적으로 설명하자면, 정해진 보유 기간이 지나면 시장가격으로 팔수도 있다.

수요기간	임대	자가 소유	공급기간	공급
60-65	52,408	2.967	60-65	53,777
66-70	66,005	40,013	66-70	63,448
71-75/76	57,034	123,213	71-75	110,362
76/77-80/81	47,958	141,430	76-80	130,981
81/82-85/86	38,628	205,502	81-85	189,299
86/87-90/91	15,995	194,206	86-90	119,708
91/92-95/96	39,200	308,454	91-95	98,994
96/97-00/01	27,787	129,904	96-00	157,919
01/02-05/06	22,968	51,052	01-05	55,135
06/07-10/11	20,725	64,767	06-10	23,519
11/12-15/16	22,726	136,537	11-15	96,991
16/17-17/18	9,089	48,888	16-17	61,235

물량 뿐 아니라 질도 상당히 높다. 한국의 흔한 말뿐인 '자족도시'가 아닌 실제로 자족할 수 있는 살기 좋은 환경을 조성하고 있다. 공공주택 신도시는 버스와 경전철로 연결되고, 바깥에 나가지 않아도 생활에

필요한 거의 대부분을 충족할 수 있게 되어 있다. 직장도 주변 산업단지 등에서 쉽게 구할 수 있도록 조성되어 있다.

각 신시가지는 25만에서 35만 정도의 인구를 수용하고, 그 신시가지 자체가 쇼핑, 교육, 여가생활, 종교 활동, 공동체생활 등에서 자족적이다. '신시가지 업무중심지구(TC, Town Center)'와 '동네 업무중심지구(NC, Neighborhood Center)'의 공간적 배치는 신시가지의 일률적인 상업 및 공공시설의 위계질서를 보여준다.

출처: https://en.wikipedia.org/wiki/Public_housing_in_Singapore
"Overview of Bukit Batok, an example of a satellite town developed by the HDB since the 1970s."
File: BukitBatok.JPG Created: 25 Mar 06 (First published 25 Mar 06)
mailer_diablo - Self-taken (Unmodified)

그림 9-2 싱가포르 공공주택 전경

출처: https://en.wikipedia.org/wiki/Public_housing_in_Singapore
Sengkang "Bedok North corridor, Jan 06.JPG"
Uploaded: 30 January 2006

그림 9.3 싱가포르 공공주택의 전형적 복도 구조

그림 10.3에서 보듯이 TC의 중심에서 반경 1.25 내지 1.5 킬로미터 내에 하위 시설인 NC가 자리 잡고 있다. TC의 경우 쇼핑몰, 개인서비스, 은행, 식당가, 유흥업종 등의 상위 서비스 시설들이 자리 잡고 있다. 공공적인 시설로는 도서관, 우체국, 보건소, 기타 공동체 서비스시설들이 배치된다. 아파트로 둘러싸인 TC에는 수영장과 체육시설이 자리 잡고, 그 주변으로 학교, 종교시설, 및 녹지 등이 배치되어 있는 것이 일반적인 지역환경이다(Loh, 1987; 김준우, 2007 4장에서 인용).

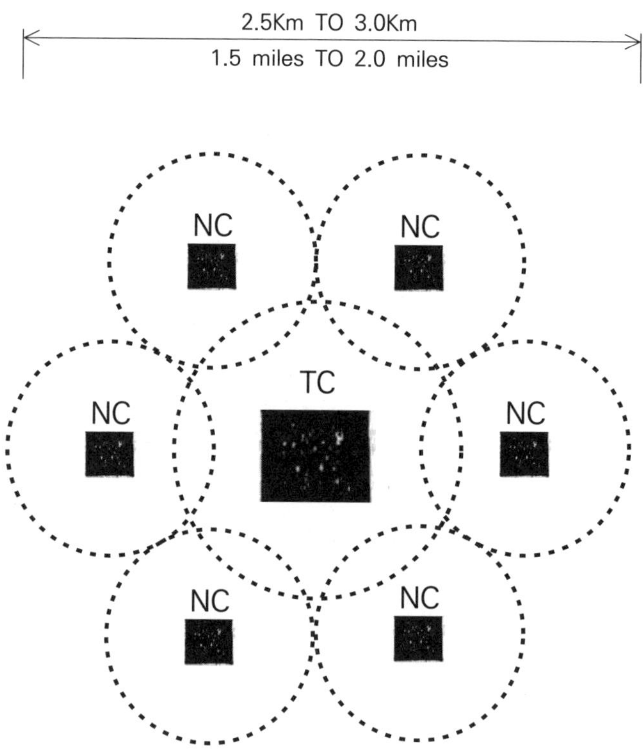

그림 9.4 싱가포르 신시가지의 '신사가지 업무중심지구(TC, Town Center)'와 '동네 업무중심지구(NC, Neighborhood Center)'

하위시설인 NC는 지역주민의 일상적인 필요를 충족하기 위해서이고, 4천에서 6천 정도의 가구를 설정하고 있다. NC는 반경 400미터 내지는 걸어서 10분 정도의 거리에 있는 거주가구를 위해 소매점, 식당, 시장, 의원, 문구상, 제과점, 미용실 등의 하위서비스를 제공한다 (Loh, 1991; 김준우, 2007 4장에서 인용).

자동차 사용이 억제되고, 대신 편리한 대중교통이 제공된다. NC에 있는 집에서 버스를 타고 TC에 도착한다. 그 다음에 경전철(MRT)을 이용한다.

다시 한국으로 돌아가서 이야기해보자. 당연히 서울 뿐 아니라 서울권 교통 요충지 곳곳에도 공공주택이 공급되어야 한다. 서울을 강조한 것은, 약자들의 생활터전이 가장 부족한 곳이기 때문이다.

약자를 위한 두 번째 우선순위는 교통이다. 먼저 서울권과 비서울권을 구분하지 않고, 공공 교통은 복지 차원에서 가능한 최대한 무료에 근접해가는 것이 필요하다. 현실적으로는 조금씩이라도 공공교통을 이용하는 사회적 약자의 비용을 줄여주는 것에서 시작할 수 있다.

특히나 서울권에서는 공공교통의 운영 시간대를 확대하여, 남들이 쉬는 시간에도 일하는 저소득층의 필요를 충족시켜야 한다. 서울시 내뿐만 아니라 서울권 내부를 연결하는 대중교통망을 확충 보완 운영해야 한다.

9.3 연결되는 비서울권

비서울권 도시의 또 다른 살 길은 서로 힘을 합치는 것이다. 비유적으로 이야기하자면, 약자의 살 길은 서로 힘을 합치는 것이기 때문이다. 현실적으로 이야기하자면, 먼저 비서울권 도시는 자족기능이 떨어지기 때문에 서로 연결되어야 한다. 의료의 예를 들어 보자. 서울권은 '빅5'

병원이 각자의 특화점을 가지고 경쟁하기 때문에, 어떤 질병이라도 대체적으로 대처가 가능하다. 응급 진료에서도 아주대가 중심지로 자리잡는 것은, 이러한 서울권 집중을 기이한 형태로 보여주는 사례이다.

힘을 합쳐야 하는 또 다른 이유는 상승효과이다. 앞서 3장 연결망 도시에서도 상승효과를 언급한 바 있다. 서로 다른 요소가 합쳐져서 더 큰 효과가 있을 수 있으며, 서로 비슷한 요소도 합쳐졌을 때 더 큰 효과가 있을 수 있다. 비슷한 요소가 합쳐졌을 때의 장점은 병원이나 공과대학을 생각할 수 있다. 한 쪽이 망하는 경쟁만 있는 것이 아니라 두 장소가 유기적으로 결합되었을 때는 서로에게 긍정적인 작동을 하는 경쟁이 있을 수 있다. 또한 보완도 이루어질 수 있다. 인류의 장점은 학습이라는 것을 다시 한 번 생각해 볼 수 있다.

보고 배울 수 있는 가장 쉬운 예는, 3장에서 언급한 간사이 지방의 연결망이다. 3장에서 "철도가 일본 도시를 만든다"라는 점을 설명하면서, 철도 회사의 존재감을 언급한 바 있다. 이러한 일본 도시화의 특성을 살려, 오래전부터 간사이 지역의 기업 주도 협력체제가 활성화되어 있다.

연결망 도시를 만들 수 있는 제도를 만들고, 연결을 시켜나가는 노력이 필요하다.

중앙정부가 돈을 가지고 각 지자체 갈등을 부추기는 현 제도는 근원적인 수술이 필요하다.

현 제도 내에서도 비서울권 각 지자체는 서로 협력하려는 노력을 강화해 나가야 한다.

간사이 지역에서는 이러한 협력이 잘 이루어지고 있다. 관련된 다음의 두 단체는 부록에 나와 있다. 부록2와 부록3을 살펴보면, 간사이에서의 지역 간 협력이 광범위하면서도 구체적이라는 것을 알 수 있다.

간사이 광역 연합 (union of Kansai governments)
http://www.kouiki-kansai.jp/

간사이 경제 연합회 (Kansai economic federation)
http://www.kankeiren.or.jp/

이제는 한국에서의 광역 단위 협력 가능성을 간단하게 그림으로 제시해 보려 한다. 서남권과 동남권 연결망을 제시한다. 지도에서 전주 부근의 익산, 정읍은 전주 영향권이라는 것이 쉽게 이해될 것 같아 생략한다. 무안, 나주 역시 마찬가지로 생략한다.

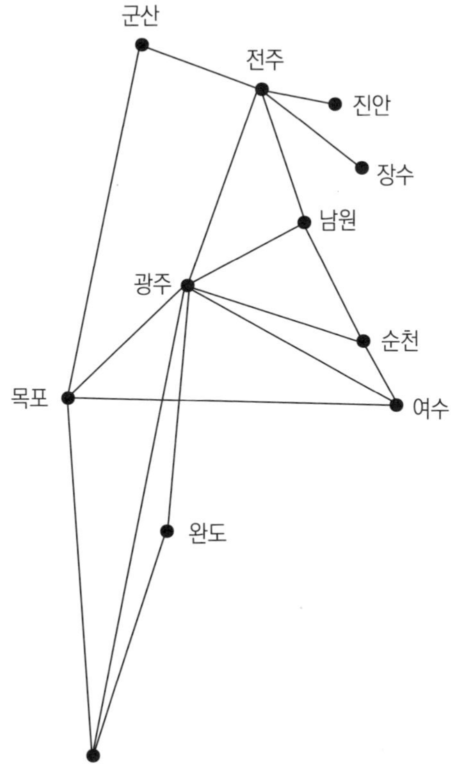

그림 9.5 서남권 연결망

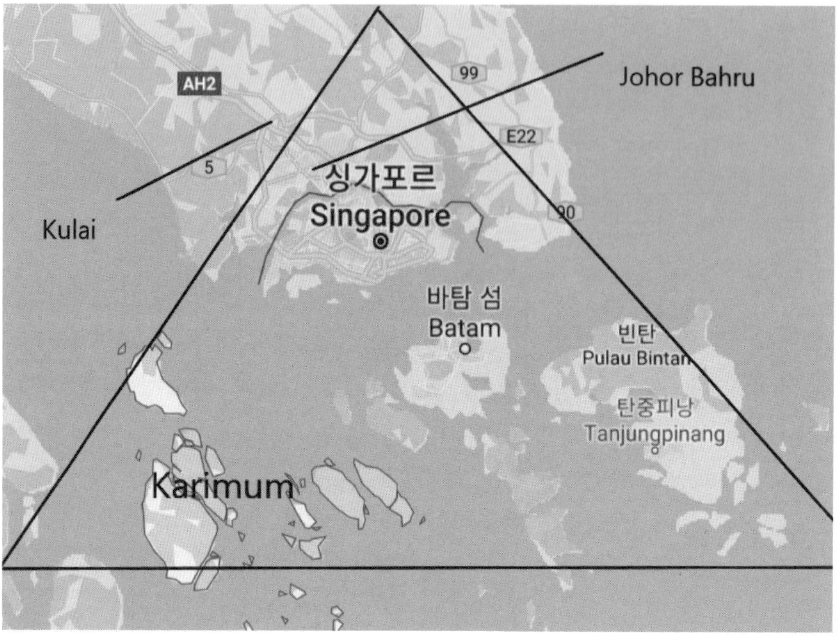

Administrative division

JOHOR STATE, MALAYSIA
Johor Bahru District
Kulai District

SINGAPORE

RIAU ISLANDS PROVINCE, INDONESIA
Batam City
Tanjung Pinang City
Bintan Regency
Karimun Regency

출처: https://en.wikipedia.org/wiki/Indonesia-Malaysia-Singapore_Growth_Triangle

그림 9.6 성장 삼각지대

동남권 연결망에서는 일본의 일부가 포함되어 있다. Scott(2001)는 '세계적 도시지역 global city region'이라는 개념을 제시한다.

국경을 넘어서는 대표적 세계적 도시지역으로는 그림 9.6을 들 수 있다. 싱가포르-말레이시아-인도네시아를 잇는 '성장 삼각지대 growth triangle'이다.

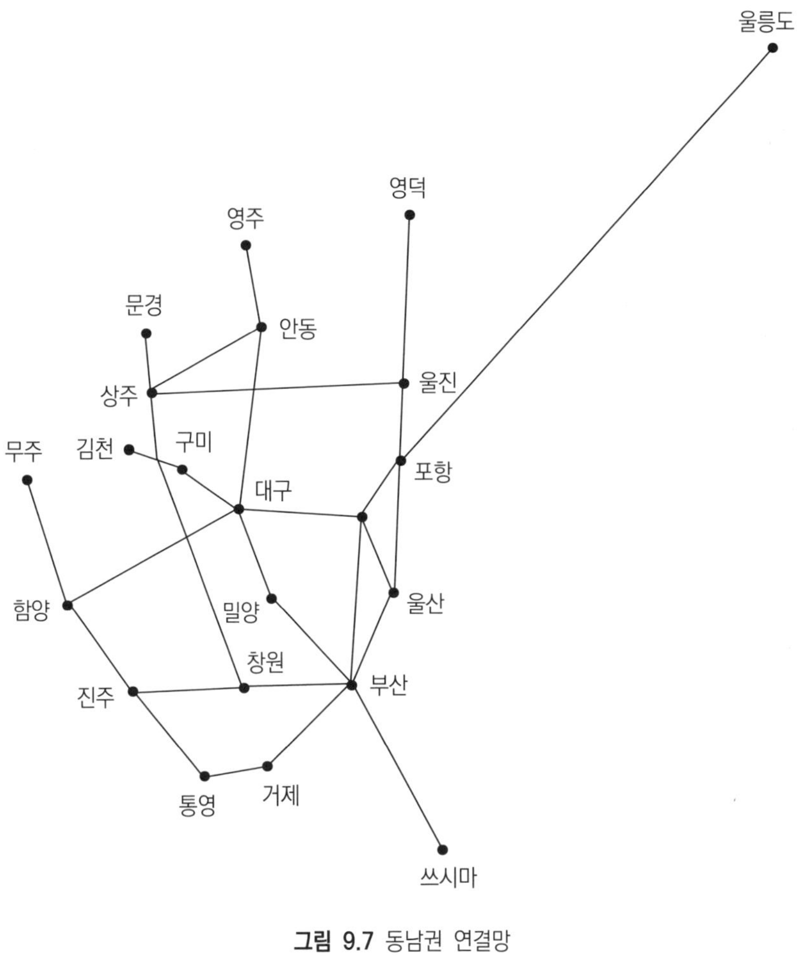

그림 9.7 동남권 연결망

1980년대와 1990년대 싱가포르 지역화 전략의 산물인 이 곳에서 주목할 만 한 점은, 정기적이고 실질적인 정부 간 협의를 들 수 있다. 한국의 지자체가 하지 못하는 것들이, 이곳 적도 부근에서 국경을 넘어서 이루어진다는 점이다.

이 개념은 대구-부산-쓰시마 권역에도 적용될 수 있다. 쓰시마는 이미 부산 외곽의 관광, 쇼핑 장소로 자리매김 되어 있다.

이러한 연결망은 기존 교통망을 효율적 활용에서부터 시작 할 수 있다. 2장에 나오는 'JR 간사이 와이드 패스 노선도'를 다시 가져온다. 이 노선도가 관광부문에서의 연결망을 직관적으로 보여준다.

일본이 관광 강국인 것은 가지고 있는 자원이 많다는 점도 있지만, 이러한 연결망을 만드는 사람들의 노력에도 기인한다.

간사이에서는 지역의 연결이 폭 넓으면서도 충실하게 진행되고 있다. 싱가포르의 이익에 치우친 느낌이 있는 성장 삼각지대와도 다르게, 여러 지자체의 실질적 상호 이익에 신경 쓰고 있다.

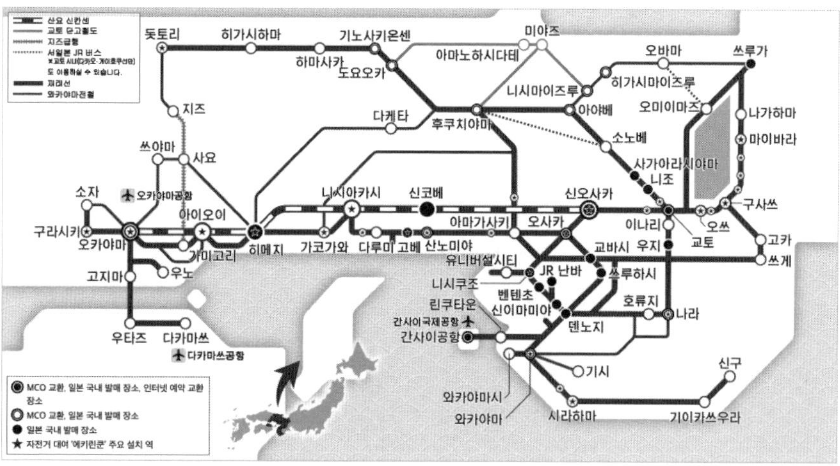

그림 2.11 JR 서일본 간사이 와이드 패스 노선도

단 일본 도시화의 맥락이 한국과 다른 점을 주의해야 한다. 3장에서 “철도가 일본 도시를 만든다”라고 언급하면서, 교통 기반시설에 투자하는 지역 자생적 기업의 주도적 역할을 저자가 설명한 바 있다.

금성근(2001: 26)은 이 점을 명쾌하게 정리한다:

> 간사이 광역연합 출범이 동남광역권에 주는 시사점 …
>
> - 간사이에는 철도, 전력, 가스, 관광회사 등과 같은 광역적으로 영업활동을 하는 대기업이 중심이 된 간사이 경제연합회 등 중간적 위치에서 광역적 협력을 선도해나가고, 이에 행정을 동참시켜나감.
>
> - 동남권에는 지역에 뿌리를 둔 대기업이 부족하고, 수도권에 본사를 둔 지사 내지 공장이 많아 지역 문제에 대한 관심도가 낮다고 말할 수 있음.

마지막으로 지식의 중요성을 다시 강조한다. 연결망 도시 구축은, 지역발전유발 지식서비스(김준우 안영진, 2017)와 다시 연결된다.

연결망 도시 이론은 공항과 공과대학을 강조한다. 연결망 도시 이론에서는 나오지 않지만, 저자는 숙련된 현장 실무 역시 중요한 생산요소로 생각한다.

간사이 국제공항과 교토/오사카 연구개발 조합으로 간사이 연결도시망을 이해할 수도 있다.

그림 2.11에서 핵심축은 신칸센이 지나가는 가로축이 아니라고 얘기할 수도 있다.

연결망 도시 이론이라는 맥락에서는, 간사이 국제공항에서 오사카를 거쳐 교토로 이어지는 대각선 축이 핵심이라고도 볼 수 있다. ‘Kansai Vision 2020’에서도 지식을 심도 있게 다룬다. 한국에서도 이러한 고민이 필요하다.

부록

부록 1. 송도경제자유구역 관련 법안

경제자유구역의 지정 및 운영에 관한 법률

법률 제6835호 신규제정 2002. 12. 30.

제1장 총 칙

제1조 (목적) 관련판례

이 법은 경제자유구역의 지정 및 운영을 통하여 외국인투자기업의 경영환경과 외국인의 생활여건을 개선함으로써 외국인투자를 촉진하고 나아가 국가경쟁력의 강화와 지역간 균형발전을 도모함을 목적으로 한다.

제2조 (정의) 관련판례

이 법에서 사용하는 용어의 정의는 다음 각호와 같다.

1. "경제자유구역"이라 함은 외국인 투자기업의 경영환경과 외국인의 생활여건을 개선하기 위하여 조성된 지역으로서 제4조의 규정에 의하여 지정·고시되는 지역을 말한다.
2. "경제자유구역개발계획"이라 함은 경제자유구역의 개발에 관한 기본계획으로서 제6조의 규정에 의한 내용을 포함하고 있는 계획을 말한다.
3. "외국인"이라 함은 외국인투자촉진법 제2조제1항제1호의 규정에 해당하는 자를 말한다.
4. "외국인투자기업"이라 함은 외국인투자촉진법 제2조제1항제6호의 규정에 의한 기업을 말한다.
5. "외국교육기관"이라 함은 외국의 법령에 근거하여 설립·운영되는 학교(분교를 포함한다)를 말한다.

제3조 (다른 계획과의 관계)

이 법에 의한 경제자유구역개발계획은 다른 법률에 의한 개발계획에 우선한다. 다만, 국토건설종합계획법 및 군사시설보호법에 의한 계획에 대하여는 그러하지 아니하다.

제2장 경제자유구역의 지정

제4조 (경제자유구역의 지정등) 관련판례

① 특별시장·광역시장 또는 도지사(이하 "시·도지사"라 한다)는 재정경제부장관에게 경제자유구역의 지정을 요청할 수 있다. 다만, 대상구역이 2개 이상의 특별시·광역시 또는 도(이하 "시·도"라 한다)에 걸쳐 있는 경우에는 해당 시·도지사가 공동으로 지정을 요청하여야 한다.

② 시·도지사는 제1항의 규정에 의하여 경제자유구역의 지정을 요청하고자 하는 때에는 경제자유구역개발계획을 작성하여 이를 제출 하여야 한다.

③ 재정경제부장관은 제25조의 규정에 의한 경제자유구역위원회(이하 "경제자유구역위원회"라 한다)의 심의·의결을 거쳐 시·도지사가 제출한 경제자유구역개발계획을 확정하고 경제자유구역을 지정한다. 이 경우 제1항의 규정에 의하여 경제자유구역의 지정을 요청한 시·도지사의 의견을 들어야 한다.

④ 재정경제부장관은 경제자유구역의 개발이 필요하다고 인정하는 경우에는 관할 시·도지사의 동의를 얻은 후 경제자유구역위원회의 심의·의결을 거쳐 경제자유구역개발계획을 수립하고 경제자유구역을 지정할 수 있다.

⑤ 재정경제부장관은 경제자유구역을 지정함에 있어서 필요한 경우에는 경제자유구역의 개발을 단계적으로 시행하도록 할 수 있다.

⑥ 재정경제부장관은 제3항 또는 제4항의 규정에 의하여 경제자유구역을 지정한 때에는 대통령령이 정한는 바에 따라 그 내용을 관보에 고시하고, 지체없이 이를 관할 시·도지사에게 통지하여야 한다.

⑦ 제6항의 규정에 의한 통지를 받은 시·도지사는 그 내용을 14일 이상 일반인이 열람할 수 있도록 하여야 한다.

제5조 (경제자유구역의 지정시 고려사항)

경제자유구역위원회는 제4조제3항 또는 제4항의 규정에 의한 심의·의결을 함에 있어 다음 각호의 사항을 고려하여야 한다.

1. 외국인의 투자유치 및 정주(定住)가능성
2. 지역경제 및 지역균형발전에 대한 파급효과
3. 필요한 부지확보의 용이성 및 개발비용
4. 국제공항·국제항만·광역교통망·정보통신망·용수·전력 등 기반시설
5. 환경적으로 건전하고 지속가능한 발전의 가능성
6. 지방자치단체의 지원체계 및 지원내용
7. 그 밖에 대통령령이 정하는 사항

제6조 (경제자유구역개발계획) 관련판례

경제자유구역개발계획에는 다음 각호의 사항이 포함되어야 한다.

1. 경제자유구역의 명칭·위치 및 면적
2. 경제자유구역 지정의 필요성
3. 경제자유구역안에서 실시되는 개발사업(이하 "개발사업"이라 한다)의 시행자
4. 개발사업의 시행방법
5. 재원조달방법
6. 토지이용계획 및 주요 기반시설계획
7. 인구수용계획 및 주거시설 조성계획
8. 교통처리계획
9. 산업유치계획
10. 보건의료·교육·복지시설 설치계획
11. 환경보전계획
12. 외국인의 투자유치 및 정주를 위한 환경조성계획
13. 그 밖에 대통령령이 정하는 사항

제7조 (경제자유구역의 지정 해제 등)

재정경제부장관은 직접 또는 시·도지사로부터 요청이 있는 경우 경제자유구역위원회의 심의·의결을 거쳐 경제자유구역의 지정을 해제하거나 경제자유구역 개발계획의 내용을 변경할 수 있다. 이 경우 해제 또는 변경의 절차에 관여하는 제4조의 규정을 준용하되, 대통령령이 정하는 경미한 사항을 변경하는 경우에는 경제자유구역위원회의 심의·의결을 거치지 아니할 수 있다.

제8조 (경제자유구역 지정의 효과)

경제자유구역의 지정이 있는 때에는 다음 각호의 결정·승인 및 지정이 있은 것으로 본다.

1. 도시개발법 제3조의 규정에 의한 도시개발구역의 지정, 동법 제4조의 규정에 의한 도시개발사업계획의 수립
2. 택지개발촉진법 제3조의 규정에 의한 예정지구의 지정, 동법 제8조의 규정에 의한 택지개발계획의 승인
3. 산업입지및개발에관한법률 제6조 내지 제7조의2의 규정에 의한 국가산업단지·일반지방산업단지 및 도시첨단산업단지의 지정
4. 관광진흥법 제50조의 규정에 의한 관광지 및 관광단지의 지정

제3장 경제자유구역 개발사업의 시행

제9조 (실시계획의 승인) 관련판례

① 개발사업시행자는 제4조제6항의 규정에 의한 고시일부터 2년 이내에 대통령령이 정하는 바에 따라 실시계획을 작성하여 재정경제부장관의 승인을 얻어야 한다. 승인을 얻은 사항을 변경하고자 하는 때에도 또한 같다. 다만, 제4조제5항의 규정에 의하여 경제자유구역의 개발을 단계적으로 시행하는 경우 최종 단계의 실시계획의 승인신청은 고시일부터 10년의 범위 이내에 따로 정하는 때까지 하여야 한다.

② 재정경제부장관은 제1항의 규정에 의하여 실시계획을 승인하거나 변경승인 하고자 하는 경우에는 경제자유구역위원회의 심의·의결을 거쳐야 한다.

③ 재정경제부장관은 제1항의 규정에 의하여 실시계획을 승인하거나 변경승인을 하고자 하는 경우에는 관할 시·도지사와 협의하여야 한다. 다만, 대통령령이 정하는 경미한 사항을 변경승인하는 때에는 그러하지 아니하다.

④ 제1항의 규정에 의한 실시계획에는 국토의계획및이용에관한법률 제52조의 규정에 따라 작성된 지구단위계획이 포함되어야 한다.

제10조 (실시계획승인 고시 등) 관련판례

① 재정경제부장관은 제9조의 규정에 따라 실시계획을 승인 또는 변경승인 하는 경우 지체없이 이를 관보에 고시하고 관계 서류의 사본을 관할 시·도지사에게 송부하여야 한다.

② 제1항의 규정에 의하여 관계 서류의 사본을 송부받은 시·도지사는 그 내용을 14일 이상 일반인이 열람할 수 있도록 하여야 한다.

제11조 (인·허가 등의 의제) 관련판례

① 개발사업시행자가 제9조의 규정에 의한 실시계획의 승인 또는 변경승인을 얻은 경우에는 다음 각호의 허가·인가·지정·승인·협의 및 신고등(이하 "허가등"이라 한다)을 받은 것으로 보며, 제10조의 규정에 의하여 실시계획의 승인이 고시된 때에는 다음 각호의 관계 법률에 의한 허가등의 고시 또는 공고가 있은 것으로 본다. [개정 2002. 12. 30, 법률 제6841호] [[시행일 2003.10.1.]]

1. 초지법 제21조의2의 규정에 의한 토지의 형질변경 등의 허가 및 동법 제23조의 규정에 의한 초지전용 허가
2. 산지관리법 제14조· 제15조의 규정에 의한 산지전용허가 및 산지전용신고, 산림법 제57조의 규정에 의한 보안림의 지정해제, 동법 제62조의 규정에 의한 보안림 구역안에서 행위의 허가, 동법 제73조의 규정에 의한 국유림안에서의 벌채 승인 또는 동의 및 동법

제90조제1항의 규정에 의한 입목벌채 등의 허가 [[시행일 2003. 10.1.]]

3. 농지법 제36조의 규정에 의한 농지법의 전용허가 또는 협의
4. 농어촌정비법 제20조의 규정에 의한 농업기반시설의 목적의 사용승인 및 제67조제4항의 규정에 의한 농어촌휴양지개발사업계획의 승인
5. 산업집적활성화및공장설립에관한법률 제13조제1항의 규정에 의한 공장설립 등의 승인
6. 하천법 제6조의 규정에 의한 관리청과의 협의 또는 승인, 동법 제30조의 규정에 의한 하천공사 시행의 허가 및 동법 제33조의 규정에 의한 하천 점용 등의 허가
7. 공유수면매립법 제9조의 규정에 의한 매립면허, 동법 제13조의 규정에 의한 고시, 동법 제15조의 규정에 의한 실시계획의 인가·고시 및 동법 제38조의 규정에 의한 협의 또는 승인
8. 오수·분뇨및축산폐수의처리에관한법률 제21조의 규정에 의한 분뇨처리시설의 설치승인
9. 폐기물관리법 제30조의 규정에 의한 폐기물처리시설의 설치승인 또는 신고
10. 수도법 제12조 및 제33조의2의 규정에 의한 일반수도사업 및 공업용수도사업의 설치의 인가와 동법 제36조 및 제38조의 규정에 의한 전용상수도 및 전용공업수도 설치의 인가
11. 전기사업법 제7조의 규정에 의한 발전사업·송전사업·배전사업 또는 전기판매사업의 허가 및 동법 제62조의 규정에 의한 자가용 전기설비의 공사계획의 인가 또는 신고
12. 체육시설의설치·이용에관한법률 제12조의 규정에 의한 사업계획의 승인
13. 관광진흥법 제52조의 규정에 의한 관광지·관광단지 조성계획의 승인
14. 공유수면관리법 제5조의 규정에 의한 공유수면의 점·사용허가 및

동법 제8조의 규정에 의한 실시계획의 인가(매립면허를 받은 매립 예정지를 제외한다)

15. 도로법 제8조의 규정에 의한 도로관리청과의 협의 또는 승인, 동법 제34조의 규정에 의한 도로공사 시행의 허가 및 동법 제40조의 규정에 의한 도로점용의 허가
16. 국토의계획및이용에관한법률 제30조의 규정에 의한 도시관리계획의 결정, 동법 제56조의 규정에 의한 토지의 분할·형질변경 허가, 동법 제86조의 규정에 의한 도시계획시설사업시행자의 지정 및 동법 제88조의 규정에 의한 실시계획의 인가
17. 하수도법 제13조의 규정에 의한 공공하수도공사의 시행허가 및 동법 제20조의 규정에 의한 공공하수도의 점용 허가
18. 장사등에관한법률 제23조의 규정에 의한 분묘의 개장 허가
19. 항만법 제9조제2항의 규정에 의한 항만공사 시행의 허가 및 동법 제10조제2항의 규정에 의한 실시계획의 승인
20. 도시개발법 제11조의 규정에 의한 도시개발사업시행자의 지정, 동법 제13조의 규정에 의한 조합의 설립인가, 동법 제17조 및 제18조의 규정에 의한 실시계획 인가, 고시 등
21. 택지개발촉진법 제9조의 규정에 의한 택지개발사업실시계획의 승인
22. 도시및주거환경정비법 제28조의 규정에 의한 사업시행인가
23. 주택건설촉진법 제20조의 규정에 의한 아파트지구개발기본계획의 승인
24. 사도법 제4조의 규정에 의한 사도 개설허가
25. 사방사업법 제14조의 규정에 의한 벌채 등의 허가 및 동법 제20조의 규정에 의한 사방지 지정의 해제
26. 소하천정비법 제10조의 규정에 의한 소하천공사의 시행허가
27. 골재채취법 제22조의 규정에 의한 골재채취의 허가
28. 국유재산법 제24조의 규정에 의한 국유재산의 사용·수익허가
29. 지방재정법 제82조제1항 단서의 규정에 의한 사용·수익허가

30. 집단에너지사업법 제4조의 규정에 의한 집단에너지의 공급타당성에 관한 협의
31. 에너지이용합리화법 제8조의 규정에 의한 에너지사용계획의 협의
32. 환경·교통·재해등에관한영향평가법 제17조의 규정에 의한 평가서의 협의. 다만, 환경영향평가서의 협의를 제외한다.
33. 유통단지개발촉진법 제11조에 의한 유통단지개발실시계획의 승인
34. 산업입지및개발에관한법률 제16조의 규정에 의한 산업단지개발사업시행자의 지정, 동법 제17조·제18조의 규정에 의한 산업단지개발사업실시계획의 승인

② 재정경제부장관은 제9조의 규정에 의하여 개발사업의 실시계획을 승인 또는 변경승인 하는 경우 그 실시계획에 제1항 각호의 1에 해당하는 사항이 포함되어 있는 때에는 관계 행정기관의 장과 미리 협의하여야 한다. 이 경우 관계 행정기관의 장은 당해 법률에서 규정한 허가등의 기준에 위반하여 협의에 응하여서는 아니된다.

제12조 (개발사업의 착수)

① 경제자유구역에 대한 개발사업의 착수기한은 제9조제1항의 규정에 의하여 실시계획의 승인을 얻은 날부터 1년 이내로 한다. 다만, 재정경제부장관은 사업착수기한의 연기가 불가피하다고 인정되는 경우에는 1년의 범위 이내에서 1회에 한하여 사업착수기한을 연기할 수 있다.

② 제1항의 규정에 의한 사업착수기한 이내에 그 사업에 착수하지 아니하는 경우에는 사업착수기한이 만료되는 날의 다음날에 그 실시계획의 승인은 효력을 잃는다.

제13조 (토지용수)

① 개발사업시행자는 개발사업의 시행을 위하여 필요한 때에는 공익사업을위한토지등의취득및보상에관한법률 제2조에서 정하는 토지·물건 또는 권리(이하 "토지등"이라 한다)를 수용(사용을 포함한다. 이하 같다)할 수 있다.

② 제10조의 규정에 의한 실시계획 승인의 고시가 있는 때에는 공익사업

을위한토지등의취득및보상에관한법률 제20조 및 제22조의 규정에 의한 사업인정 및 사업인정의 고시가 있는 것으로 보며, 재결의 신청은 동법 제23조 및 동법 제28조의 규정에 불구하고 제9조의 규정에 의한 실시계획에서 정하는 사업시행기간 이내에 하여야 한다.

③ 제1항의 규정에 의한 토지등의 수용에 관한 재결의 관할 토지수용위원회는 중앙토지수용위원회로 한다.

④ 제1항의 규정에 의한 토지등의 수용에 관하여는 이 법에 특별한 규정이 있는 경우를 제외하고는 공익사업을위한토지등의취득및보상에관한법률을 준용한다.

제14조 (준공검사)

① 개발사업시행자가 개발사업의 전부 또는 일부를 완료한 때에는 대통령령이 정하는 바에 따라 지체없이 재정경제부장관의 준공검사를 받아야 한다. 이 경우 재정경제부장관은 관계 행정기관의 장과 미리 협의하여야 한다.

② 개발사업시행자가 제1항의 규정에 의하여 준공검사를 받은 때에는 제11조제1항 각호의 규정에 의한 허가등에 따른 당해 사업의 준공검사 또는 준공인가를 받은 것으로 본다.

③ 제1항의 규정에 의한 준공검사 전에는 개발된 토지나 설치된 시설을 사용할 수 없다. 다만, 대통령령이 정하는 바에 따라 재정경제부장관의 사용허가를 받은 경우에는 그러하지 아니하다.

④ 시·도지사는 개발사업이 준공된 지구에 대하여 제10조의 규정에 따라 고시된 실시계획에 포함된 지구단위계획에 의하여 관리하여야 한다.

제15조 (조세 및 부담금의 감면)

① 국가 및 지방자치단체는 경제자유구역 개발사업을 원활히 시행하기 위하여 필요한 경우에는 개발사업시행자에 대하여 조세특례제한법·관세법 및 지방세법이 정하는 바에 따라 법인세·소득세·관세·취득세·등록세·재산세 및 종합토지세 등의 조세를 감면할 수 있다.

② 국가 및 지방자치단체는 경제자유구역 개발사업을 원활히 시행하기

위하여 필요한 경우에는 개발사업시행자에 대하여 개발이익환수에관한법률, 농지법, 초지법, 산지관리법, 도시교통정비촉진법, 자연환경보전법, 공유수면관리법 및 환경개선비용부담법이 정하는 바에 따라 개발부담금, 농지조성비, 대체초지조성, 대체산림자원조성비, 교통유발부담금, 생태계보전협력금, 공유수면 점·사용료 및 환경개선부담금을 감면할 수 있다. [개정 2002. 12. 30, 법률 제6841호] [[시행일 2003.10.1.]]

제4장 외국인투자기업의 경영활동 지원

제16조 (세제 및 자금지원)

① 국가 및 지방자치단체는 경제자유구역에 입주하는 외국인투자기업(이하 "입주외국인투자기업"이라 한다)에 대하여 조세특례제한법·관세법 및 지방세법이 정하는 바에 따라 국세 및 지방세를 감면할 수 있다.

② 지방자치단체는 외국인투자기업을 유치하기 위하여 입주외국인투자기업에 임대하는 부지의 조성, 토지등의 임대료 감면, 의료시설·교육시설·주택 등 각종 외국인 편의시설의 설치에 필요한 자금을 지원할 수 있다.

③ 국가는 지방자치단체가 제2항의 규정에 따라 자금을 지원하는 경우 대통령령이 정하는 바에 따라 이를 지원하여야 한다.

④ 국가 및 지방자치단체는 국유재산법·지방재정법 그 밖에 다른 법령의 규정에 불구하고 입주외국인투자기업에 대하여 국·공유 재산의 임대료를 대통령령이 정하는 바에 따라 감면할 수 있다.

⑤ 국가 및 지방자치단체는 국유재산법·지방재정법 그 밖에 다른 법령의 규정에 불구하고 개발사업시행자 또는 입주외국인투자기업에 대하여 국가 또는 지방자치단체가 소유하는 국·공유재산을 수의계약에 의하여 사용·수익허가 또는 대부하거나 매각할 수 있다.

제17조 (다른 법률의 적용배제 등)

① 입주외국인투자기업에 대하여는 국가유공자등예우및지원에관한법률 제31조, 장애인고용촉진및직업재활법 제24조, 고령자고용촉진법 제12조의 규정을 적용하지 아니한다.

② 입주외국인투자기업에 대하여는 중소기업의사업영역보호및기업간협력증진에관한법률 제4조 및 제12조의 규정을 적용하지 아니한다.

③ 입주외국인투자기업에 대하여는수도권정비계획법 제7조·제8조·제12조·제18조 및 제19조의 규정을 적용하지 아니한다.

④ 입주외국인투자기업에 대하여는 근로기준법 제54조 및 제71조의 규정에 불구하고 무급휴일 또는 여성인 근로자에게 무급생리휴가를 줄 수 있고, 동법 제57조의 규정을 적용하지 아니한다.

⑤ 노동부장관은 입주외국인투자기업에 대하여 파견근로자보호등에관한법률 제5조 및 제6조의 규정에 불구하고 경제자유구역위원회의 심의·의결을 거친 전문업종에 한하여 근로자파견대상업무를 확대하거나 파견기간을 연장할 수 있다.

⑥ 입주외국인투자기업에 대하여는 국유재산법 제24조제3항·제27조제1항·제36조제1항 및 지방재정법 제82조제2항·제83조제2항의 규정에 불구하고 국·공유재산 임대기간을 50년의 범위 이내로 할 수 있으며, 영구시설물을 축조하게 할 수 있다. 이 경우 당해 시설물의 종류 등을 고려하여 임대기간이 종료되는 때에 이를 국가 또는 지방자치단체에 기부하거나 원상회복하여 반환하는 조건을 붙일 수 있다.

제18조 (기반시설에 대한 우선 지원)

국가 및 지방자치단체는 경제자유구역의 활성화를 위하여 대통령령이 정하는 바에 따라 도로, 용수 등 기반시설을 설치하는데 우선적으로 지원하여야 한다.

제19조 (산업평화의 유지)

경제자유구역안에 입주하는 기업의 사용주와 근로자는 노동쟁의에 관한 관계 법률상의 절차를 엄격히 준수함으로써 산업평화를 유지하도록 노력하여야 한다.

제5장 외국인 생활여건의 개선

제20조 (외국어 서비스의 제공)

① 시·도지사는 입주외국인투자기업 및 외국인의 편의증진을 위하여 공문서를 외국어로 발간·접수·처리 하는 등 외국어 서비스를 제공하여야 한다.

② 제1항의 규정에 의한 서비스의 제공범위 및 방법 등에 관하여 필요한 사항은 대통령령으로 정한다.

제21조 (경상거래에 따른 지급) 관련문헌

경제자유구역에서 대통령령이 정하는 규모 이하의 경상거래에 따른 대가는 거래당사자간에 외국환거래법 제3조제1항제4호의 규정에 의한 대외지급수단으로 직접 지급할 수 있다.

제22조 (외국교육기관의 설립·운영 등)

① 외국학교법인은 사립학교법 제3조의 규정에 불구하고 교육인적자원부장관의 승인을 얻어 경제자유구역에 외국교육기관을 설립할 수 있다.

② 교육인적자원부장관은 제1항의 규정에 따라 외국교육기관을 승인하고자 하는 경우에는 경제자유구역위원회의 심의·의결을 거쳐야 한다.

③ 제1항의 규정에 의하여 외국교육기관을 설립할 수 있는 외국학교 법인의 자격, 외국교육기관의 승인조건 등 외국교육기관의 설립과 운영 등을 위하여 필요한 사항은 따로 법률로 정한다.

④ 제1항의 규정에 의하여 설립되는 외국교육기관에 대하여는 수도권정비계획법 제7조·제8조 및 제18조의 규정을 적용하지 아니한다.

⑤ 국가는 국민이 경제자유구역에 있는 외국교육기관과 초·중등교육법 제60조의2의 규정에 의한 외국인학교에 입학하고자 하는 경우 외국거주요건 등을 이유로 입학을 제한하여서는 아니된다.

⑥ 국가 및 지방자치단체는 경제자유구역에 설립되는 외국교육기관에 대하여 부지의 매입, 시설의 건축 또는 학교의 운영에 필요한 자금을 지원하거나 부지를 공여할 수 있다.

⑦ 경제자유구역에 소재하는 학교로서 국제관계 또는 외국의 특정지역에 관한 교육 등으로 국제화된 전문인력의 양성을 목적으로 하는 고등학교(이하 "국제고등학교"라 한다)의 경우 초·중등교육법 제21조, 교육공무원법 제6조·제32조제1항 및 사립학교법 제52조·제54조의4제1항·제3항의 규정에 불구하고 대통령령이 정하는 바에 따라 임용자격, 임용기간, 급여, 근무조건, 업적 및 성과 등 계약조건을 정하여 교육과정 운영에 필요한 외국인 교원을 임용할 수 있다.

⑧ 국제고등학교에 대하여는 초·중등교육법 제23조·제24조·제26조·제29조 및 제46조의 규정을 적용하지 아니할 수 있다.

⑨ 국제고등학교의 장은 초·중등교육법 제47조의 규정에 불구하고 중학교 졸업 이상의 학력이 있다고 인정된 외국인의 입학을 허용할 수 있다.

제23조 (외국인전용 의료기관 또는 약국의 개설)

① 외국인은 보건복지부장관의 허가를 받아 경제자유구역에 외국인전용 의료기관을 개설할 수 있다. 이 경우 외국인전용 의료기관의 종별은 의료법 제3조의 규정에 의한 종합병원·병원·치과병원 및 요양병원으로 한다.

② 외국인은 보건복지부장관에게 등록하는 경우 경제자유구역에 외국인전용 약국을 개설할 수 있다.

③ 보건복지부장관은 제1항의 규정에 따라 외국인전용 의료기관을 허가하는 경우에는 경제자유구역위원회의 심의·의결을 거쳐야 한다.

④ 이 법에 의하여 개설된 외국인전용 의료기관 또는 약국은 의료법 또는 약사법에 의하여 개설된 의료기관 또는 약국으로 본다.

⑤ 제1항 및 제2항의 규정에 의하여 개설된 외국인전용 의료기관 또는 약국은 국민건강보험법 제40조제1항의 규정에 불구하고 동법에 의한

요양기관으로 보지 아니한다.

⑥ 외국의 의사·치과의사 또는 약사면허 소지자는 보건복지부장관이 정하는 기준에 적합한 경우 경제자유구역에 개설된 외국인전용 의료기관 또는 약국에 종사할 수 있다. 이 경우 외국의 의사·치과의사 면허소지자는 의료법 제2조에 허용된 의료인 종별 업무범위를 벗어날 수 없다.

⑦ 외국인전용 의료기관 또는 약국에 종사하는 의사·치과의사 또는 약사는 내국인을 대상으로 의료업 또는 약업을 행할 수 없다.

⑧ 외국인전용 의료기관 또는 약국 개설자는 시설의 내·외부에 외국인전용 의료기관 또는 약국임을 내국인이 알 수 있도록 명확하게 표시하여야 한다.

⑨ 보건복지부장관은 외국인전용 의료기관 또는 약국중 관련 규정의 적용을 위하여 필요한 사항을 별도로 정하고자 하는 경우에는 경제자유구역위원회의 심의·의결을 거쳐야 한다.

제24조 (외국방송의 재송신)

경제자유구역을 방송구역으로 하는 종합유선방송사업자는 방송법 제70조제1항의 규정에 불구하고 대통령령이 정하는 범위 이내에서 외국방송을 재송신하는 채널의 수를 구성·운용할 수 있다.

제6장 경제자유구역위원회 등

제25조 (설치 및 운영)

① 경제자유구역에 관한 사무를 수행하기 위하여 재정경제부에 경제자유구역위원회를 둔다.

② 경제자유구역위원회는 다음 각호의 사항을 심의·의결한다.

1. 경제자유구역에 관한 기본정책과 제도에 관한 사항
2. 경제자유구역의 지정, 지정해제 및 변경에 관한 사항
3. 제6조의 규정에 의한 경제자유구역개발계획에 관한 사항

4. 경제자유구역에서 외국인투자기업들이 사업하는데 필요한 행정서비스의 지원에 관한 사항
5. 경제자유구역의 개발에 관한 사항
6. 경제자유구역과 관련하여 중앙행정기관의 장 및 시·도지사와의 의견 조정에 관한 사항
7. 그 밖에 경제자유구역의 지정·운영에 관하여 필요한 사항으로서 대통령령이 정하는 사항

③ 경제자유구역위원회는 위원장 1인, 부위원장 1인, 당연직 위원과 10인 이내의 위촉위원으로 구성한다.

④ 위원장은 재정경제부장관이 되고, 부위원장은 제6항의 규정에 의한 위촉위원중 호선되는 자가 된다.

⑤ 당연직 위원은 중앙행정기관의 장 및 이에 준하는 기관의 장 중에서 대통령령이 정하는 자가 된다.

⑥ 위촉위원은 공무원이 아닌 자로서 경제자유구역의 발전 및 운영에 이바지할 수 있는 지식과 경험이 풍부한 자중에서 위원장이 위촉한다.

⑦ 경제자유구역위원회의 구성 및 운영에 관하여 필요한 사항은 대통령령으로 정한다.

제26조 (경제자유구역기획단)

① 경제자유구역위원회를 실무적으로 보좌하는 업무를 수행하기 위하여 재정경제부에 경제자유구역기획단을 둔다.

② 경제자유구역기획단은 다음 각호의 업무를 수행한다.

1. 경제자유구역에 관한 정책 및 제도의 입안·기획
2. 경제자유구역에 관한 법제의 운영
3. 경제자유구역의 개발계획 협의
4. 경제자유구역위원회의 의안 작성 등 경제자유구역위원회의 운영 보좌
5. 경제자유구역과 관련되는 자료의 조사, 홍보 및 국제 협력
6. 그 밖에 대통령령이 정하는 사항

③ 경제자유구역기획단의 구성 및 운영에 관하여 필요한 사항은 대통령령으로 정한다.

제27조 (지방자치단체의 사무처리 특례)

① 경제자유구역안의 시장·군수 또는 자치구의 구청장이 수행하는 사무 중 다음 각호의 규정에 의한 사무는 시·도지사가 이를 직접 수행한다. [개정 2002. 12. 30, 법률 제6841호] [[시행일 2003.10.1.]]

1. 주택건설촉진법 제32조·제33조의2·제44조·제44조의3의 규정에 의한 주택의 공급 등에 관한 사무
2. 건축법 제4조·제8조·제9조·제10조·제12조제3항·제14조 내지 제16조·제18조·제23조·제25조·제25조의2·제27조·제29조·제35조·제36조·제69조·제72조·제74조 및 제83조의 규정에 의한 건축허가 및 건축물관리 등에 관한 사무
3. 환경·교통·재해등에관한영향평가법 제6조의 규정에 의한 환경영향평가 등에 관한 사무
4. 자원의절약과재활용촉진에관한법률 제7조·제15조·제32조·제34조·제42조의 규정에 의한 자원재활용 등에 관한 사무
5. 폐기물관리법 제5조 내지 제7조·제13조·제15조 및 제24조의 규정에 의한 폐기물처리시설의 설치 및 관리 등에 관한 사무
6. 토양환경보전법 제11조 및 제12조의 규정에 의한 토양환경의 보전에 관한 사무
7. 수질환경보전법 제38조의2·제38조의4 및 제60조의 규정에 의한 수질환경의 보전에 관한 사무
8. 오수·분뇨및축산폐수의처리에관한법률 제4조의2·제10조·제12조·제14조·제14조의2·제16조·제18조 내지 제20조·제26조·제28조·제32조·제34조·제35조·제45조 및 제51조의 규정에 의한 오수·분뇨 및 축산폐수의 처리 등에 관한 사무
9. 먹는물관리법 제6조 및 제7조의 규정에 의한 먹는물의 관리 등에 관한 사무

10. 수도법 제11조·제21조의2·제32조·제38조의2·제59조 및 제65조의 규정에 의한 중수도의 설치 및 관리 등에 관한 사무
11. 해양오염방지법 제50조의 규정에 의한 방제조치 등에 관한 사무
12. 하수도법 제7조·제20조 내지 제24의2·제26조 내지 제29조·제32조·제37조·제37조의2·제38조·제39조·제40조의 규정에 의한 하수도관리 등에 관한 사무
13. 지하수법 제7조 내지 제10조·제13조 내지 제17조·제20조·제21조·제31조 내지 제35조 및 제41조의 규정에 의한 지하수 개발 및 이용 등에 관한 사무
14. 산림법 제90조, 산지관리법 제14조·제15조·제25조 및 제32조의 규정에 의한 임목벌채·산지전용·채석 및 토사채취 허가 등 산림이용 및 관리에 관한 사무 [[시행일 2003.10.1.]]
 1. 주택건설촉진법 제32조·제33조의2·제44조·제44조의3의 규정에 의한 주
15. 도시공원법 제4조 내지 제9조·제11조 내지 제16조·제18조·제20조·제21조·제23조의2·제26조·제29조 및 국토의계획및이용에관한법률 제86조에 의한 도시공원조성계획의 입안 및 도시공원의 설치·관리 등에 관한 사무
16. 농지법 제8조·제10조·제11조·제13조·제14조·제19조·제37조·제38조·제45조 내지 제48조·제51조 및 제52조의 규정에 의한 농지전용허가 및 협의, 농지이용계획의 수립 등에 관한 사무
17. 관광진흥법 제5조·제33조 내지 제36조·제72조·제73조 및 제81조의 규정에 의한 유원시설의 허가 및 관리에 관한 사무
18. 옥외광고물등관리법 제3조·제7조 내지 제10조의2·제13조·제15조·제20조 및 제20조의2의 규정에 의한 옥외광고물 등의 허가 및 관리 등에 관한 사무
19. 공유수면관리법 제5조 내지 제10조·제12조 내지 제14조·제16조 내지 제19조 및 제24조의 규정에 의한 공유수면의 점·사용허가 및 관리 등에 관한 사무

20. 도시개발법 제3조·제7조·제10조·제11조·제25조·제28조 및 제45조의 규정에 의한 도시개발구역의 지정신청 등에 관한 사무
21. 부동산등기특별조치법 제3조 내지 제5조 및 제 12조의 규정에 의한 부동산등기해태과태료의 부과·징수 등에 관한 사무
22. 외국인토지법 제4조 내지 제6조 및 제9조의 규정에 의한 외국인등의 토지취득허가 및 신고 등에 관한 사무
23. 국토의계획및이용에관한법률 제118조 내지 제124조 및 제144조의 규정에 의한 토지거래 허가, 과태료 부과·징수 등에 관한 사무
24. 개발이익환수에관한법률 제23조제2항의 규정에 의한 개발부담금 징수 등에 관한 사무
25. 도로법 제19조·제20조·제23조의2·제24조·제25조·제28조·제39조·제50조 및 제54조의5의 규정에 의한 도시계획사업의 시행, 지방도·시군도의 신설·개수 및 유지, 도로구역의 결정 또는 도시계획결정, 도로관리 등에 관한 사무
26. 지방세법 제2조 및 제6조의 규정에 의한 지방세의 부과·징수 등에 관한 사무
27. 도로교통법 제104조의 규정에 의한 권한의 위임·위탁에 관한 사무
28. 식품위생법 제22조·제25조·제55조 내지 제59조·제62조·제64조·제65조·제67조·제69조 및 제78조의 규정에 의한 영업의 허가, 허가의 취소, 과태료 부과 등에 관한 사무
29. 공중위생관리법 제3조·제11조·제11조의2·제12조 및 제23조의 규정에 의한 공중위생영업의 신고, 공중위생업소 폐쇄 등에 관한 사무
30. 약사법 제21조·제33조·제41조 및 제42조의 규정에 의한 의약품 조제, 약국제제의 제조, 의약품의 판매 등에 관한 사무

② 시·도지사는 제1항의 규정에 의한 사무를 처리하기 위하여 이를 전담하는 행정기구(이하 "행정기구"라 한다)를 설치한다. 이 경우 경제자유구역이 2개 이상의 시·도에 걸쳐 있는 경우에는 해당 시·도지사가 협의하여 공동의 행정기구를 설치한다.

③ 행정기구의 장은 시·도지사가 임명하되, 재정경제부장관과 미리 협의하여야 한다. 이 경우 경제자유구역이 2개 이상이 시·도에 걸쳐 있는 경우에는 해당 시·도지사가 협의하여 공동 임명한다.

④ 국가는 행정기구의 운영에 소요되는 경비의 일부를 지원하여야 한다.

제28조 (옴부즈만 등)

① 입주외국인투자기업의 경영 및 생활애로사항에 대한 해결을 지원하기 위하여 행정기구에 옴부즈만을 둔다.

② 경제자유구역내 상사분쟁을 공정·신속하게 해결하고 국제거래질서를 확립하기 위하여 행정기구에 중재법 제40조의 규정에 의하여 산업자원부장관이 지정하는 상사중재를 행하는 사단법인의 지부를 설치한다.

제7장 보 칙

제29조 (고시)

① 재정경제부장관은 경제자유구역의 운영목적에 비추어 경제자유구역에입주하는 것이 부적절하다고 판단되는 업종 또는 시설중 대통령령이 정하는 업종 또는 시설(이하 "퇴출업종등" 이라 한다)에 대하여 경제자유구역위원회의 심의·의결을 거쳐 고시할 수 있다.

② 재정경제부장관은 퇴출업종등이 경제자유구역에 입주한 경우에는 해당 기업의 영업정지 또는 시설의 폐쇄를 명할 수 있다. 경제자유구역에 입주한 자가 제1항의 규정에 의하여 고시한 업종으로 변경하거나 시설을 설치하는 경우에도 또한 같다.

③ 재정경제부장관은 제2항의 규정에 의하여 폐쇄를 명하고자 하는 경우에는 청문을 실시하여야 한다.

④ 재정경제부장관은 제2항의 규정에 의하여 명령을 받은 자가 그 의무를 이행하지 아니한 때에는 행정대집행법에 의하여 이를 대집행할 수 있다.

⑤ 제1항의 규정에 의한 고시일 현재 당해 경제자유구역에 이미 존재하는 퇴출업종등에 대하여는 제2항 내지 제4항의 규정을 적용하지 아니한다.

제30조 (권한의 위임)

중앙행정기관의 장은 이 법의 규정에 의한 권한의 일부를 대통령령이 정하는 바에 따라 시·도지사에게 위임할 수 있다.

제8장 벌 칙

제31조 (벌칙)

제23조제6항 또는 제7항의 규정을 위반하여 외국인전용 의료기관 또는 약국에 종사하는 의사 또는 약사는 5년 이하의 징역 또는 5천만원 이하의 벌금에 처한다.

제32조 (벌칙)

다음 각호의 1에 해당하는 자는 3년 이하의 징역 또는 3천만원 이하의 벌금에 처한다.

1. 제22조제1항의 규정을 위반하여 거짓 그 밖의 부정한 방법으로 외국교육기관의 승인을 얻은 자
2. 제22조제1항의 규정을 위반하여 교육인적자원부장관의 승인없이 학생을 모집하거나 학교의 명칭을 사용하여 시설을 사실상 학교의 형태로 운영한 자

제33조 (벌칙) 관련판례

제23조제8항의 규정을 위반하여 외국인전용 의료기관 또는 약국의 표시를 하지 아니한 자는 1년 이하의 징역 또는 1천만원 이하의 벌금에 처한다.

제34조 (양벌규정)

법인의 대표자 또는 법인이나 개인의 대리인, 사용인 그 밖의 종업원이

제23조제6항 또는 제7항의 위반행위를 한 때에는 그 행위자를 처벌하는 외에 그 법인 또는 개인에 대하여도 제31조에 규정된 벌금형을 과한다.

제35조 (과태료)

① 제24조의 규정을 위반하여 외국방송의 재송신 채널의 수를 구성·운영한 자는 2천만원 이하의 과태료에 처한다.

② 제1항의 규정에 의한 과태료는 대통령령이 정하는 바에 따라 방송위원회가 부과·징수한다.

③ 제2항의 규정에 의한 과태료처분에 불복이 있는 자는 그 처분의 고지를 받은 날부터 30일 이내에 그 처분권자에게 이의를 제기할 수 있다.

④ 제2항의 규정에 의하여 과태료처분을 받은 자가 제3항의 규정에 의하여 이의를 제기한 때에는 처분권자는 지체없이 관할 법원에 그 사실을 통보하여야 하며, 그 통보를 받은 관할 법원은 비송사건절차법에 의한 과태료의 재판을 한다.

⑤ 제3항의 규정에 의한 기간 이내에 이의를 제기하지 아니하고 과태료를 납부하지 아니한 때에는 국세체납처분의 예에 의하여 이를 징수한다.

부칙 [2002.12.30.]

이 법은 2003년 7월 1일부터 시행한다.

부칙 [2002.12.30.]

이 법은 2003년 7월 1일부터 시행한다.

부칙 [2002.12.30. (산지관리법)]

제1조 (시행일) 이 법은 2003년 10월 1일부터 시행한다.

제2조 내지 제10조 및 제12조 생략

제11조 (다른 법률의 개정) ① 내지 [73] 생략

[74] 경제자유구역의지정및운영에관한법률중 다음과 같이 개정한다.

제11조제1항제2호중 "산림법 제18조의 규정에 의한 보전임지의 전용허

가, 동법"을 "산지관리법 제14조·제15조의 규정에 의한 산지전용허가 및 산지전용신고, 산림법"으로, "제90조"를 "제90조제1항"으로 한다.

제15조제2항중 "산림법"을 "산지관리법"으로, "대체조림비"를 "대체산림자원조성비"로 한다.

제27조제1항제14호중 "제90조·제90의2·제90조의6"을 "제90조, 산지관리법 제14조·제15조·제25조 및 제32조"로, "산림형질변경"을 "산지전용"으로 한다.

출처: 국가법령정보센터 http://www.law.go.kr/

부록 2. 간사이 광역 연합

이름: 간사이 광역 연합

설립 연월일: 2010년 12월 1일

구성 단체

시가현, 교토 부, 오사카 부, 효고현, 나라현, 와카야마 현, 돗토리 현, 도쿠시마 현, 교토, 오사카시, 사카이시, 고베시
(헤세이 27년 12월 4일 현재)

실시 사무

- 광역적인 행정 과제에 관한 사무 중 부현보다 광역 행정체가 담당해야 할 업무
- 광역 방재 광역 관광·문화·스포츠 진흥 광역 산업 진흥 광역 의료 광역 환경 보전 자격 시험·면허 등 광역 직원 연수의 7개 분야의 사무
- 나라의 파견 기관의 사무·권한 이양
- 미래에는 7개 분야의 사무의 확충과 새로운 분야의 사무

연구회 등의 검토

간사이에서는 지금까지 각 도시 지역이 지혜와 개성을 경쟁 항상 민관의 광역 연계에 선구적인 노력했습니다. 간사이 국제 공항, 関西文化学術研究都市, 오사카 만 베이 에어리어 개발 등 대형 국가 프로젝트와 광역적인 지역 개발에 대한 부현을 넘은 추진 체제에서 많은 성과를 거두고 왔습니다. 앞으로 시대 상황의 변화에 따라 더욱 간사이를 주민과 기업에게 매력 있는 지역으로 발전시키기 위해서는 지방의 자립과 책임을 확립하는 지방 분권 체제로의 나라로 바꿔 나가야됩니다. 간사이로서는, 이러한 검토를 중앙에 맡기는 것이 아니라, 간사이의 특색을 살릴 수 있는 지방 분

권의 방향을 스스로 검토하려고 '간사이 광역 연합'설립에 관한 검토에 임해 왔습니다.

이 분권 개혁의 노력은 간사이의 부현·정령과 경제 단체의 참여에 의해 2003년 7월에 설치된 「간사이 분권 개혁 연구회」에서 시작했습니다. 그 후, 이 민관 공동의 검토 조직은 「간사이 분권 개혁 추진위원회」「간사이 분권 개혁 추진 협의회」로 단계적으로 발전하고 2007년 7월에는 기존의 광역 연계 조직을 통합하고 간사이 광역기구가 발족. 이 기구에 설치된 분권 개혁 추진 본부에서 본격적으로 간사이 광역 연합의 검토가 이루어지게 되었습니다.

분권 개혁 추진 본부의 기본적인 검토

분권 개혁 추진 본부는 2007년 10월에 제 1 회 본부 회의를 개최하고 "조속히 실현 가능한 광역 연합 방안의 합의를 목표로 하고, 처리하는 사무 재원·조직 체제 등에 대해 검토를 진행"하기로 합의했습니다.

이어 2008년 3월에 제 2 회 본부 회의를 개최하고 다음 본부 회의에서 광역 연합의 설치에 관한 기본 합의를 하고, 설치를 위한 세부 검토로 전환하는 것을 목표로 둡니다.

2008년 7월에는 제 3 회 본부 회의를 개최하고 지금까지 검토 단계부터 설립에 관한 구체적인 준비를 추진 단계로 이행하는 것을 기본 합의합니다.

2009년 3월에는 제 4 회 본부 회의를 개최하고 「간사이 광역 연합의 설립시기 2009년을 목표로 한다」로 합의했습니다. 또한, '간사이 광역 연합'에 참여 내용은 "그해 여름 무렵에 개최 예정인 다음 본부 회의에서 지사·시장으로의 의향을 분명히 하고 이를 바탕으로 '간사이 광역 연합 설립 방안'을 결정 하고 설립을 위한 준비를 진행」 등의 합의가 이루어졌다.

그리고 2011년 8월 제 5 회 본부 회의를 개최하고 "특별위원회를 설치하는 등 국회 논의가 본격화되고 있기 때문에, 관계 부현에 의해 한층 더 검토·조정, 의회와 충분한 토론을 실시하는 가운데 조기 약관 안 상정을 위한 구체적인 준비를 추진하는 분권 개혁 추진 본부는 이 진척 상황을 근거로 다음 본부 회의에서 '간사이 광역 연합 설립 방안'을 정하는 것에 대한 합의가 이루어졌다.

설립을 위한 구체적인 검토

2010년 1월에는 관계 2부 6현 (배, 시가, 교토, 오사카, 효고 와카야마 돗토리, 도쿠시마)에 의한 설립 준비 모임, 관계 부 지사 회의를 개최

각 부현은 2010년 2월 의회 특별위원회에서 '간사이 광역 연합 설립 방안'을 설명하고 국회에서의 논의를 심화

설립시기는 2010년의 적절한 시기에 각 부현이 보조를 맞춰 규약 안을 국회에 제안 할 수 있도록 해 나가는 등의 확인이 이루어졌다. (미에현은 설립 초기 실무 담당)

같은 해 8월 제6회 본부 회의를 개최하고,

'간사이 광역 연합 규약 안', '간사이 광역 연합 설립 방안'을 결정, 기본적으로는 2부 5현 (시가 교토 오사카 효고 와카야마 돗토리, 도쿠시마)이 발맞추어 각 부현의 9월 의회에 관계 의안을 제출할 수 있도록 노력해 나도록 합의했습니다.

그리고 2부 5현의 9월 의회에 관계 의안의 의결을 거쳐 11월 1일, 총무 대신에게 설립 허가 신청을 하고 12월 1일 간사이 광역 연합 설립하게 되었습니다.

제6회 본부 회의
2010년 11월 1일 간사이 광역 연합 설립 허가 신청을 했습니다.

출처: http://www.kouiki-kansai.jp/

부록 3. Kansai Economic Federation

Kankeiren in Brief

Overview

Name: Kansai Economic Federation (public interest incorporated association)

Members: Approximately 1,300 businesses, organizations, educational corporations and other entities that pursue economic activities mainly in the Kansai region.

Established: October 1946

Establishment of the Kansai Economic Federation

October 2016 marked 70 years since the organization was established back in 1946. It was formed with the aim of solving the pressing obstacles to recovery following the devastation of the war, and with the strong desire to have the independent voice of the Kansai economic region heard.

Founding Goals

To promote workers' freedom of creativity and dynamic activity.

To stimulate a healthy spirit of enterprise, based on workers' own subjective judgements, and to assist in bringing about the fruits of those collective ideas.

To facilitate close cooperation between all workers, where opinions can be exchanged without reservation.

To promote rational ways of thinking and improve members' ability to implement measures successfully.

To propel free discussion and act as a neutral arbitrator.

Mission

To enhance Kansai's ability to contribute to the sound development of the Japanese economy, we carry out unique research studies that anticipate future trends, make policy proposals, and take practical actions based on the study results. We constantly maintain focus on the whole Kansai region, motivated by the active exchange of views among business people at committee meetings and other gatherings.

Vision

To delineate a future vision for Kansai and prepare a roadmap for its realization.

In addition to our comprehensive vision for the region--"Kansai Vision 2020"--we are utilizing our characteristic strengths as a regional economic organization in a range of fields including in Kansai's fortes of tourism, sports, and health and medical care. To bring about the Kansai we envision, we are working together as a region to set the policies needed to achieve those aims.

We take practical action based on the understanding that synergies emerge from adopting a broader perspective--in this case, that Kansai can act as a single entity. Examples of such action include promoting specific industries such as health and medical care and aerospace, and developing platforms for two-way business matching between Asian countries and Kansai companies, not to mention various efforts to promote tourism and sports. We carry out these promotional projects in collaboration with industry, government and academia, notably working with the Union of Kansai Governments, whose establishment was proposed by the Kankeiren.

We take the initiative in building a consensus of opinion from local authorities and leaders in the business world, both inside and outside the Kansai region. For example, we requested the government to promote the hosting of international events such as the World Expo and G20 summit, and recommended the development of infrastructure such as the early opening of the Linear Chuo Shinkansen and Hokuriku Shinkansen lines. In the past we were centrally involved in large-scale projects such as Kansai International Airport and Kansai Science City. We are also engaged in efforts to promote women's advancement throughout the region.

We conduct research to gain insights into the future based on the perspective of a membership rooted in the area, and make policy recommendations for Kansai that heighten awareness of the issues we face in the region. For example, we make proposals and recommendations to the government and other agencies regarding tax and public finances, energy policy, legislation that affects corporations, and work-style reforms. Through such efforts we are helping to build an environment in which companies can operate easily and thus contribute to the revitalization of the Japanese economy.

Activities

Formulating Policy Proposals and Conducting Research Studies

Twelve committees were established to discuss major issues that Japan need to address such as economic and fiscal policies, administrative reform, industrial competitiveness, global environmental issues, regional development, labor policies and international affairs. These committees conduct research studies and submit policy proposals to the relevant authorities on these issues such as the collective opinions of the Kansai Business Community.

Stimulating the Kansai Economy and Promoting Large-Scale Projects

To further stimulate Kansai's economy, Kankeiren is promoting various large-scale projects, trying to attract international conferences and events to Kansai. Of these projects, Kankeiren has particularly been involved in promoting World Expo 2025, Kansai International Airport, and Kansai Science City, and has been (playing a significant role) in setting up necessary organizations for these projects.

Promoting International Exchange and Mutual Understanding

Kankeiren is also active in international exchange to strengthen ties and enhance understanding with other nations. In pursuit of this goal, Kankeiren sends business delegations and fact-finding groups overseas, hosts foreign VIPs and delegations that come to Japan, hold lectures, seminars and conferences and supports various management training programs.

Human Resources Development

Kankeiren has always put an emphasis on human resource development. Following this direction, the Kankeiren ASEAN Management Seminar, which invites management level trainees from enterprises in the ASEAN countries for a period of study in Japan, was started in 1980.

Executive Members

Chairman: Masayoshi MATSUMOTO

Chairman & CEO, Sumitomo Electric Industries, Ltd.

Vice Chairmen: Noriyuki INOUE
Chairman of the Board & Chief Executive Officer, Daikin Industries, Ltd.

Chiyono TERADA President and CEO, Art Corporation

Masayuki MATSUSHITA Vice Chairman of the Board, Panasonic Corporation

Akiji MAKINO Chairman and CEO, Iwatani Corporation

Kiyoshi OTSUBO Chairman, President and CEO, Rengo Co., Ltd.

Yasuo KASHIHARA Director and Executive Adviser, THE BANK OF KYOTO, LTD.

Kazuo SUMI Chairman, Hankyu Corporation

Hiroshi SATO Senior Adviser, KOBE STEEL, LTD.

Makoto YAGI Chairman and Director, The Kansai Electric Power Co., Inc.

Masatoshi KIMATA President and Representative Director, Kubota Corporation

Kiyoshi SONO Chairman, Mitsubishi UFJ Financial Group, Inc.

Seiji MANABE Chairman of the Board of Director, WEST JAPAN RAILWAY COMPANY

Tetsuya KOBAYASHI Chairman of the Board, Kintetsu Group Holdings Co., Ltd.

Kazutoshi MURAO Counselor to the president, NIPPON TELEGRAGH AND TELEPHONE WEST CORPORATION

Committees: As of May, 2018

· Steering Committee deliberates on written opinions formed by each committee exchanges opinions and receive reports on important matters

Economic and Fiscal Policy Committee discusses and makes proposals on financial reconstruction, tax reform, social security system reform in a comprehensive manner, as well as economic policies while understanding the actual situation of the economic climate and trends discusses the financial and capital market revitalization measures

Corporate Legislation Committee discusses, makes proposals, and raises awareness of appropriate business legal systems (incl. accounting standards) that contribute to the promotion of corporate governance and medium- to long-term management strategies

Decentralization and Regional Administration Committee surveys and makes proposals toward the realization of decentralization and "Doshu-sei" regional government system, and supports the development of the Union of Kansai Governments discusses administrative and financial reforms of local governments, and promotes wide-area cooperation in the Kansai region.

Science Technology and Innovation Committee <Health and Medical Sub-Committee> discusses and proposes science/technology and industrial policies for growth of prospective areas such as health and medical care, aircraft, environment, and IoT implements programs to develop human resources who support innovation

Global Environment and Energy Committee responds to the prevention of global warming and to the energy policies from environmental and economic perspectives, discusses and proposes comprehensive measures concerning the global environment and energy, such as dissemination and practice of an "environmentally advanced region Kansai"

National Land and Regional Infrastructure Committee <Chuo-Shinkansen maglev line and Hokuriku Shinkansen line Sub Committee> promotes establishment of a backup base outside the capital for national core functions and a multi-hub national land structure that contribute to national resilience, promotes construction and consolidation of wide-area infrastructure (Linear Chuo Shinkansen maglev Line, Kansai International Airport, Hanshin Port, etc.)

Urban Creation, Tourism and Culture Committee <Urban Creation Sub-Committee> promotes the inbound flow and development of the "Kansai" brand through a partnership of the public and private sectors discusses the development of an attractive city center through such efforts as the Umekita (Osaka Station North District) Phase 2 Development Area Project

Sports Promotion Committee discuss the strategies to promote and enhance the sports industry and cooperation between the public and private sectors promote and boost the mood towards the series of global sporting events to be held between 2019 and 2021, including the 2020 Tokyo Olympic and Paralympic Games and the world Masters Games 2021 Kansai

International Committee Executive Members creates a cross relationship with foreign countries by dispatching overseas delegations and receiving foreign dignitaries supports the business development of member companies for Asian and other regions' promising markets supports for global human resource development conducts research/surveys and makes proposals on trade policies

Labor Policy Committee discusses and makes proposals on employment policies, labor policies and labor laws in a comprehensive manner supports organizing and solving personnel and labor problems of SMEs.

Global Human Resource Development Committee discusses and makes proposals on matters regarding development and making best use of global human resources in a comprehensive manner, while promoting practical activities.

Support for the Great East Japan Earthquake Reconstruction transmits information and provides support toward recovery from the damage caused by the Great East Japan Earthquake in cooperation with other economic organizations

출처: http://www.kankeiren.or.jp/English

부록 4. "Kansai Vision 2020" - Dynamic Kansai! -

October 7, 2008

Provisional Translation

The "Kansai Vision 2020" is our policy statement on the direction and future of Kansai with the theme: "what Kansai should be" in 2020 - as seen primarily from an industrial standpoint, and how we will go about achieving this vision.

At the New Kansai Vision Roundtable (Chair: Professor Kazuo Yoshida of Kyoto University Graduate School of Management), which was established this May, both young and leading experts in Kansai and staff from member enterprises gathered for intensive discussions to work out a draft of a new vision for Kansai's.

The final version was completed after taking into account the outcome of lively discussions between the Chairman and Vice Chairmen, as well as committee Presidents and Vice Presidents and steering committee members of Kankeiren. In developing the Vision, we saw to it that the two perspectives below are present throughout.

First, we sought to determine how Kansai can best be positioned in the world. Ever since the bubble economy burst in Japan, the top priority in Kansai has always been to put the brakes on the gradual decline of its economy's relative importance in this country. Now that the rules of the game have changed dramatically, however, intense global competition is taking place not only among businesses but among different geographical regions and nations, and so we decided to review "ways for Kansai to thrive" in Asia - with which it is closely interconnected - and in the world, and include it in this Vision.

Second, the Vision places emphasis on "technological prowess and business mastery." In order for us to efficiently cope with veritable mountains of serious problems, such as global environmental issues and the declining birth rate and aging and shrinking population, it is crucial, in addition to what the government and public organs can do, that the private sector take the initiative to tap into the technological expertise and business sense of each enterprise, thereby bringing about solutions to these matters.

At present, the prefectural and municipal governments of Osaka, other local governments, and various circles in Kansai are re-defining the image of what they wish to be in the future.

This Vision is intended to foster and evoke public opinions by stimulating such discussions, thereby assisting enterprises, governments, NPOs, and other groups in uniting as one to bring about a "renewed development" of Kansai.

While making this vision, some mega-securities firms in the U.S.A went bankrupt due to the subprime mortgage crisis. The current confusion of the money market is as crucial a world financial crisis as it was in 1929. It might change the fundamental structure of our global economy and society. We will make a further investigation on the idea or "priority projects" that we propose, watching the drastic changes in the world trends carefully. Your candid comments and opinions concerning this Vision are most welcome.

Hiroshi Shimozuma Chairman Kansai Economic Federation

The Kansai Vision 2020 - Ensuring Kansai's "renewed development" while contributing to the global community with its "breakthrough capabilities" -

Kansai Economic Federation

I. Aims The Kansai Vision 2020 is our policy statement on "what we wish Kansai to be, and what Kansai should be" in 2020 - approximately ten years from now - as seen primarily from an industrial standpoint, and how we will go about achieving it. Amid the economic recession which has followed in the wake of the bursting of the economic bubble, Kankeiren devoted itself to the task of revitalizing the Kansai economy, which was in a critical situation at that time. With the constant dedication of individual enterprises and the rapid growth of Asian economies providing momentum, the Kansai economy has finally achieved a long-awaited recovery. We must say, however, that there yet remain numerous issues that we must address if Kansai is to realize success and growth when interregional competition is expected to intensify globally.

It is predicted that Kansai will see its birthrate decline and its population age and shrink at a pace more rapid than the national average. Many of its local governments are financially hard-pressed, as seen by the fact that their debt expenditure ratio is among the highest in the country.

"Talent drain" also continues and more Kansai-based enterprises are relocating their head office elsewhere, leading us to conclude that Kansai is not yet ready to triumph among interregional competition and attract diverse talents and enterprises.

It was with this recognition that last year Kankeiren laid out mid-term guidelines for its activities, and declared that it would draw up long-term strategies based on the three priorities listed in the guidelines, namely; (1) "increasing industrial competitiveness," (2) "coexistence with Asian countries," and (3) "regional independence - Kansai united."3 The Kansai Vision 2020 is the conclusion and strategy moving forward. Kankeiren will seek cooperation from all of the parties concerned whose support is essential in bringing this Vision into reality, including businesses, central and local governments, universities and research institutions, and NPOs.

II. The global situation leading up to 2020

1. Concurrence of "opportunities" and "risks" While it is true that the rapid

growth of emerging economies currently observed in Asia and BRIC countries, and the development of "borderless" business across a wide field are intrinsically helping the global economy to grow and prosper as a whole, such trends are at the same time making apparent risks which inhibit growth, such as global warming, climate changes, and the shortage of resources, energy, and food, all of which, it is feared, will be aggravated as 2020 approaches.

As exemplified by the subprime mortgage crisis of the United States, on the other hand, the global economy has become so intertwined that a crisis in one country spreads instantaneously around the world. International security, too, remains an issue of major concern as the world continues to experience a rash of terrorist activities and regional conflicts, nearly twenty years after the end of the Cold War between the East and the West. With countries and regions becoming increasingly interrelated, we should expect to see "opportunities" and "risks" presenting themselves simultaneously as we head towards 2020.

In the meantime, the key to development and growth will be whether we - enterprises and individuals, as well as countries and regions - can seize "opportunities" and actively turn what appear to be "risks" into such "opportunities."

In this present day and age when the modalities of economy and society are changing dramatically across the globe, we cannot anticipate a bright future if we fail to have a far-reaching vision and understanding of major trends in the future, and unless we think and act accordingly in anticipation of those trends.

2. Japan needs to act on its own initiative.

Presently, Japan is beset with troubles both at home and abroad: the declining birth rate and aging and shrinking population are draining its economic community of vitality; its people are deeply concerned about tax increases and social security payments; society as a whole is being smothered by a sense of helplessness stemming from problems of weakening local economies and widening economic disparities; and as a result of inward-looking policies of the central government, its position and influence among the international community are declining.

Nevertheless, the role which Japan needs to play in the global community is never small. For instance, the increasing severity of growth-inhibiting risks brings along with it a growing demand for technological innovations and a breakaway from conventional economic and social systems, providing this technologically-oriented country with many "opportunities."

Furthermore, as economic activities become increasingly borderless, new "opportunities" are presenting themselves in many countries around the world in the form of a greater acceptance of Japanese contemporary culture, such as anime, music, and literature.

That being said, these "opportunities" will eventually be wasted if we fail to make up our minds to seize them and act accordingly. The shape of this country in 2020 will depend greatly on whether or not we can broaden our outlook into the world, renew its appreciation of our own strengths, and find a means of surviving.

Ⅲ. Leveraging its "breakthrough capabilities" to change the world and Japan

1. Kansai needs some key "breakthroughs" to shore up its economy. As mentioned earlier, as we go through the period up until 2020, countries and regions are expected to become increasingly interconnected, with the result that "opportunities" and "risks" will present themselves simultaneously and that enterprises and individuals, as well as countries and regions, will be required to act on their own initiative. What this means is that we must leave behind the egocentric mindset of focusing on the revitalization of only our own region when we envision an image of what we want it to be like in the future.

More specifically, we should set ambitious goals based on lofty philosophies and ideals, e.g., how Kansai can contribute to and improve the world and this country, rather than merely being occupied with our own development. We then need to identify any discrepancies between the status quo that we find ourselves in and the high ideals that we have set, so that we may quickly set about changing ourselves and begin working toward the sustainable development of the world. As a result, we can then hope to attract a vast amount of people, enterprises, and knowledge from Japan, Asia, and the rest of the world, while also ensuring our own development.

This is the virtuous cycle that we should aim to establish. As things stand now, there is no way we in which can make a drastic change to the confused, problem-laden world and Japan without the "breakthrough capabilities" with which to seize "opportunities," that is, the "power" to overthrow the status quo by exerting a strong will to concentrate greater force in one direction. These "breakthrough capabilities" can be exhibited only when "strengths," "will power," and "action" come together neatly as one. This begins in Kansai and extends thru Japan and ultimately affects the world. Historically, Kansai is the birthplace of the business ethics/management philosophy of "for the sake of the world and its people."

Over the course of time, this ethical view became merged with innovative, original technologies and thinking, rationality, and the perspectives of consumers to foster what could be called the "Kansai spirit," thereby giving birth to a series of products and services that are helping to enrich people's lives. Going forward, we in Kansai will tap into our "strengths and potential" and revive the "Kansai spirit" that has been at the core of our success in this region; putting everything we have into specific "priority projects" which we hope will eliminate risks that inhibit the further growth of the global economy and break the current deadlock in Japan.

In sum, we hope to change this country and the rest of the world through the integration of our "strengths and potential," "Kansai spirit," and "priority projects" that need to be implemented, as we give full play to the "breakthrough capabilities" which are unique to Kansai among our vast global society.

[Kansai's strengths and potential]

(1) Serving as a hub of diverse businesses, industries, and technologies Kansai plays host to an impressive array of enterprises, including Japan's leading and mid- to small-sized enterprises with "one-of-a-kind" technologies, hailing from many different industrial sectors ranging from materials/components suppliers to equipment manufacturers.

Kansai is also a hub of many businesses, universities, and research laboratories that specialize in next-generation advanced technologies, including photovoltaic power generation systems, storage batteries, new materials, and ultra-accurate high-performance components.

(2) A tradition of developing new products and services from consumer perspectives Kansai-based companies have long been highly reputed for inventions which cater to consumer needs, such as instant noodles, pre-fabricated housing, supermarket chains, karaoke, and anime. This has been made possible by unique human resources with an enterprising spirit, as well as discerning consumers.

(3) Time-honored close economic relationships with countries in East Asia Since the pre-WWII period, Kansai has had a great amount of trade and exchange with Asian countries, and its percentage of trade in Asia is higher than the national average. Many Kansai-based companies also have a presence in other Asian countries. Because of the importance of this region, key government officials from Asian countries often visit Kansai.

(4) Clusters of "knowledge" and culture Having served as the home of Japan's ancient capitals - Naniwatsu, Asuka, Nara, and Kyoto, to name but a few -

Kansai has fostered and treasured Japan's rich cultural diversity over many centuries. In addition to some of the leading universities and research laboratories in Japan, a number of projects to create academic and R&D bases are underway, including Kansai Science City, Saito Life Science Park, the Kobe Medical Industry Development Project, and Harima Science Garden City, making this region one of the largest hubs of "knowledge" clusters.

(5) Cities with multi-faceted appeal and abundant natural scenery Kyoto, Osaka, Kobe, Sakai, Nara, Wakayama, Otsu, etc. - Cities with distinct individuality are located within easy reach from one another (all within approx. one hour's train ride from Osaka). This urban area is also abundantly blessed with nearby natural scenery, such as Lake Biwa (Japan's largest lake), the Rokko mountains, and the Ikoma mountains. This diversity of business and culture makes Kansai uniquely dynamic in Japan.

[What makes up the "Kansai spirit"]

(1) Ethics: Business for the sake of the world and its people

(2) Innovation: New technologies and ideas turning crises and risks into opportunities

(3) Originality: Showing a business spirit which suggests new lifestyles for a new age

(4) A broad-minded "live and let live" climate5: Receptive to human resources from the outside and placing value on harmonious relationships with neighbors6

(5) Rationality: Only things that are truly useful are appreciated. Having tight purse strings is not necessarily a bad thing in Kansai.

(6) Strong self-drive: Give full play to your own resources in a unique way

2. "Dynamic Kansai!" - "What we wish Kansai to be, and what Kansai should be" in 2020 Kansai will utilize its "breakthrough capabilities" to contribute to the world and Japan. "What we wish Kansai to be, and what Kansai should be" in 2020 is a "region where various people and enterprises gather from both

within and outside of Japan, which in turn further enhances its diversity and vitality, and that is capable of identifying and offering solutions to issues in a way that sustains global development, thus giving birth to a series of products and services that will make the lives of people around the world more enjoyable and fulfilling." "Dynamic Kansai ! " - We want the world to think of us this way.

(1) One of the most "diverse and dynamic" regions in Asia We will begin by honing Kansai's diverse appeals, so that the people in Kansai can live fulfilling lives as they work, learn, and enjoy themselves. We hope to see local universities and educational/research institutions produce talented individuals one after another, who will then seek opportunities outside of the country to achieve worldwide recognition.

On the other hand, a great variety of enterprises and researchers gather from Asia and the rest of the world, who, in collaboration with enterprises, universities, and research institutions, among other organizations in Kansai, will go on to identify issues of worldwide importance concerning the global environment, resources and energy, and population, and offer new solutions to these issues. Many students from Asia and the around the world will gather here for joint research and mutual exchange with their Japanese counterparts and peers from other countries. Meanwhile, Kansai's diverse appeal - its history, culture, industry and more - will attract many people from both within and outside of the country, which will then further increase its diversity and create new values.

(2) Leading the world with its cutting-edge "technologies and creativity"
In addition to industries that will shape future generations, including the world's leading intelligent home electronics industries, bio-industries such as food processing and medical science, the advanced healthcare industry, and software and content industries, Kansai will see a further expansion of its increasingly high-value-added materials industries such as steel and chemicals, and diverse and well-stocked fundamental manufacturing industries.

Through cooperation and integration between leading universities and distinctive R&D centers in this country on one hand, and such industrial hubs on the other, all sort of technological innovations will be created. These initiatives will produce technologies which will "breakthrough" the inhibitors of growth in the world economy, with the result that Kansai will constantly draw attention from around the world. Meanwhile, keeping a strong focus on Asia and the world around it, Kansai will leverage its own creativity and pioneering spirit to produce new services and trends that will add value to the lifestyles of people across the globe.

(3) "Reduce dependence on the central government and act on our own initiative" to take the lead in changing this country Kansai's "breakthrough capabilities" will contribute greatly to reforms of Japan's political and social structures, as well as to sustainable development of Asia and the rest of the world. While the extended association of public services, which Kansai is introducing ahead of other regions in this country, will achieve further development, expanding the scope of public services that cover several local government areas, Kansai will reduce its dependence on the central government, and instead act upon its own initiative in a larger number of cases.

At the same time, the region will deepen economic ties with its neighboring regions of Chubu, Chugoku, and Shikoku. Regional economic and social infrastructures will also undergo drastic changes. Local resident groups and NPOs will begin thinking and making decisions for themselves from a broader-based perspective as well, and will exert their originality and ingenuity to make it possible to expedite the "selection and focus" of regional resources in a responsible manner. Such initiatives in Kansai will deepen discussions on the introduction of the "regional system" and the further decentralization of power, leading the country to the establishment of a truly decentralized society, a long-standing issue in this country. This is a key challenge moving forward in Kansai and in Japan.

"The world cannot do without Kansai." "Kansai makes the world a brighter place!" "The world would be boring without Kansai!" "Enhance Kansai's appeal to the world!" "A place that the people of the world find intriguing!" "Everyone in the world says; 'I Love Kansai!'" "People of the world expect that 'there's always something happening in Kansai!'" "It's just not right without Kansai!"

IV. "Priority projects" for 2020 In order to achieve "what we wish Kansai to be, and what Kansai should be" in 2020 by strengthening and giving full play to our "breakthrough capabilities," we have come up with the following "priority projects" that all of Kansai must address. In pursuing these "priority projects," we will take into account "the environment," "technological prowess and business mastery," "second-tier companies," and "Asia and the world," which are keywords for Kansai's development strategies over the coming decade.

1. "Environmental/energy revolution" to bring about a worldwide paradigm shift!

We will aim to play a leading role in resolving issues regarding the environment, resources, and energy of the world, and in realizing a "low-carbon society." Kansai plays host to a number of businesses and research institutions who have environmentally-friendly technologies. Nuclear power plants in Kansai, whose merits as essential anti-global-warming technology are being re-discovered globally, utilize the world's leading technologies to reduce greenhouse gases and ensure a stable supply of power, with generous understanding from their host communities.

Also, Kansai has set an example with eco-friendly lifestyles, one example of which being the introduction of an "eco-style (Cool Biz)," a summer dress code born from cooperation between the business circle and the government, ahead of the rest of the country. As stated above, Kansai holds the advantage in realizing a low-carbon society.

Accordingly, Kansai will send a message to the world designed to enhance its reputation as an environmentally-advanced region, as it seeks to develop new energy sources and advanced environmental technologies, promotes eco-businesses, and realizes and spreads an environmental preservation model which integrates new eco-friendly lifestyles. One of the most important initiatives in this regard is to provide solutions to environmental issues in the Asian superpowers of China and India, each with over one billion people and rapidly growing economies, by presenting them with concrete technological cases to refer to. Meanwhile,

Kansai will create environmentally-advanced model cities which set an example for the world to follow by incorporating various types of advanced environmental technologies in Kansai Science City (Keihanna) and the Osaka Station North Yard 2nd Stage Development Project.

[Action plans]

(1) Strengthen efforts to develop/spread new energy sources and expand eco-businesses

- Create "environmentally-advanced model cities" (Keihanna and Osaka Station North Yard 2nd Stage Development Project)
- Promote the development and spread of new energy sources for household use, such as photovoltaic power generation and fuel cells
- Make policy recommendations and strengthen PR overseas to promote the spread of advanced environmental technologies

(2) Offer environmental technologies to Asian countries and support them in environmental training of their human resources·Offer technologies for resolving environmental issues and urban planning know-how to China, India, Vietnam, and other Asian countries (Ex. 1: Place Kansai at the center of the water business in Asia by presenting "total water solutions") (Ex. 2: "Comprehensive Kansai export plan," an all-encompassing proposal for designing a city with extensive

urban transportation networks and cultural power")

- Support the development of human resources capable of resolving environmental issues in Asian countries (Ex. Create a "Kansai Forum for the Development of Environmental Specialists in Asia")

(3) Make suggestions for a "stylish eco-lifestyle"

- Kansai will be the first to suggest a "stylish eco-lifestyle," such as an expansion of the Kansai common eco-point system.

2. "Business that makes our lifestyles more enjoyable and fulfilling" to take the leading role in Asia and the world Kansai has nurtured services and businesses which are closely linked to people's lives, such as housing, food, and clothing.

One home electronics manufacturer in Kansai was among the first in the country and the world to expand their business to ASEAN countries and China, thereby contributing to the development of the Asian economy and offering extra joy to everyone's lives. As emerging countries experience rapid economic development, people in those countries have since come to seek affluence, safety, and peace of mind in the truest sense.

In response, Kansai will nurture and enhance its strengths of "technological prowess and business mastery" that are linked to people's lives, in areas such as "intelligent home electronics," "food," "content," "tourism," "sports," and "healthcare," with a view towards spreading the word about Kansai's appeal throughout the world and making lifestyles more interesting for people across the globe.

In the "life science" field, we will combine the potential of pharmaceutical manufacturers, world-leading researchers, clusters of universities and research institutions, and related projects such as Saito Life Science Park and the Kobe Medical Industry Development Project, in order to create a major state-of-the-art healthcare hub for the good health of people the world over.

Kansai's food offers irresistible appeal to not only the Japanese, but to people in Asia and across the globe as well. We will export "food" that is safe, problem-free and even more delicious to Asia and other countries around the world. At the same time, by further promoting "local production for local consumption" and cooperation among agriculture, commerce, and industry, we will enhance the appeal of Kansai's foods and publicize them extensively throughout the world, thereby inviting more tourists from overseas.

[Action plans]

(1) Communicate Kansai's food culture that stresses the importance of a relationship between "food and agriculture" to the world · Create a healthy, safe, trustworthy, and varied food culture in Kansai through cooperation among agriculture, commerce, and industry · Foster and strengthen exports through "tasty and delicious" food-related industries

(2) Create Asia's leading state-of-the-art healthcare hub · Establish an "Organ Regeneration Medical Center" in anticipation of healthcare needs of the 21st century

(3) Enhance Kansai's production capabilities - Promote Kansai in a fascinating manner to offer happiness and delight to the world -

- Establish a "Manga Academy Award" to commend outstanding works and creators from around the world
- Realize an "affluent lifestyle" and promote "attractive tourism" by integrating pop culture (film, music, fashion, etc.) and UNESCO World Heritage sites and traditional cultures

3. Make Kansai the "manufacturing hub" of Asia and the rest of the world by empowering KISPs Kansai is the home of many independent second-tier enterprises in such industrial sectors as electronics, machinery, and chemicals who, with their remarkable technologies, 1) supply to more than one major

assembler, 2) are leading firms among their industrial subtypes, and 3) offer their components, technologies, materials, or otherwise to core products.

It is said that major investment projects in Kansai that have been announced in flat panel displays and solar cell industries are being underpinned by the supply of components, materials, and equipment from these enterprises. This group of enterprises, who embody the "Kansai spirit" and underpin the manufacturing sector in Kansai, will be called "KISPs (Kansai Independent Supply Partners)."

By promoting cooperation and integration between KISPs and businesses both at home and abroad, Kansai will underpin the manufacturing of Asia and the rest of the world. With its population amounting to approximately 3 billion, Asia surpasses Europe and North America in the manufacturing sector's real value added and is consolidating its status as the "world's factory."

Meanwhile, many Asian countries wish for Japan and the business circles in Kansai to strengthen the supporting industries for their manufacturing sectors. Just as Osaka in olden times established its reputation as a mercantile city by establishing "rakuichi rakuza (free markets and open guilds)" where a variety of products were gathered from around the country, we will create a present-day "rakuichi rakuza," or a special KISP zone, where enterprises can take advantage of tax benefits and deregulatory measures.

It is here that we will intensively develop these KISPs, which are expected to play the central role in the East Asian production network, as we promote cross-industrial association, particularly with Asian enterprises. In order to offer logistics support for their business activities, we will introduce a new system that is modeled after the port authorities in Western countries.

In more concrete terms, we will unify harbor charges and procedures for the use of ports and harbors, while at the same time enhancing our competitive edge through "selection and focus" of our resources by achieving integrated operations of ports and harbors along the Osaka Bay, including the Hanshin Port, as well as those on the Sea of Japan coast, which include the Maizuru Port.

We will then achieve integrated operations among Kansai International Airport, Osaka International Airport, and Kobe Airport, and examine the establishment of an organization that will supervise the development, operation, and management of these three airports.

Hanshin and other ports and harbors, and the Hanshin Expressway and other highways. Our goal is to develop the lowest-cost, yet most efficient logistics infrastructures in Asia.

[Action plans]

(1) Strengthen and form a cluster of technology-oriented second-tier companies (KISPs)

- Create a "special KISP zone," where tax benefits and deregulatory measures are offered (e.g., reducing/exempting property taxes when a new R&D center is established or additional R&D outlays are made)
- Organize technology networking events between KISPs and leading enterprises, universities, and research institutions, etc.
- Support global operations of KISPs (2) Realize a "21st-century Kansai port authority plan"
- Modeling after successful attempts in Western countries to establish a public utility to conduct port and transportation businesses, similar to the port authorities of New York and New Jersey, we will create an improved version of such ventures and establish a unique organization which operates ports, airports, and roads in Kansai.
- To start, we will centralize the administration of ports and harbors throughout the Kansai region, including those along Osaka Bay (Hanshin Port, etc.) and those on the Sea of Japan (Maizuru Port, etc.). We will then realize a plan to establish a "21st-century Kansai port authority,"

which will be responsible for the development, operation, and management of the three airports, the Hanshin Expressway, and highways connecting the Osaka bayside and ports and harbors on the Sea of Japan, to make Kansai's logistics efficiency number one in Asia.

4. Make Kansai a major hub/center of "knowledge and wisdom" creation!
By facilitating "cooperation and integration" among enterprises, universities, and research institutions of the world, we will enhance Kansai's abilities to identify global issues and offer solutions to any such issues that may arise.

We will make use of the Asia Pacific Research Laboratory plan and "knowledge capital" concept in Osaka Station North Yard as vehicles for clustering intelligence in Kansai, and link them with Kansai Science City and other Kansai-based research parks in an organic way. They will be also linked to economic organizations, research institutions, and research parks around the world, thereby providing researchers from across the globe with a variety of networking opportunities.

To make this happen, we will aim to realize a society which accepts diversity and thus attracts intellectuals from around the world. Specifically, we will improve living environments for foreign residents by involving them, for example, in community activities, so that cities in Kansai will place higher in various international rankings.10

[Action plans]

(1) Re-cluster and form a network of "intelligence"

- Put into practice the plan to establish the Asia Pacific Research Laboratory, a core facility of the "knowledge capital" in Osaka Station North Yard
- We will attract talented researchers and enterprises from both within and outside of Japan to clusters of advanced research institutions and world-renowned universities in Kansai Science City, Saito Life Science

Park, and Kobe Medical Industry City, thereby creating an intellectual hub and ensuring organic cooperation among those institutions.

(2) Lay down urban and living infrastructures to make Kansai the "region which offers the best living conditions in Asia and the world"

- Increase multilingual (English, Chinese, Korean, etc.) traffic and other public signs
- Develop social infrastructures that make life easy for foreign residents (schools, hospitals, churches, etc.)
- Utilize technologies which remove language barriers and facilitate free communication

5. Build a decentralized society towards the realization of a regional system
Among the priority projects are many regional strategies, such as expansion of the eco business, the spread of new energy sources, and promotion of tourism by stressing the appeal of "food," along with wide-area infrastructure policies such as the "special KISP zone,"

"21st-century Kansai Port Authority plan," and "development of the world's best urban and living environments for residents." Success of these projects requires flexible and speedy responses by governments beyond conventional administrative jurisdiction, and thus is difficult under the current administrative framework of prefectural and municipal systems. In order for Kansai to make its appeal and competitive edge felt and achieve further development amid the ongoing global interregional competition, we will expand the functions of the association of public services which cover several local government areas in Kansai, so that we can improve our regional management capabilities which cover areas beyond prefectural jurisdictions and implement efficient regional strategies.

Furthermore, in order to eliminate dual and even treble administration by the national government (its regional offices), prefectural governments, and municipal governments, Kansai will expedite its own reforms, for example, the consolidation of Osaka Prefecture and Osaka City and the integration of related administrative organs, while at the same time aiming to realize the "regional system" as a new framework for wide area local governments, thereby taking the lead in building a decentralized society where each region may make decisions and act of its own volition.

V. Roles that Kankeiren will play This Vision cannot be realized without the understanding and cooperation of the many parties concerned, including businesses, national and local governments, universities and research institutions, and NPOs both within and outside of Kansai. To facilitate this process, Kankeiren intends to play the following roles:

1. Leading the way towards realization of "what we wish Kansai to be, and what Kansai should be" In accordance with this Vision, we will make suggestions concerning the economic society that we should be striving for, the future image and direction of regional development, and will obtain necessary approval from the many parties concerned.

2. Coordinating the implementation of action plans We will coordinate with the key players involved to put into practice individual projects and action plans for this Vision.

3. Conducting scientific research and making policy recommendations to encourage the setting of new issues and changing of existing systems We will conduct scientific research and make policy recommendations about the setting of new issues and actions in such a way that will respond quickly to future environmental shifts and necessary reformation of economic and social systems (the tax system, social security, monetary policies, commercial policies, etc.).

출처: http://www.kankeiren.or.jp/English/topics/pdf/081007KansaiVision2020.pdf

참고
문헌

강홍렬 외. 2006.『메가트렌드 코리아』 정보통신정책연구원.

경기일보a. 2007. “송도 지식산업단지 ‘투기바람’” 1월 10일.

경기일보b. 2007. “포스코건설 송도사옥 첫삽” 1월 25일.

경인일보. 2006. “송도 소형주택 왜 안짓나” 9월 7일.

경인일보. 2006. “수도권 규제 이대로 좋은가 4, 첨단기업 유치명목 산집법 허용면적 협소 유명무실” 9월 12일.

경인일보. 2007. “송도 ‘더프라우’ 5000:1” 4월 6일.

김정욱 외. 2016.『2016 다보스 리포트: 인공지능발 4차 산업혁명』 서울: 매일경제신문사.

김준우. 2004, “송도경제자유지구의 이상과 현실: 세계화와 국가의 관계를 중심으로”「한국경제지리학회지」 7,2: 245-260.

김준우, 안영진. 2006. “한국경제자유지구의 개발 배경과 동인: 인천 송도 경제자유지구를 중심으로.”「한국도시지리학회지」 9,3: 79-87.

김준우. 2007.『국가와 도시』 전남대출판부.

김준우. 2010.『공간이론과 한국도시의 현실』 전남대출판부.

김준우, 안영진. 2010. “성장기구로서의 인천 송도경제자유지구 개발 특성”「국토지리학회지」 44,1: 77-92.

김준우, 안영진. 2017.『새로운 지역격차와 새로운 처방: 철근/콘크리트에서 지역발전유발 지식서비스로』 서울: 박영사.

김준우, 안영진. 2017. “한국도시의 미래”「국토지리학회지」 51.1: 33-47.

국제신문. 2013. "물류해양대전 컨선 덩치키우기 각축 … 2만 TEU 시대 열린다" 12월 1일 6면.

권용우. 2001.『교외지역: 수도권 교외화의 이론과 실제』서울: 아카넷.

금성근. 2011,『간사이광역연합이 동남광역경제권에 주는 시사점』부산발전연구원.

뉴스1. 2018. "인천공항 4활주로 착공" 12월 20일.

뉴스토마토. 2015. "해양플랜트, 과연 한국 조선산업에 내린 저주인가" 7월 29일.

동아일보. 2014. "조선업체 연구소도 바다 떠난다" 7월 23일.

마스다 히로야. 2015.『지방소멸』김정환 역. 서울: 미래엔.

모창환, 권영종, 김찬성. 2009.『광역경제권에 대응한 교통·물류부문의 행정 및 재원조달체계 개편방안』한국교통연구원.

매경이코노미. 2018. "LG사이언스파크 오픈한 마곡지구 가보니…제2 판교? 마곡보다 우장산 일대 더 들썩" 5월 8일.

머니투데이. 2014. "현대중공업그룹 조선3사 영업조직 서울로 통합" 10월 21일.

박영숙 외. 2008.『미리 가본 2018년-유엔미래보고소』

서울신문. 2014. "기업투자가 지역경제 살린다 기아자동차 광주공장" 8월 6일.

서울경제. 2007. "서초동 삼성타운 일대" 4월 15일.

서울경제. 2014. "인천신항 개장준비 속도낸다" 10월 17일.

서울경제. 2015. "물류센터에 주목하는 이유" 8월 2일.

새만금개발청. 2014. 마스터플랜/기반시설계획 http://www.saemangeum.go.kr/sda/sub/marster/ 11월 13일 접근.

이데일리. 2015. "지방이전 공공기관, 서울 사무실 남겨 '꼼수'" 9월 11일.

연합뉴스. 2014. “부산항 신항 수심 늘이는 공사 지연” 8월 9일. http://www.yonhapnews.co.kr/

영남일보. 2012. “신세계발 쓰나미? 대구지역백화점 초긴장” 4월 6일.

이데일리. 2015. “지방이전 공공기관, 서울 사무실 남겨 ‘꼼수’” 9월 11일.

이상호. 2014. “한국의 지방소멸에 대한 7가지 분석” 지역고용동향브리프.

이상호. 2018. “한국의 지방소멸” 지역고용동향브리프 7월.

이용우 외, 2009. 『국토대예측연구(1)』 안양: 국토연구원.

인천광역시. 2002. 『인천광역시사』.

인천광역시. 2003. 『인천경제자유구역 개발계획』.

인천광역시. 2005. 『인천경제자유구역 백서』.

한국보험신문. 2016. “삼성생명, 태평로 시대 접고 서초동 시대로” (3월 2일 기사).

정보통신신문. 2013. “동북아 허브 겨냥 인천공항 3단계 사업 진군나팔” 10월 4일. http://www.koit.co.kr/

조선일보. 2014. “광주의 꿈, 자동차 100만대 생산도시로” 11월 8일.

조선일보. 2015. “우면동 R&D 벨리에 삼성 합류한다” 9월 9일

한국경제. 2015. “로켓배송 쿠팡 배송에 1600억 추가 투자” 9월 4일.

한국보험신문, 2016. “삼성생명, 태평로 시대 접고 서초동 시대로” 3월 2일.

충청탑뉴스. 2014. “국민의 발 KTX 전 국민이 8번씩 탔다” 3월 28일. http://www.ctnews.kr

businesspost. 2018. “삼성물산, 서초사옥 7489억에 코람코자산식탁에 매각” 8월 30일.

the bell, 2018 “롯데 유니클로에 잠실 롯데타워 입주 제의” 11월 7일

Andersson, Ake & David Batten, 1988. “Creative nodes, logistical networks, and the future of the metropolis” *Transportation* 14: 281-293.

Batten, David. 2009. “Network cities: Creative urban agglomerations for the 21st century” *Urban Studies* 32,2: 313-27.

Brunn, Stanly. et al. 2012. *Cities of the World* 4th edition. Lanham: Rowman & Littlefield.

Brunn, Stanly. et al. 2016. *Cities of the World* 5th edition. Lanham: Rowman & Littlefield.

Stephens, J., and Holly, B., 1980, “The Changing Pattern of Industrial Corporate Control in the Metropolitan United States,” Braun, S. and Wheeler, J.(eds.), The American Metropolitan System, New Jersey: Wiley, 161-180.

Burrows, Mattew & C. Thoma Fingar. 2008. *Global Trends 2025: A Transformed World* National Intelligence Council(NIC).

Cairncross, Frances. 2001. *The Death of Distance.* Boston: Harvard Business School Press.

Cairncross, Frances. 1999. 홍석기 역. 『거리의 소멸』 서울: 세종서적.

Castells, M., 1978. *City, Class and Power,* NY: St Martin Press.

Castells, Manuel. 1989(2001). 정보도시. 번역 최병두, 김륜희. 한울.

Castells, Manuel & Peter Hall. 1994(2006). 세계의 테크노폴: 21세기 산업단지 만들기. 번역 강현수, 김륜희. 한울.

Clark, Terry. 2003. “Urban amenities: Lakes, opera, and juice bars do they drive development?” Research in urban policy 9: 103-40.

Drucker, Peter. 이재규 역. 2000. 『자본주의 이후 사회의 지식경영자』 서울: 한국경제신문.

Drucker, Peter. 이재규 역. 2007. 『Next Society』 서울: 한국경제신문.

Drucker, Peter. 남상진 역. 2009.『테크놀로지스트의 조건』서울: 청림출판.

Fishman, Robert. 1990. "America's new city" *The Wilson Quarterly* 14: 24-48.

Fitzpatric, Kevin & John Logan. 1985. "The aging of the suburbs, 1960-1980" *American Sociological Review* 50: 106-117.

Florida, Richard. 2002. *The Rise of the Creative Class* 이길태 역. 2011.『신창조계급』서울: 북콘서트.

Florida, Richard. 2005(2008). Cities and the creative class.『도시와 창조계급』번역 이원호, 이종호, 서민철. 푸른길.

Friedmann, John. 1986. "The world city hypothesis" *Development and Change* 17,1: 69-83.

Gottman, Jean. 1961. *Magalopolis: The Urbanized Notrheastern Seaboard of the United States* Boston: MIT Press.

Hall, Peter & Ulrich Pfeiffer. 2000. *Urban Future 21: A Global Agenda for 21st Century Cities* Taylor & Francis. 임창호 구자훈 역. 2005.『미래의 도시』파주: 한울.

Kasarda, John and Greg Lindsay. 2011. *Aerotropolis: The way we'll live next* NY: Farrar, Straus and Giroux.

Ito, T. Nagashima, C. & B. A. Hons, 1980. "Tokaido-megapolis of Japan" *GeoJournal* 4,3: 231-46.

Laurent, Clint. 2016.『인구를 알면 경제가 보인다』클린트 로렌 지음, 강유리 옮김, *Tomorrow's World: A Look at the Demographic and Socioeconomic Structure of the World in 2032* 2013 John Wiley & Sons Singapore.

Loh, Choon Tong. 1987. "Planning & Design of New Towns." A paper presented at the workshop on Housing and Urban Development 28-31 July, Singapore.

Loh, Swee Seng. 1991. "Public Housing in Singapore." A paper presented at Pacific-Asian Congress of Municipalities (PACOM) 12th Congress held on 14-19 September in Kuala Lumpur.

Logan, John R. & Harvey Molotch. 2007. *Urban Fortunes: The Political Economy of Place.* 김준우 역. 2013. 『황금도시: 장소의 정치경제학』 전남대학교출판부.

Macionis, John J. & Vincent N. Parrillo. 2010. Cities and Urban Life. 5th edition. Boston: Prentice Hall.

Malecki, E. J. 1980. "Corporate organization of R&D and the location of technological activities" *Regional Studies* 14: 3:219-314.

Mormino, Gray. 1973. "Tampa" pp. 138-61 in Richard Bernard and Bradley Rice eds., *Sunbelt cities* University of Texas.

Muller, M. 1976. *Contemporary suburban America* NJ: Prentice Hall, Englewood Cliffs.

O'conner, James. 1973. *The fiscal crisis of the state* St. Martin's press.

Ogawa, Isao. 1998. "History of amusement park construction by private railway companies in Japan" Japan Railway and Transport Review March: 28-34.

outstanding, 2016. "전자상거래 시장분위기 살펴보기, 그리고 관전포인트" 1월 8일. 최용식 기자. http://outstanding.kr/ 2016년 3월 15일 접근.

Perry, Martin, Lily Kong, and Brenda Yeoh. 1997. *Singapore: A Developmental State.* Chichester John Wiley & Sons.

Rifkin, Jeremy. 1995. *The End of Work: The Decline of the Global Labor Force and the Dawn of the Post-Market Era* NY: A Tarcher/Putnam Book 이영호 역. 1996.『노동의 종말』서울: 민음사.

Sassen, Saskia. 1991. *The Global City: New York, London, Tokyo* Princeton, NJ: Princeton University.

Sassen, Saskia. 1995. "On Concentration and Centrality in the Global City." pp. 63-78 in *World Cities in a World System* edited by P. Knox and P. Taylor. NY: Cambridge University.

Sassen-Koob, Saskia. 1984. "The new labor demand in global cities" pp. 139-72 in Michael Smith ed. Cities in transformation. Sage.

Scott, A. J. 1988. "Flexible production systems and regional development" Research paper #168. Center for urban and community studies. University of Toronto.

Scott, Allen. 2001. *Global city regions: Trends, Theory, Policy.* Oxford.

Stephens, John & Brian Holly. 1980. "The changing pattern of industrial corporate control in the metropolitan United States" pp. 161-180 in Stanley Braun and James Wheeler eds. *The American Metropolitan System.* Hoboken, NJ: Wiley.

Sternlieb, George & James Hughes. 1983. *The Atlantic city gamble* Center for urban policy research.

Storper, Michael & Richard Walker. 1983. "The theory of labor and the theory of location" International Journal of Urban and Regional Research 7,1: 43.

Toeffler, Alvin. 1980. *The Third Wave* NY: Bantam Books 원창엽 역 1994.『제3의 물결』서울: 홍신문화사.

Toeffler, Alvin. 1981. *The Ecospasm Report* NY: Bantam Books 김원호 역 2009.『불황을 넘어서』서울: 청림출판.

Toeffler, Alvin. 1990. *Powershift* NY: Bantam Books 이규행 역 1990.『권력

이동』 서울: 한국경제신문사.

Toffler, Alvin. 1995. 『제3물결의 정치』 서울: 한국경제신문.

Toeffler, Alvin & Heidy Toeffler. 2006. *Revolutionary wealth* NY: Knopf 김중웅 역 2006. 『부의 미래』 서울: 청림.

Tokyo Weekender. 2018. https://www.tokyoweekender.com/2018/06/osaka-shopping-how-one-visionary-revolutionized-japanese-department-stores/

Usui, Kazuo. 2016. *Marketing and consumption in modern Japan* Routledge.

Weitzman, Lenore. 1981. "The economics of divorce" *UCLA law review* 28: 1251.

Wilson R. A. & M. A. Schulz. 1979. *Urban Sociology* NY: Harper & Row.

增田寛也 마스다 히로야. 2014 『지방소멸』 김정환 옮김(2015), 서울: 와이즈베리.

찾아보기

ㄱ

간사이 __47
간사이 경제 연합회 __223
간사이 광역 연합 __223
간사이 국제공항 __227
간사이 와이드 패스 __53
간토 평원 __61
강남 __185
거대도시 __12
거대도시권 __12, 22
거대지역 __73
거리의 소멸 __113
경제자유구역 __203
계약기반 다국적 기업 __149
고덕 신도시 __171
고밀도 사회 __61
고바야시 이치조 __67
고베 __49
고속철도 __62, 178
공공주택 __215
교외 __32, 38
교외확장 __14
교토 __49
국제공항 __183
군 __32
글로벌 비즈니스 센터 __189
기업본사 __135
기흥 __170
긴키 __47
김해공항 __84

ㄴ

나라 __49
난카이 전기철도 __82
내륙도시 __149
노동자 계층 __41
노비 평원 __61
농촌 __38, 39
농촌 비농업 인구 __39
뉴잉글랜드 __22

ㄷ

다국적 기업 __135
당진 __85
대기오염물질 배출 __181

대도시 __13
대도시 쇠퇴론 __144
대도시권 __13, 32, 38
대도시권 수준을 뛰어넘는
교외확산 __38
대면접촉 __154
대평원 __26
대형 항만 __129
도널드 트럼프 __108
도시 순위 법칙 __44
도시집적 __14
도심 __32
도요나카 __71
도카이도 __60
도카이도 거대도시권 __56
도카이도 통로 __57
도쿄 __56, 61
독립전쟁 __27
동남권 연결망 __225
동네 업무중심지구 __220
동물원 __71
디지털시티 __195
디트로이트 __108

ㄹ

란드슈타드 __77
로스앤젤레스 __140

ㅁ

마곡지구 __192
마스다 히로야 __95
마이애미 __140
말레이시아 __225
맨체스터-밀라노 축 __78
맨해튼 __184
멤피스 __108
모듈생산지 __138
미국 국도 1호선 __33
미노 __71
미노-아리마 전기괘도 __67

ㅂ

방향결정 기능 __132
보편교육 __43
본사도시 __132
볼티모어 __108
부동산 투기 __201
분당 __19
분업 __36
브라운스빌 __140
빅5 __221

ㅅ

사람의 흐름 __40
산간 지역 __105
산업쇠퇴지대 __108

산적화물 __30
삼성SDI __85
삼성반도체 __169
삼성타운 __188
상당한 규모의 도심 __32
새 산업 공간 __165
샌디애고 __140, 141
샌안토니오 __140
생산자서비스 __136, 154
서남권 연결망 __223
서울권 집중 정책 __84
서울중심주의 __207
서울집중주의 __207
서초 R&D 캠퍼스 __191
서해안 고속도로 __180
성장 삼각지대 __224, 225
성장동맹 이론 __130
세계도시 __182
세계도시론 __148
세계적 도시지역 __225
세인트피터즈버그 __143
세토대교 __52
소멸위험지수 __95
송도신도시 __185
수원 __170
시도연구원 __210
시코쿠 __50
신도시 __19
신사가지 업무중심지구 __220
신칸센 __62
싱가포르 __215, 225

ㅇ

아르데코 __143
아산 __85, 170
아와지 __50, 53
아이비리그 __42
애틀랜틱시티 __143
애팔래치아 __22
양재역 __190
어리석은 철근/콘크리트 __209
어머니 도시 __13
에도 __61
LG사이언스파크 __192
LG 우면 R&D 캠퍼스 __191
엘파소 __140
연결망 도시 __43
연구개발 활동 __136
연담도시 __12
오사카 __49
오사카 평원 __61
오사카부 __65
오사카시 __66
와카야마 __49, 53
요제프 슘페터 __156
요코하마 __62
용산 미군 기지 __214
우메다 __67
유럽 거대도시권 __78
유연생산 __165
육상경기장 __71
은퇴중심지 __142
이케타 __72

인도네시아 __225
인천 송도 __202
인천공항 __84
일산 __19

ㅈ

자동차 __62
자유무역 __135
자체적 진화 __26
전이구역 __40
전자상거래 __158, 198
정령지정도시 __106
정신적 자원 __43
제삼세계 상업중심지 __139
주택장기담보대출 __72
중공업 __108
중산간지 __105
중심지 이론 __44
중추적 지방도시 __104
지방 중핵 도시 __105
지방소멸 __91
지식근로자 __155
지식자본주의 __154
지역발전유발 지식서비스 __208
지역정책 역량 __209
지역혁신이론 __164

ㅊ

창조적 파괴 __156
천안 __85
천안아산역 __178
철도 __53, 62
초고층 건물 __182

ㅋ

크롬웰 __27

ㅌ

타카라즈카 __70
타카라즈카 노선 __67
타카라즈카 오페레타 공연단 __70
태평양 벨트 __57
탬파 __143
터미널 백화점 __67, 68
통계국 __13
통근/통학 __178
통로 도시 __46
통제기능 __133
티후아나 __141

ㅍ

판교 __191
평택 __170
폭포선 __27, 28
푸른 바나나 __77, 78
플린트 __212
필라델피아 __108

ㅎ

한 시간 법칙 __45, 49, 81, 87
한일 해저터널 __82
한큐 __67
한큐 철도 __71
한큐백화점 __67
항해법 __27
해운업 __27
핵 __32
혁신중심지 __136
현대제철 __85
화성 __170
효고 __49
후쿠오카 __56

A

Arizona Sun Corridor Megaregion __73
Augusta __33
Auto World __212

B

Baltimore __33
blue banana __78
Boston __33, 42
bulky cargo __30

C

C-rich regions __48
Cascadia Megaregion __73
Census Metropolitan Areas __13
central park __214
Columbia __33
Connecticut __25, 42
conurbation __12
county __32
Cromwell __27
C가 많은 지역 __48

D

Dallas-Fortworth __12
Delaware __25, 42
District of Columbia __25

E

European Megalopolis __78

F

fall line __28
flexible production __165
Flint, Michigan __212
Florida Megaregion __74
Front Range Megaregion __74

G

global city region __225
Grand vision __49
Great Lakes Megaregion __74
Great Plains __26
Great Seto Bridge __52
growth machine theory __130
growth triangle __225
Gulf Coast Megaregion __74

H

human tides __40

I

Ikeda __72
Ivy League __42

J

Jean Gottmann __22

K

Kansai economic federation __223
Kansai Vision 2020 __227
KT R&D 센터 __191
KTX __178

L

London-Cambridge __46

M

Macon __33
Manchester-Milan Axis __78
Martha's Vineyard Island __38
Maryland __25, 42
Massachusetts __25
megacity __12
megalopolis __12, 22, 23
megaregion __73
metropolis __13
metropolitan area __13, 32
Middle Atlantic states __22
Mino-o __71

N

Navigation Acts __27
Neighborhood Center __220
network cities __43
New Hampshire __25
new industrial space __165
New Jersey __25, 42
New York __33
New York State __25
Northeast Megaregion __74
Northeastern seaboard __25
Northern California Megaregion __74
nuclei __32

P

Pennsylvania __25
Petersburg __33
Philadelphia __33, 42
Piedmont Atlantic Megaregion __74
producer services __154
proletariat __41

R

Raleigh __33
Randstad __77
Randstad conurbation __12
rank-size rule __44

regional innovation theory __164
resources of the spirit __43
Rhine-Ruhr conurbation __12
Rhode Island __25
Richmond __33
rural __39
rural non-farm population __39
rust belt __108

S

Sig Flags AutoWorld __213
Southern California Megaregion __74
specialization __36
SRT __178
standard metropolitan area __32
Stokholm-Uppsala __46
substantial urban core __32
suburb __32
suburban sprawl __14
super-metropolitan sprawl __38

T

taiheiyo belt __57
Texas Triangle Megaregion __74
Town Center __220
toyonaka __71
transitional zone __40

U

union of Kansai governments __223
urban agglomeration __14
urban core __32
US Bureau of the Census __13
US route 1 __33

V

Virginia __25

W

Walter Christaller __44
Washington __33

서울권의 **등장**과 **나머지**의 **쇠퇴**

인 쇄 | 2019년 2월 20일
발 행 | 2019년 2월 27일

저 자 | 김준우
발행인 | 정병석
발행처 | 전남대학교출판문화원

등록 | 1981. 5. 21. 제53호
주소 | 61186 광주광역시 북구 용봉로 77
전화 | (062) 530-0571~2 마케팅 530-0573
팩스 | (062) 530-0579
홈페이지 | http://www.cnup.co.kr
이메일 | cnup0571@hanmail.net

값 16,000원

ISBN 978-89-6849-614-1 (93350)

이 도서의 국립중앙도서관 출판예정도서목록(CIP)은
서지정보유통지원시스템 홈페이지(http://seoji.nl.go.kr)와
국가자료공동목록시스템(http://www.nl.go.kr/kolisnet)에서 이용하실 수 있습니다.
(CIP제어번호 : CIP2019007059)